학교 영문법

〈제2판〉

학교 영문법

김미자 · 김종복 지음

한국문화사

<제2판>
학교 영문법

1판 1쇄 발행 2015년 2월 27일
2판 1쇄 발행 2019년 2월 27일
2판 2쇄 발행 2021년 2월 25일

지 은 이 | 김미자·김종복
펴 낸 이 | 김진수
펴 낸 곳 | 한국문화사
등   록 | 제1994-9호
주   소 | 서울시 성동구 아차산로49, 404호(성수동1가, 서울숲코오롱디지털타워3차)
전   화 | 02-464-7708
팩   스 | 02-499-0846
이 메 일 | hkm7708@hanmail.net
홈페이지 | http://hph.co.kr

ISBN 978-89-6817-736-1 93740

・이 책의 내용은 저작권법에 따라 보호받고 있습니다.
・잘못된 책은 구매처에서 바꾸어 드립니다.
・책값은 뒤표지에 있습니다.

|서문|

인간은 누구나 모국어를 자연스럽게 습득하지만, 제2 외국어를 모국어처럼 사용하는 것은 결코 쉽지 않다. 특히 영어는 한국어와 달리 언어적 속성에서 확연한 차이가 있기 때문에 영어를 학습하는 데 많은 시간과 노력을 기울여야 한다. 최근 영어 교육이나 학습 현장에서 강조되는 것은 대화 중심 학습법이지만, 영어를 올바르게 사용하고 배우려면 기본적 문법 지식 없이는 사상누각에 불과하다.

본서에는 올바른 영어사용자가 되는 데 필요한 영어문법을 담고 있다. 본서에서 제시한 영어문법지식은 영미권의 학교영어 교육에서도 강조하는 문법지식이라는 점에서, 영어를 외국어로 배우는 우리 학생들에게 필수 문법지식이라 할 수 있다.

또한, 본서는 토플, 토익 등 각종 영어관련 시험을 준비하는 학생이나 영어교사를 꿈꾸는 임용고시 준비생들에게 큰 도움이 될 것이다. 그뿐만 아니라 학교영문법을 공부하는 영어전공자들에게도 영어의 규범문법을 다지는데 좋은 지침서가 될 것이다.

2019년 2월
저자 일동

|차례|

• 서문 _ v

제1장 문법 기초

1.1 문장 성분(Constituents) ·· 1
1.2 문법기능과 통사범주(Functions and Categories) ································ 3
1.3 단어와 통사범주(Words and Categories) ·· 3
    1. 명사(Nouns) ·· 4
    2. 동사(Verbs) ·· 4
    3. 형용사(Adjectives) ·· 5
    4. 부사(Adverbs) ·· 6
    5. 전치사(Prepositions) ·· 7
    6. 한정사(Determinatives) ·· 8
    7. 등위접속사(Coordinators) ·· 8
    8. 종속접속사(Subordinators) ·· 8
1.4 절(Clause) ··· 9
    1. 절의 유형(Clause Type) ·· 9
    2. 종속성 (Subordination) ·· 10
    3. 등위성(Coordination) ·· 10
    4. 정보 패키지(Information Packaging) ·· 11
1.5 절의 내부구조(Internal Structure) ·· 12
    1. 술어자(Predicator) ·· 12
    2. 보충어로서 주어(Subject as a Complement) ·································· 13
    3. 주어(Subject) ·· 14
    4. 목적어(Object) ·· 15
    5. 술어적 보어(Predicative Complements) ·· 17
    6. 부가어 ·· 20

제2장 동사(Verbs)

2.1 동사 형태소와 위치 ··· 23
    1. 한정 동사와 비한정 동사(Finite vs. Nonfinite Forms) ············· 23

2.2 동사의 의미적 특징: 어휘적 상(Lexical Aspect) ················· 24
    1. 상태동사(Stative Verbs) ··· 24
    2. 동작동사(Dynamic Verbs) ··· 26
    3. 중의적 용법 ··· 28
    4. 어휘적 상(Aspect)의 효과 ··· 30

2.3 문장 유형 ··· 32
    1. 자동사와 타동사 ··· 32
    2. 능격동사(Ergative Verbs) ··· 33
    3. 비대격동사(Unaccusative Verbs)와 비능격동사(Unergative Verbs)의 비교 ··· 37
    4. 중간동사(Middle Verbs) ··· 38
    5. 작용동사(Conative Verbs) ··· 40

2.4 문장 유형의 확대(Extended Sentence Structures) ················· 41
    1. 자동사 구문(Intransitive Verbs Construction) ······················ 43
    2. 타동사 구문(Transitive Construction) ································ 44
    3. Time Away Construction ··· 46
    4. The Way Construction ·· 47
    5. Sound Emission Construction ·· 47
    6. Sluice-Stranding ·· 48
    7. Nominal Extraposition ··· 48
    8. Syntactic Amalgam ·· 49

제3장 대명사(Pronouns)

3.1 대용(Anaphor) 관계와 인칭대명사(Personal Pronouns) ········· 54
3.2 인칭대명사의 다양성 ··· 55
3.3 재귀 대명사(Reflexive Pronouns) ·· 56
    1. 비강조 기능(Nonemphatic Function) ·································· 57
    2. 강조 기능(Emphatic Functions) ·· 58
3.4 상호대명사(Reciprocal Pronouns) ·· 59
3.5 소유대명사(Possessive Pronouns) ·· 60

3.6 부정대명사(Indefinite Pronouns) ··· 61
    1. 부정대명사와 일치현상 ··· 61
3.7 지시대명사(Demonstrative Pronouns) ·· 62

제4장 한정사(Determiners)

4.1 한정사와 순서 ··· 66
    1. 유형 ··· 66
    2. 명사구 내에서의 위치 ··· 67
4.2 한정사의 종류(Types of Determiners) ·· 67
    1. 수, 분수, 배수(Numbers, Fractions, Multipliers) ······················ 67
    2. 지시 한정사(Demonstrative Determiners) ································ 68
    3. 양화사(Quantifiers) ··· 70
    4. 부분사(Partitives) ··· 73
    5. 소유격 한정사(Possessive Determiners) ································· 74

제5장 관사(Article)

5.1 관사의 유형 ··· 79
5.2 관사 용법 ··· 80
    1. 정관사(Definite Article) ··· 80
    2. 부정관사(Indefinite Article) ··· 81
    3. 무관사(Zero Article) ··· 82
5.3 담화상의 한정사 선택 ··· 86
    1. 정관사 선택 문맥 ··· 86
    2. 문법적 정관사 선택 ··· 87
    3. 숙어적 정관사 ··· 89

제6장 형용사와 부사(Adjectives and Adverbs)

6.1 형용사(Adjectives) ··· 91
    1. 형용사와 명사 ··· 92
    2. 형용사와 동사 ··· 92

3. 정도 및 비정도 형용사(Gradable and Non-gradable
　　　　 Adjectives) ··· 93
　　　4. 형용사구의 구조 ·· 94
　　　5. 한정적 또는 술어적 기능의 제약 ································· 95
　6.2 부사(Adverbs) ··· 99
　　　1. 부사 유형 ··· 100

제7장　전치사(Prepositions)

　7.1 전통적 분류에 따른 특징 ·· 107
　7.2 전치사의 기능 ·· 110
　　　1. 문법기능 전치사 ·· 110
　　　2. 장소 및 시간 전치사 ··· 111
　7.3 전치사의 전치 이동(Preposition Fronting) ················· 111
　7.4 전치사구의 구조 ·· 113
　7.5 전치사구의 수식어 ·· 114
　7.6 전치사의 생략(Deletion of Prepositions) ···················· 115
　7.7 전치사의 의미 ·· 116
　　　1. 의미 역할(Thematic Roles) ······································ 116
　　　2. 문법기능 전치사의 의미 ··· 117
　　　3. 공간 및 시간 전치사의 의미 ································· 118
　　　4. 도구의 의미 역할 ·· 120
　　　5. 동반 의미 역할(Comitative) ···································· 121

제8장　서법 조동사(Modal Verbs)

　8.1 서법 조동사의 특징 ·· 125
　8.2 서법 조동사의 유형 ·· 127
　　　1. 형태에 따른 서법 조동사 ······································· 127
　　　2. 서법 조동사의 의미 ·· 128
　8.3 능력, 허락, 가능성의 서법 조동사 ···························· 129
　　　1. CAN ··· 129
　　　2. COULD ·· 130

  3. MAY ··· 132
  4. MIGHT ··· 132
8.4 충고(Advice) 및 필요성(Necessity)의 조동사 ······················· 133
  1. SHOULD ·· 133
  2. MUST ·· 135
8.5 충고와 필요의 한계 서법 조동사와 준조동사 ······················ 137
  1. DARE ·· 137
  2. NEED ·· 138
  3. OUGHT TO ··· 139
  4. HAD BETTER and HAD BEST ································· 139
  5. HAVE GOT TO ··· 140
  6. BE SUPPOSED TO ··· 141
8.6 미래 시간을 표현하는 서법 조동사 ······································ 141
  1. WILL ··· 141
  2. SHALL ·· 142
  3. WOULD ·· 143
  4. BE GOING TO ··· 144
8.7 과거를 표현하는 서법 조동사 ··· 145

제9장 시제와 상(Tense and Aspect)

9.1 기본 개념: 시제와 상 ··· 149
  1. 시제(단순상) ·· 150
  2. 상(Aspect) ··· 151
  3. 어휘적 상(Lexical Aspect) ······································ 151
9.2 영어의 시제 형태(Tense Form) ··· 152
9.3 영어의 시제 ·· 152
  1. 단순 현재 시제(Simple Present Tense) ·················· 153
  2. 단순 과거 시제(Simple Past Tense) ······················· 154
  3. 단순 미래 시제(Simple Future Tense) ··················· 156
  4. 현재 진행형(Present Progressive Aspect) ············· 157
  5. 과거 진행형(Past Progressive Aspect) ·················· 160
  6. 미래 진행형(Future Progressive Aspect) ·············· 160
  7. 현재 완료형(Present Perfect Aspect) ···················· 160
  8. 과거 완료형(Past Perfect Aspect) ·························· 162

  9. 미래 완료형(Future Perfect Aspect) ················· 163
  10. 완료 및 진행상(Perfect and Progressive) ·············· 164
  11. 단순상, 완료상, 어휘상의 결합 ······················· 167
  12. 시제와 상(Aspect)의 비교 및 대조 ···················· 169

제10장 다어 동사(Multiword Verbs)

 10.1 구동사(Phrasal Verbs) ······························ 174
  1. 타동사형 구동사(Transitive Phrasal Verbs) ············ 175
  2. 자동사형 구동사(Intransitive Phrasal Verbs) ··········· 177
 10.2 전치사성 동사(Prepositional Verbs) ··················· 178
  1. 구동사와 전치사 동사 구분법 ······················ 178
  2. 유사 전치사성 동사 구문 ·························· 180
 10.3 전치사성 구동사(Phrasal Prepositional Verbs) ··········· 182
 10.4 자유 결합형 구동사(Free Combinations of Verb + Preposition) ···· 182
 10.5 불변화사에 나타난 상의(Aspectual) 의미 ··············· 184
 10.6 수여동사로서의 구동사 ····························· 185

제11장 간접 목적어(Indirect Objects)

 11.1 두 유형의 간접 목적어 ····························· 187
  1. 전치사 유형(Prepositional Pattern) ··················· 187
  2. 여격 이동 유형(Dative Movement Pattern) ············ 188
 11.2 간접목적어의 의미적 특징 ·························· 189
 11.3 유형별 전용 동사 ································· 190
 11.4 간접목적어 구문의 형태와 의미 ····················· 192
 11.5 담화상에서 간접 목적어 ··························· 194
 11.6 담화상에서 소유(Possession)의 의미 ·················· 196

제12장 수동태(Passive Sentences)

- 12.1 수동태 문장 형성 ··· 198
    - 1. 수동태의 주어 ··· 199
    - 2. 두 가지 유형의 수동태 ··· 200
- 12.2 수동태 제약 ··· 202
    - 1. 상태동사(Stative Verbs) ······································ 202
    - 2. 다어 동사 제약(Multiword Verbs) ······················· 202
    - 3. *For* 간접 목적어 동사(For Dative Verbs) ············ 204
- 12.3 수동태 유사구문 ·· 204
- 12.4 *Get* 수동태(Get Passives) ······································ 206
    - 1. *Get* 수동태의 특징 ··· 206
    - 2. 유사 *Get* 수동태 ·· 207
- 12.5 기타 수동태 구문 ··· 209

제13장 부정문(Negation)

- 13.1 동사 부정(Verbal Negation) ··································· 214
    - 1. 동사 부정 유형 ··· 214
    - 2. 부정극어와 동사부정(Negative Polarity Items and Verbal Negation) ·· 215
    - 3. 비한정 동사 부정(Nonfinite Verbal Negation) ······ 216
    - 4. 부정어 상승(Negative Raising) ··························· 217
    - 5. 다중 동사 부정문(Multiple Negation) ·················· 218
    - 6. 부정의 범위(Scope of Negation) ························· 218
- 13.2 동사외 구성소 부정(Nonverbal Negation) ················ 220
    - 1. 동사외 구성소 부정 표시자 ································· 220
    - 2. 동사외 구성소 부정 표시자 *not* (As a Nonverbal Negator) ········ 221
    - 3. 부정과 도치(Negative Inversion) ························· 222
    - 4. 이중 부정어(Double Negatives) ··························· 223
- 13.3 의미 변화(Shift in Meaning) ··································· 224

제14장 명령문(Imperatives)

14.1 명령문의 형태 ·· 229
    1. 기본 형태 ··· 229
    2. 강조 명령문 형태 ·· 230
    3. 명령문 대명사 형태 ·· 230
    4. 호격 명령문(Vocative Imperatives) ··· 231
    5. *I need you*명령문 ·· 231
    6. *Let's*명령문 ·· 231
    7. 부정 명령문(Negative Imperatives) ··· 232

14.2 명령문의 의미 ·· 233
    1. 지시 및 요구(Commands, Orders, and Demands) ································ 233
    2. 요청(Requests) ·· 233
    3. 충고 및 경고(Advice, Recommendations, Warnings) ·························· 233
    4. 지시(Instructions and Expository Directives) ······································ 234
    5. 초청(invitations) ·· 234
    6. 허락(permission) ··· 234
    7. 용인(acceptance) ··· 234
    8. 소망(wishes) ·· 235
    9. 조건절 의미 명령문 ··· 235

14.3 주어 실현 명령문 ·· 235

제15장 의문문(Questions)

15.1 예/아니오 의문문(Yes/No Questions) ···································· 237
    1. 주어 조동사 도치 ··· 237
    2. 부정형 예/아니오 의문문(Negative Yes/No Questions) ······················ 238
    3. 축약형 예/아니오 의문문(Reduced Yes/No Questions) ······················ 240

15.2 부가 의문문(Tag Questions) ·· 241
    1. 반대극 부가 의문문(Opposite Polarity Tag Questions) ······················ 241
    2. 동일극 부가 의문문(Same Polarity Tag Questions) ··························· 242
    3. 감탄문의 형태를 한 부가 의문문 ··· 242

15.3 *Wh-*의문문(Wh-Questions) ·· 243
    1. *Wh-*의문문 형성 ··· 243
    2. *Wh-*의문문의 유형 ··· 244

15.4 기타 유형의 의문문들 ·· 245
    1. 선택 의문문(Alternative Questions) ····················· 245
    2. 메아리 의문문(Eco Questions) ···························· 246
    3. 감탄 의문문(Exclamatory Questions) ··················· 246
    4. 수사 의문문(Rhetorical Questions) ····················· 246
    5. 제시형 의문문(Display Questions) ······················ 247

제16장 허사(Expletives)

16.1 비지시형 *IT* ··· 248
16.2 비지시형 *THERE* ··· 250
    1. 비지시 *THERE*의 일반적 특징 ························· 250
    2. 주어-동사 일치 현상 ·· 251
    3. *THERE* 구문의 구조와 의미적 특징 ················· 252

제17장 관계절(Relative Clauses)

17.1 형태와 기능 ·· 257
17.2 제한 관계절(Restrictive Relative Clauses) ············ 258
    1. 주어 관계절(Subject Relative Clauses) ················ 258
    2. 목적어 관계절(Object Relative Clauses) ·············· 258
    3. 간접 목적어 관계절(Indirect Object Relative Clauses) ··· 258
    4. 전치사의 목적어 관계절(Object of the Preposition) ···· 259
    5. 소유 관계절(Possessive Relative Clauses) ············ 260
    6. 비교 목적어 관계절(Object of Comparison) ········· 262
    7. *What* 관계절 ··· 262
17.3 제한 관계절의 위치와 축약형 ······························ 262
    1. 외치 관계절(Extraposed Relative Clauses) ··········· 262
    2. 중첩현상(Stacking) ·· 263
    3. 주어 관계 대명사의 생략(Omission of Nonsubject Relative
       Pronouns) ·· 263
    4. 주어 관계절의 축약(Reduction in Subject Relative Clauses) ······ 264
    5. 상태동사와 현재 분사형 ··································· 264
17.4 기타 유형의 제한 관계절 ····································· 265

  1. 부정사 관계절(Infinitival Relative Clauses) ·············· 265
  2. 부사 관계절(Adverbial Relative Clauses) ·············· 266
  3. 자유 관계절(Free Relative Clauses) ····················· 267
 17.5 비제한 관계절(Nonrestricitive Relative Clauses) ············ 269

제18장 조건문(Conditional Sentences)

 18.1 조건문의 형태 ·· 275
 18.2 현실 조건문(Real Conditionals) ····································· 276
  1. 총칭 조건문(Generic Conditionals) ······················· 276
  2. 상용 조건문(Habitual Conditionals) ······················ 276
  3. 추론 조건문(Inference Conditionals) ···················· 277
  4. 미래 조건문(Future Conditionals) ························ 278
 18.3 비현실 조건문(Unreal Conditionals) ······························ 279
  1. 가상 조건문(Hypothetical Conditionals) ················ 279
  2. 반사실적 조건문(Counterfactual Conditionals) ········ 281
  3. 다른 형태의 비현실 조건문 ································ 281

제19장 주어절(Subject Clauses)

 19.1 주어절의 유형 ·· 284
  1. 부정사절(Infinitive Clauses) ································· 284
  2. 동명사절(Gerund Clauses) ·································· 285
  3. *That*-절 ··· 285
  4. 의문사절(Interrogative Clauses) ··························· 286
 19.2 담화상에서 주어절(Subject Clauses in Discourse) ············· 286
 19.3 주어절의 이동(Movement of Subject Clauses) ·················· 287
 19.4 주어 및 목적어 상승 구문(Raising Sentences) ·················· 289
  1. 주어상승 구문(Subject-to-Subject Raising) ············· 290
  2. 목적어 상승 구문(Object-to-Subject Raising) ·········· 292
  3. 기타 유사 구문 ·· 294

제20장 보충어(Complements) 유형

20.1 *That* 보충어 ··· 300
20.2 부정사 보충어(Infinitive Complements) ······························· 302
    1. *Persuade* 동사 유형 ·· 302
    2. *Want* 동사 종류 ··· 303
    3. *Believe* 동사 유형 ··· 305
    4. *Make* 동사 유형 ··· 306
    5. 기타 유사구문 ·· 307
20.3 동명사 보충어(Gerund Complements) ································ 307
20.4 동명사 및 부정사 보충어 취하는 동사 ···································· 309
20.5 동명사와 원형 부정사 보충어절을 취하는 동사 ······················· 311

제21장 부사절(Adverbial Subordinate Clauses)

21.1 종속접속사가 있는 부사절 ·· 317
    1. 형태 ·· 317
    2. 의미 ·· 318
21.2 태도의 절(Clauses of Manner) ·· 323
21.3 원인절(Clauses of Cause) ·· 323
21.4 목적절(Clauses of Purpose) ·· 324
21.5 회피의 목적절 (Purpose Clauses of Avoidance) ············· 324
21.6 이유의 절(Clauses of Reason) ··· 325
21.7 결과절(Clauses of Result) ··· 325
21.8 양보의 절(Clauses of Result) ··· 326
21.9 자유 부가어(Free Adjuncts) ·· 327
    1. 형태 ·· 327
    2. 의미 ·· 328
    3. 용법 ·· 331

제22장 비교 구문(Comparisons)

- 22.1 비교 구문의 유형 ································· 334
  - 1. 비동등 비교(Inequality Comparisons) ········· 334
  - 2. 동등 비교(Equality Comparisons) ············· 336
- 22.2 형용사와 부사의 비교 ························ 337
- 22.3 비교급 문장의 형태 ·························· 338
  - 1. 비동등 비교문(Inequality Comparisons) ······· 338
  - 2. 동등 비교문(Equality Comparisons) ··········· 340
- 22.4 최상급 형태(Superlative Forms) ··············· 341
- 22.5 More와 More of 비교 ······················ 342
- 22.6 양적 비교(Much and More) ·················· 344

제23장 등위 구문(Coordination)

- 23.1 단일어 등위접속사(Single-word Coordinators) ········· 347
  - 1. *And* ·· 347
  - 2. *OR* ·· 349
  - 3. *NOR* ·· 349
  - 4. *But*과 *Yet* ································· 350
- 23.2 다어 등위접속사(Multiword Coordinators) ········ 350
  - 1. 부가(Addition) ·································· 350
  - 2. 대안(Alternatives) ······························· 351
  - 3. 대조(Contrast) ·································· 352
  - 4. 양보(Concession) ······························· 352
- 23.3 등위접속사 관련 구문 ························· 353
  - 1. 등위구조문 축소(Conjunction Reduction) ······· 353
  - 2. 동사구 생략(Verb Phrase Ellipsis) ············· 353
  - 3. 우분지 상승 구문 ······························· 355
  - 4. 공소 현상(Gapping) ···························· 355
- 23.4 추가 구문들 ·································· 356

제24장 초점 구문(Focus Structures)

24.1 분열 문장(Cleft Sentences) ·· 361
24.2 분열 문장의 용법 ·· 363
    1. *It*-분열구문 ·· 363
    2. *Wh*-분열구문 ·· 364
24.3 전치(Fronting) 구문 ·· 367
24.4 도치현상(Inversions) ·· 369
    1. 어휘적 도치현상(Lexical Inversions) ·· 370
    2. 스타일상 도치(Stylistic Inversions) ·· 371
    3. 정보 패키징 도치현상(Information Packing Inversions) ············· 371
24.5 강화사 전치(Intensifier Fronting) ·· 373

- 참고문헌 _ 375
- 추천해답 _ 383
- 찾아보기 _ 400

제1장 문법 기초

이 장은 문법적 문장을 구성하는 어휘요소들의 기본적인 속성과 기본적 문법 용어들을 살펴본다.

1.1 문장 성분 (Constituents)

문법 기술을 목적으로 할 때, 일반적으로 의사소통의 기본 단위는 문장으로 규정하고 있다. 한 문장은 주부(subject)와 술부(predicate)로 구성된다.[1]

(1)   a. The student smiled.
        주어부   술어부
    b. The student sang a song.
        주어부   술어부

술부를 구성하는 동작의 종류에 따라, 예문 (1a)와 (1b)에서 보듯이, 술부 내부가 다른 문장이 형성된다. 한 문장을 구성하는 최소 단위는 단어(word)이다. 단어가 일정한 방식(rule)에 따라 서로 결합하여 한 문장을 형성하는 과정에 존재하는 단위가 구(phrase)이다.

각 단위를 가리키는 명칭이 있는데, 단어 단위는 명사(noun), 동사(verb), 형용사(adjective), 부사(adverb), 전치사(preposition) 등의 유형으로 분류한다. 단어 단위는

---

[1] 한 문장은 주어성분과 술어성분으로 구성되어 있다고 표현할 수 있다.

하나의 요소인 반면, 구 단위는 적어도 하나 이상의 요소가 결합된 단위가 된다. 이로 인해 주요소와 부요소로 구분되는데, 전자를 핵어(head)라고 한다. 명사가 핵어가 되어 형성되는 구는 명사구(noun phrase)로, 동사가 핵어가 되면 동사구(verb phrase), 형용사는 형용사구(adjective phrase), 부사는 부사구(adverb phrase), 등으로 각각 분류된다.

예문 (2a)에서 동작 *bought*가 핵어가 되어 동사구 *bought him a new pair of Nike sneakers*를 형성하고 있다. 동사구 내부는 두 개의 명사구가 함께 결합되어 있다. (2b)에서 주어는 핵어 *support*를 중심으로 네 개의 요소가 결합되어 명사구를 형성하고 있으며, 술부 내부에는 핵어 *important*가 *extremely*와 결합하여 형용사구를 이루고 있다.

(2)   a. Owen bought him a new pair of Nike sneakers.
       b. The support of the council is extremely important.

이런 체계를 성분(constituent)이라는 용어로 말하면, 한 문장의 구성은 단어 성분, 구 성분, 문장 성분으로 되어 있다고 말하기도 한다. 한 문장도 하나의 문장 성분으로 되어 있는 경우인 단문(simple sentence)과 두 개 이상의 문장 성분으로 구성되는 복문(complex sentence)이 있다. 복문을 구성하는 문장 성분 단위는 절(clause) 단위가 된다.

가장 단순한 문장(sentence)은 하나의 절(clause)[2]로 구성되는 (3a)의 형태이며, (3b-c)처럼 하나 이상의 절이 모여 복문(complex or compound sentence)을 이룬다.

---

[2] 하나 이상의 절(clause)로 구성되는 문장은 문장 내부에서의 문법역할에 따라 절(clause)을 조금 더 세부적으로 분류하기도 한다. 두 개 이상의 주절로 연결된 문장의 경우가 있고, 주절(main clause)과 내포절(또는 종속절: subordinate clause)로 연결된 문장의 경우가 있다. 후자의 경우에 주절은 하나여야 하지만, 내포절은 두 개 이상일 수 있다. 이때 내포절을 포함하고 있는 절을 *matrix clause*라는 용어로 주절과 구분하는데 사용한다. 예를 들면, *I think that he is honest.*에서 *I think*는 주절, *that he is honest*는 내포절, *I think that he is honest.*는 matrix clause로 구분한다.

(3)   a. Pat is a teacher.
            Clause
      b. When Pat played the piano, Sam sang a song.
            Clause   Clause
      c. Pat played the piano and Sam sang a song.

1.2 문법기능과 통사범주 (Functions and Categories)

한 문장의 구성성분인 통사범주(품사)는 문장 내에서 적절한 문법기능을 수행한다. 이 기능으로는 주어, 술어자, 목적어, 목적보어 등이 있다. 통사범주와 문법기능과는 밀접한 관계가 있다. 예를 들면, 동일한 통사범주가 전혀 다른 문법기능을 수행할 수 있으며, 이와는 반대로 동일한 문법기능을 전혀 다른 통사범주가 수행할 수 있는 상호 관련성이 있다. (4a)의 명사구 *his guilt*는 주어의 문법기능을 수행하고 있으며, (5a)에서는 명사절 *That he was guilty*가 주어 기능을 하고 있다. 반면, 명사구 *some customers*는 (4b)에서는 주어 기능을, (5b)에서는 목적어 기능을 수행하고 있다.

(4)   a. His guilt was obvious
      b. Some customers complained.
(5)   a. That he was guilty was obvious.
      b. Kim insulted some customers.

1.3 단어와 통사범주[3] (Words and Categories)

한 문장의 최소 구성성분인 단어(word)를 분류하는 방식은 기준(criterion)을 무엇으로 정하느냐에 따라 다르다. 많이 알려진 기준으로는 단어의 형태(form), 문장

---

[3] 품사(=통사범주) 구분은 이 작업 자체도 문법적인 측면에 대한 설명이 상당히 필요한 작업이므로, 이 부분에서는 개요만을 기술한다. 상세한 개별 특징은 각 개별 장(chapter)에서 소개되는 내용을 참조하기를 바란다.

에서의 위치(distribution), 그리고 의미(meaning)가 있다.

　어떤 기준을 삼는지에 상관없이 공통적으로 분류되는 통사범주만을 소개하면, 하나의 구(phrase)를 형성할 수 있는 품사 다섯 가지(a-e)와 구를 형성하지 않는 품사 세 가지(f-h)가 있다. 이들의 개별 특징을 하나씩 살펴보자.

    a. 명사(noun)
    b. 동사(verb)
    c. 형용사(adjective)
    d. 부사(adverb)
    e. 전치사(preposition)
    f. 한정사(determinative)
    g. 등위접속사(coordinator)
    h. 종속접속사(subordinator)

1. 명사 (Nouns)

　명사에 해당하는 단어는 주로 사람, 동물, 무생물 등을 포함하는 물리적 개체(physical objects)를 지칭하는 의미를 담고 있으며, 선택적으로 단수와 복수 형태를 표현할 수 있고, 문장 내에서 주어, 간접목적어, 직접목적어, 전치사의 목적어, 목적보어 등의 기능을 수행하는 특징을 지니고 있다. 예로 *cat, man, flower, diamond, car, computer, absence, manliness, fact, idea, sensitivity* 등을 들 수 있다.

2. 동사 (Verbs)

　동사는 동작을 지칭하는 단어들을 분류한 것으로, 동작 수행시간(time)과 수행상황(aspect)에 대한 정보를 표현한다. 동작의 종류에 따라 문장 구성성분이 달라지고, 동작 시간에 대한 정보를 담고 있기 때문에 한 문장 내에서 가장 중요한 요소로 간주된다. 문장 내에서 일반적으로 주어 다음에 위치한다.

　예문 (6)은 *writing* 동작 수행시간이 과거, 현재, 미래라는 것을 표현하고 있으며, 동작의 수행 상황은 진행 중이라는 정보를 형태소 *–ing*를 통해 담고 있다.

(6) a. She was writing a book on brain development.
b. His wife is writing children's books.
c. He will be writing a book after the civil trial.

예문 (7)은 동작의 유형에 따라 문장 구성성분이 달라지는 사실을 확인할 수 있는데, (a)의 동작은 주어 기능을 가진 요소가, (b)는 주어와 목적어 기능을 가진 요소 두 개가, (c)는 주어와 목적어 두 개, (d)는 주어와 목적어, 그리고 장소 표현으로 이루어진다. 예문 (7)을 통해 동사가 표현하는 동작을 수행하는데 필요한 구성성분의 개수와 통사범주가 달라진다는 사실을 인지할 수 있다. 떠나는 동작은 주어 기능을 하는 생물체와 떠날 개체가 필요하므로 이것이 만족되어 있는 (8a)는 좋은 문장인 반면, 도착하는 동작은 주어 기능을 하는 생물체가 출현하면 되는데, 이를 어기는 (8b)는 비문이 된다.

(7) a. We all slept together.
b. The woman devoured a carrot.
c. She bought Jack some sunglasses.
d. Lucius placed his helmet on the floor.
(8) a. She left the airport.
b. *She arrived the airport.

3. 형용사 (Adjectives)

형용사는 명사로 표현되는 개체들이 지니고 있는 다양한 특징을 묘사하는 단어를 분류한 것이다. 이로 인해 다수의 형용사는 형태소 *-er, -est*를 통해, 특징의 정도 (degree)에 대한 정보를 표현한다. 명사의 특징을 표현하므로, 문장 내에서 명사 중심으로 전후에 나타나며, 명사 앞에서는 수식(attribute) 기능을, 명사 뒤에서는 주로 술어(predicative) 기능을 수행한다.

예문 (9)는 굵은 글씨체 *hot*과 *jealous*가 명사의 전후 위치에서 특징을 묘사하고 있다. (a)-(b)는 수식 기능을, (c)-(d)는 술어 기능을 수행하고 있으며, (10)에서는 목적어의 술어 기능을 한다.

(9) a. some hot soup b. a jealous husband
    c. The soup is hot. d. Max was jealous.
(10) a. The servants like me, so they try to keep my food hot.

명사가 지니고 있는 특징들의 정도(degree)를 표현하는 형용사는 (11)의 형태소 –er, -est 이외에 (12)처럼, 정도의 단계(level)를 표현하는 부사류의 수식을 받음으로써, 명사가 어느 정도의 특징을 보유하고 있는지에 대한 정보를 표현한다.

(11) a. Kim is old.
     b. Kim is older than Pat.
     c. Kim is the oldest of them all.
(12) a. fairly big b. surprisingly good
     c. very hot d. extremely jealous

4. 부사(Adverbs)

부사는 기본적으로 동작을 수행할 때 보여지는 특징을 묘사하는 단어이다. 동작 수행에 나타나는 특징은 속도, 양, 질, 방식, 태도, 정도, 추측, 견해 등 다양하다. 이로 인해 문장 내에서 동사의 전후에 위치하며, 다른 품사들에 비해 위치가 다양하게 나타난다. 한 문장 내에 동작이 여러 개 존재하게 되면, 부사가 그 동작 전후에도 나타날 수 있다. 부사도 동작이 지니고 있는 특징들의 정도(degree)를 표현할 수 있고, 정도를 명시하는 부사의 수식을 받기도 한다. 예문 (13)은 부사 *fully*가 동작 *evaluate* 앞에서, 부사 *effectively*는 동작 *used* 뒤에서 각각 동사에 대해 묘사한다.

(13) More research is needed to fully evaluate how photography can be used effectively to bring clients into agencies.

부사는 형용사와 기능면에서 유사한데, 그 기원의 하나로 부사 생성과정이 있다. 부사는 일반적으로 형용사에 형태소 –*ly*를 추가해 만들어진다. (14a)의 형용사가

(14b)처럼 도출되기도 하고, (14c)처럼 전혀 형용사와 상관없이 생성되는 부사의 사례도 있다.

(14) a. Adjective: *careful, certain, fortunate, obvious, rapid, usual*
      b. Adverb: *carefully, certainly, fortunately, obviously, rapidly, usually*
      c. Others: *almost, always, not, often, quite, rather, soon, too, very*

기능면에서는 형용사와 상당히 차이가 있다. (15)처럼, 부사는 한 문장에서 동사(구), 형용사, 다른 부사들을 수식하는 기능을 한다.

(15) a. 동사(구) 수식: She spoke **clearly**.   I **often** see them.
      b. 형용사 수식: a **remarkably** good idea   It's **very** expensive.
      c. 부사 수식: She spoke **quite** clearly.   It'll end **quite** soon.

5. 전치사 (Prepositions)

전치사는 일반적으로 시간과 공간상에서 두 개 이상의 개체들이 보유하는 다양한 관계성을 표현하는 단어이다. 영어는 주로 시간, 장소, 방향 등의 구체적인 내용을 기본으로, 추상적인 내용으로 확장된다. 전치사는 용어가 의미하는 것처럼, 전치사 뒤에 반드시 명사 상당어구들이 나타나야 하는 특징이 있다.

(16) **across** the road   **after** lunch   **at** the corner   **before** Easter
      off the platform   **in** the box   **on** the roof   **under** the bridge

전치사는 전치사구의 중심어(head)이지만, 다른 범주들, 즉 동사(구), 명사, 형용사의 의존 요소(dependents)로써의 기능을 담당한다.

(17) a. 동사(구)의 의존 요소: I sat **by the door**.   I saw her **after lunch**.
      b. 명사의 의존 요소: the man **in the room**   the day **before that**
      c. 형용사의 의존 요소: keen **on golf**   superior **to the others**

6. 한정사 (Determinatives)

한정사는 명사 앞에서 지시하려는 명사를 보다 명료하게 명시하는 기능을 담당하는 표현이며, 대표적으로 *a*와 *the*가 있는데, 이들은 명사구가 한정성(definite)을 가지는지 비한정성(indefinite)을 가지는지 명시하며, 한정성 명사구라는 개념은 청자(hearer)가 그 지시체(reference)를 알고 있을 것이라고 전제할 때 사용하게 되는 의미개념이다.

비한정적인 명사구는 이런 전제가 없고, 단지 그 명사가 그 종류의 한 일원(member)이라는 것(*a book*)만을 말한다. 한정사로, *this, that, some, any, many, few, one, two, three* 등과 같은 지시 관사, 소유 관사, 양화사 등을 추가적으로 들 수 있다. 양화사라는 것은 지시하는 명사가 얼마나 많은 수나 양이 있는지를 명시하는 표현들(***every*** *book,* ***some*** *books,* 등)을 가리킨다.

7. 등위접속사 (Coordinators)

등위접속사로는 *and, or, but* 같은 표현들이 있다. 이들의 기능은 두 개 이상의 표현들 간의 대등관계성을 명시해 주는 것이다. 이 대등 관계성은 동일한 통사적인 위치 사이에서 나타나는 관계성이므로, 두 개 이상의 표현들의 통사적인 동일성을 유지해주는 기능이라고 할 수 있다. 아래 예문에서 등위접속사 *and*로 연결된 두 개의 요소가 동일한 명사구로 연결되어야 한다.

(18)   We need a long table and at least eight chairs.

8. 종속접속사 (Subordinators)

종속접속사는 종속절을 도입하는 연결 표현으로, *that, for, whether, if* 등을 들 수 있다. (19a)는 주절 *he did his best*가 바로 문장인 경우이고, (19b)는 종속절의 기능을 수행하고 있는 경우이다.

종속접속사는 크게 세 가지 하위부류로 나눌 수 있다. [1]대다수의 종속접속사가 해당되는 유형으로 **부사절**을 도입해서 시간, 장소, 이유에 대한 세부내용을 주절에 추가하는 것으로, *after, as, because, if, since, although, while* 등이 있다. [2]이 유형은 세 개의 종속접속사 *as, than, that*이 형성하는 것으로 **정도의 절**을 도입하는 종속접속사 유형이 있다. [3]세 개의 종속접속사 *that, for, whether, if*가 형성하는 **보충어절** (또는 명사절)을 도입하는 유형이 있다. 이 마지막 유형은 주절의 의미를 완성하기 위해 채워져야 하는 절을 도입하는 접속사이므로 보문자(complementizer)라고도 한다.

(19)   a. He did **his best**.
        b. I realize **that he did his best**.

이상에서 단어의 여덟 가지의 대표 통사범주를 살펴보았다. 단어를 분류할 때, 일반적으로 두 가지 특징을 언급할 수 있다. 하나는 개별 단어의 통사범주는 문장 내에서 결정된다는 것이다. 다른 하나는 단어의 형태(form)와 의미(meaning)가 불일치(mismatch)되는 특징이다.

1.4 절(Clause)

절은 일반적으로 주어와 동사를 필수 요소로 갖추고 있는 단위를 말한다. 절 단위가 소유하고 있는 특징 세 가지를 이곳에서 살펴본다.

1. 절의 유형(Clause Type)

하나의 절이 최종 단위인 문장이 되기도 한다. 이때 관측되는 특징은 네 가지 다른 유형이 존재한다는 것이다. 평서문, 의문문, 명령문, 감탄문이 그것이다. 이 네 가지 유형 가운데 어느 것을 절의 표준형(prototypical clause)으로 정할 것인가를 고려해 볼 수 있는데, 평서문 유형을 표준형으로 삼고 있다. 평서문(declaratives) 유형이 표준절(canonical clause)에 해당되고, 나머지 세 가지 유형은 비표준절(noncanonical clause)로 분류된다.

(20) a. 평서문(Declarative)   We had a beautiful villa on a large hill.
      b. 의문문(Interrogative)   Is America the greatest country in
                                  the world?
      c. 명령문(Imperative)   Sit down with your parents!
      d. 감탄문(Exclamative)   What a great opportunity for everyone!

2. 종속성 (Subordination)

종속절이 보유하고 있는 두 번째 특징으로 기능 측면을 고려해 볼 수 있는데, 종속성이 그것이다. 절이 다른 절에 의존적으로 존재하느냐 독립적으로 존재하느냐에 따라 종속절(subordinate clause)과 주절(main clause)로 구분한다. 모든 표준절은 주절이다. 종속절로 실현되는 절 유형은 비표준절로 구분된다. 종속절은 보다 큰 절 내부에서 종속요소로서의 기능을 수행하게 되고 주절과는 내부 구조에서 차이를 보이게 된다.

(21)   주절(Main Clauses)   종속절(Subordinate Clauses)
         1a) She's ill.   b. I know that she'll ill.
         2a) We invited the Smiths.   b. Inviting the Smiths was a mistake.
         3a) Some guy wrote the editorial. b. He's the guy who wrote the editorial.

(1b)는 동사 *know*의 보충어에 종속절이 실현되어, 종속접속사 *that* 이외에는 주절과 차이가 없다. (2b)는 주어 자리에 종속절이 나타났는데, 이 경우는 주어가 없고, 동사에 시제 변화를 할 수 없다는 점에서 주절과 상당히 차이가 있다고 할 수 있다. (3b)는 관계절이 종속절로 실현되어 있다.

3. 등위성 (Coordination)

절은 동등하게 두 개 이상이 연결되어 등위 문장(coordinated sentence)을 형성할 수 있다. 이때 비등위 문장이 표준절이, 등위문은 비표준절이 된다.

(22)   비등위문
He listened again.
That's Bill.
I'm blind.
등위문
He listened again, and he no longer heard the rustling on the roof.
That's Bill or I'm blind.

4. 정보 패키지 (Information Packaging)

문장은 구성성분들이 일정한 방식으로 배치되어 정보가 흐르는 방식이 있는데, 이를 정보구조 또는 정보 패키지라고 한다. 이 일정한 방식을 재배치하면, 정보의 흐름방식도 달라진다. 가장 대표적인 문장이 수동태(passives), 전치현상(preposing), 외치현상(extraposition) 등이 있다. 이 재배치된 문장들이 비표준적(noncanonical) 문장 유형이 된다.

(23)   (1) 능동태
a. A mosquito bit him in the Caroni Swamp.
수동태
b. He was bitten by a mosquito in the Caroni Swamp

위의 (23)은 동일한 상황을 기술하는 두 가지 다른 통사적인 문장이다. 능동문장과 수동문장이 의미하는 바는, 한 행동을 기술하는 절에서 능동태에 실현된 주어는 적극적인 참여자(행동의 수행자)를 의미하는 반면, 수동태에서의 주어는 수동적인 참여자(행동의 경험자)라는 것을 나타낸다.

다음의 (24)에서 두 문장의 차이점은 목적어에 해당하는 *the others*의 순서만이 다른 것이다.

(24)   Basic Order   Preposing (non-canonical)
a. I gave the others to Kim   b. The others I gave to Kim.

(25a)의 주어는 종속절이고, (25b)의 주어는 대명사 *it*이 위치하고 있고, 종속절이 문장의 마지막에 나타나 있다.

(25)   Basic Order   Extraposition (non-canonical)
          a. That I overslept was unfortunate.   b. It was unfortunate that I overslept.

1.5 절의 내부구조 (Internal Structure)

이 부분에서는 절의 내부 구조(internal structure)와 각 구성요소들의 기능(function)을 살펴본다.

1. 술어자 (Predicator)

전통적으로 절의 내부 구조는 주어(subject)와 술어(predicate)로 구분한다. 술어는 주어에 대한 내용을 서술하는 부분이다. 동작의 종류에 따라 이 술어의 구성성분이 달라진다. 예문 (26)은 동사 *sneezed, broke, bought, believed*를 주축으로 술어 내부의 구성성분 개수와 기능들이 다양해진다. 모든 술어부의 필수 구성성분을 술어자(predicator)라 한다. 술어자를 통해 술어부분에 나타날 수 있는 구성성분들을 예측할 수 있으며, 이들 구성성분으로 필수성분인 보충어(complement)와 선택적 성분인 부가어(adjunct)가 있다. (26a)의 *again*은 부가어이며, (26b)의 *his dad's nose*, (26c)의 *his wife, a ring*, (26d)의 *himself, to be innocent*는 보충어에 해당된다. 특별한 상황이 아니라면, 필수성분이 부족한 예문 (27)의 문장들은 비문이 된다.

(26)   a. Amanda sneezed again.
           b. Tyler broke his dad's nose.
           c. Wilson bought his wife a ring.
           d. Rodger believed himself to be innocent.

(27) a. *Tyler broke.
      b. *Wilson bought his wife.
      c. *Rodger believed to be innocent.

반면, 부가어는 선택적으로 술어자와 함께 존재하는 구성성분들이다. 예문 (28)처럼, 생략되어도 문장의 정문과 비문 결정에는 영향을 미치지 않는 특징이 있다.

(28) a. The box was useless.
      b. The box was useless **because it had a hole in it**.
      c. I saw your father.
      d. I saw your father **this morning**.

2. 보충어로서 주어 (Subject as a Complement)

문장은 주어와 술어 부분으로 구분되므로 주어가 술어 내부에 있는 술어자의 통제를 받을 수 있을 지를 판단하기란 쉬운 일이 아니다. 반면 술어 내부에서 술어자 다음에 위치하는 목적어는 술어자의 통제를 받는다는 것은 명확하다. 영어의 주어는 동작의 종류에 상관없이 필수적으로 존재해야 하지만, 목적어는 동사의 종류에 따라 선택적이라는 측면을 고려하면 다를 수 있다는 점도 인지할 수 있다.

예문 (29)는 영어의 주어도 동사의 제약을 받을 수 있는 경우가 있다는 것을 보여준다. 동일한 표현 *whether we will finish on time*이 동사 *depend*의 주어 역할은 가능한 반면 동사 *ruin*의 주어 역할은 불가능하다는 사실을 (29a)와 (29b)를 통해 확인할 수 있다. 이를 통해 주어도 동사의 통제를 받는 보충어(complement)라고 규정할 수 있다. 목적어의 보충어(complement)와는 달리, 술어자 역할하는 동사의 앞에 위치하는 점을 반영하여, 외부 보충어(external complement)라고 하고, 동사 다음에 위치하는 성분들을 내부 보충어(internal complement)라고 구분한다.

(29) a. Whether we will finish on time depends primarily on the weather.
      b. *Whether we will finish on time ruined the afternoon.

3. 주어 (Subject)

문장의 주어라는 개념을 규정하는 것은 간단한 일이 아니다. 다만 주어 위치에 존재하는 표현들의 특징을 통해 성격을 기술해 볼 수 있다. 먼저 주어의 전형적 분포 위치는 동사 앞이다. 주어진 문장이 기술하려는 주제(topic)를 명시한다. 예문 (30a)의 주어는 *Sue*이고 이 문장은 *Sue*의 감정에 대해 묘사하고 있으며, (30b)는 *Max*가 주어이고 *Max*의 감정에 대해 기술하고 있다.

(30)   a. Sue loved Max.   b. Max loved Sue.

다음 특징으로 영어의 격(case)이 있다. 주어 위치에서만 관측되는 격변화 형태가 있다. 대명사가 이를 뒷받침해 줄 수 있다. 예문 (31a)는 주어 위치에서 발생한 대명사의 격 변화 형태소를 보여준다. 예문 (32a)의 *the dogs*가 주격이라는 것은 예문 (32b)의 동일 위치에 있는 대명사 *he*를 통해 입증해 보일 수 있다.

(31)   a. 주격   I   he   she   we   they
        b. 대격   me   him   her   us   them

(32)   a. **The dogs** barked at the visitors.
        b. **He** barked at the visitors.

세 번째 주어가 보여주는 세 번째 특징은 동사와의 일치현상(agreement)이 있다. 주어 표현의 단수와 복수 속성과 동사의 시제 속성에 따라 주어는 동사와 이에 상응하는 형태소를 명시한다. 예문 (33)은 현재 시제에서 주어가 복수인 (a)와 단수인 (b)에 따라 동사 *tell*이 이에 상응하는 형태소를 각각 보여준다.

(33)   a. Through their play, children tell him their stories
        b. Through his play, he tells children his stories.

다음은 주어가 조동사와 위치 변경을 하는 도치현상(inversion)이 있다. 영어는 의문문을 비롯한 여러 종류의 구문에서 도치현상이 나타나는데, 이때 참여하는 구성성분이 주어 자리에 존재하는 요소이다.

(34)   a. Does **she** love the children?   b. Do **the children** love Sue?

지금까지 언급한 주어가 보유하고 있는 네 가지 주요 특징 이외에, 행위성(agentivity) 등의 의미적인 역할을 통해 규정해보려는 시도도 할 수 있으나, 영어의 주어는 비인칭 주어를 소유할 수 있기 때문에 예문 (35)에서 확인되듯이 이들의 공통된 의미적 속성을 규정하는 것은 쉽지 않다.

(35)   a. **Ernie** suffered a heart attack.
       b. **Something** is wrong with this disk drive.
       c. **It**'s time these kids were in bed.

4. 목적어 (Object)

목적어의 가장 두드러진 특징은 동사구 내부에 존재하므로 술어자(predicator)인 동사가 어떤 동작을 묘사하느냐에 따라 목적어의 존재여부까지도 좌우된다. 즉, 목적어는 철저하게 동사가 선택하는 요소라는 특징이 있다. 동작 수행에 목적어가 필요 없는 동작(예를 들면, sleep, arrive 등), 하나의 목적어가 필요한 동작(예, drink, eat, read 등), 목적어가 두 개가 있어야 동작형성이 가능한 동작(예, give, promise, send 등)이 있다. 예문 (36)은 동사 deny가 목적어 위치에 deny할 대상이 필요한 동작이며, 동사 disappear는 목적어가 필요 없는 동작이므로 목적어 위치에 the accusation이 존재하면 비문이 되는 것을 확인할 수 있다.

(36)   a. Sue denied the accusation.
       b. Sue disappeared *(the accusation).

두 번째 특징으로 목적어는 수동태의 주어가 된다. 동작으로 인해 영향을 받는 대상이 목적어의 특징이며, 수동태는 이 영향 받는 대상이 주어가 된다. 이로 인해 목적어가 없으면 수동태 문장을 형성할 수 없다. 예문 (37)은 주어가 동사의 동작으로 인해 영향을 받은 대상임을 인지할 수 있다. 수동태에서는 주어 자리에 있는 *accusation*이 발생하지 않거나, *Mongenel*이 성장하거나, *Katherine Johnson*이 받게 되는 대상이 된다.

(37) a. The accusation was denied.
    b. Mongenel was raised primarily by her grandmother.
    c. Katherine Johnson was awarded the Presidential Medal of Freedom in 2015.

다음 특징은 목적어 자리에서 보이는 격(case) 변화이다. 목적어는 대격(accusative case)의 형태소가 나타난다. 이는 대명사를 통해 입증될 수 있다.

(38) a. Mrs. Hewitt invited **my parents** to her house for cake and coffee.
    b. Mrs. Hewitt invited **them** to her house for cake and coffee.

마지막으로 목적어의 위치는 동사 바로 다음이다. 즉, 동사와 목적어 사이에는 아무런 요소도 출현할 수 없다. 예문 (39a)의 teachers가 (39b)에 사용되면 위치가 동사 바로 다음이 된다.

(39) a. They are truly teachers.
    b. They truly loved the teacher.

영어는 목적어를 두 개 필요로 한 문장이 있다. 예문 (40)은 명사구 *Max*와 *the photo*가 동사 *gave*의 목적어 역할을 하며, 동작에 보다 직접적으로 참여하는 *the photo*가 직접 목적어, *Mary*는 간접 목적어가 된다. (40a)는 실제로 소유자가 *Sue*에서 *Max*로 바뀌는 대상이 바로 사진이다. (40b)는 구매해서 가져가는 행동에 직접 참여하는 대상도 바로 신발이다. 반면, 간접목적어는 기본적으로 수령자(recipient)이거나 수혜자(beneficiary)에 해당된다.

(40)   a. Sue gave **Max the photo**.
        b. I bought **them some shoes**.

5. 술어적 보어 (Predicative Complements)

1) 목적어와 술어적 보어

동사 다음의 목적어 위치에 존재하는 명사구가 모두 목적어 역할을 하는 것은 아니다. 영어의 목적어는 동작에 직접적으로 참여하는 자(participants)이다. 이런 점을 고려하면 예문 (41)의 다른 특징을 알 수 있다. (a)-(b)는 목적어가 동작에 직접적으로 참여하는 대상인 반면 (c)-(d)는 직접적인 참여자 역할은 하지 못한다. 이들은 주어의 개체가 소유하고 있는 특징을 묘사하는 것뿐이다. 동사 뒤에서 이 역할을 하는 명사는 술어 기능을 수행한다는 점에서 술어적 보어라고 한다.

(41)   a. Stacy found a good speaker.
        b. Lee insulted a friend of mine.
        c. Stacy was a good speaker.
        d. Lee became a friend of mine.

술어적 보어의 술어자는 주로 *be*동사가 이며, 의미 내용은 없다. (41c)는 Stacy가 유쾌한 태도로 이야기했다는 의미이다. 명사구 *a good speaker*가 보어이며, *spoke well*과 동일한 의미를 전달한다.

일부 동사는 술어적 보어와 목적어 모두 가능한 경우가 있으며, 이때는 의미적인 차이가 존재한다. 예문 (42a)의 의미는 승강장에 나 혼자 있어서 바보 같은 것처럼 느낀 것이고, (42b)는 두 사람이 있는데, 하나는 주어인 '나'이고, 다른 하나는 승강장에서 내 앞쪽으로 밀고 있는 바보가 있는 것이다.

(42)   a. Honestly, I felt **a fool** standing there alone on the platform.
        b. Suddenly, I felt **a fool** pushing in front of me on the platform.

2) 술어적 보어의 통사적 특징

술어적 보어가 소유하고 있는 주요 특징으로 네 가지를 꼽을 수 있다. 먼저, 형용사도 술어적 보어가 된다는 특징이 있다. 예문 (43)에서 (a)는 명사구가, (b)는 형용사구가 동일한 술어적 보어역할을 한다.

(43) a. They became **our friends**.
   b. The store became **popular** in their local community.

다음 특징은 술어적 보어 역할하는 명사구에 관사 없이 사용될 수 있다는 점이다. 이 명사구를 무관사 명사(bare NP)라고 하며, 술어적 보어로서 예문 (44a)-(44b)의 무관사 명사는 특정한 역할이나 관료의 위상을 지칭한다. 예문 (44d)의 일반 목적어 위치에서 무관사 명사는 허용되지 않는다.

(44) a. She became **the treasurer**. b. She became **treasurer**.
   c. She knew **the treasurer**. d. *She knew **treasurer**.

세 번째로 술어적 보어 역할하는 명사구는 목적어가 아니므로 수동태의 주어가 되지 못한다.

(45) a. Ed insulted **a friend of mine**.
   b. **A friend of mine** was insulted by Ed.
   c. Ed became **a friend of mine**.
   d. ***A friend of mine** was become by Ed.

마지막으로 술어적 보어는 주격 대명사도 가능하다는 점이 목적어와 크게 다르다. (46a)-(46c)처럼 주격 대명사 형태도 가능한 반면, 목적어는 (46b)처럼 주격대명사는 불가능하다.

(46)   a. It was **he/him** who said it.
         b. They accused **him/*I** of lying.
         c. It is **I/me**.

3) 두 유형의 술어적 보어

지금까지 살펴본 술어적 보어는 주어의 술어 기능을 수행하므로 주격 술어보어(Subjective Predicative Complement)라고 한다. 목적어 다음 위치에도 목적어의 술어 기능을 하는 요소가 존재하며, 이는 목적격 술어보어(objective predicative complement)라고 한다.[4] 예문 (47)에서 '상당히 믿음직하지 못한' 특징은 (a)의 주어 Max와 관련된 내용인 반면, (b)는 목적어 Jim에 해당하는 내용이다.

(47)   a. Max seems **highly untrustworthy**.
         b. I consider Jim **highly untrustworthy**.

4) 동사 *be*동사의 용법

술어적 보어를 필요로 하는 대표적 동사 ***Be***는 세 가지 다른 문법 역할을 수행한다. 이 특징은 Higgins (1979)에서 소개하고 있는 내용이다. (48a)는 주어 개체가 소유하고 있는 특징(=속성)을 기술하는 술어(predicational) 기능을 한다. (48b)는 주어에 해당하는 개체가 무엇이나 누구인지를 지정하는(specificational) 기능을 한다. (22c)는 동일한 개체를 지시하는 두 가지 언어표현이 있고, 이 두 표현의 지시 대상을 동일시시키는(equative) 기능이다.

(48)   a. Hugh Grant is the British-born actor in that movie.
         b. The British-born actor in that movie is Hugh Grant.
         c. He is Hugh Grant.

---

[4] 목적격 술어보어 또는 목적격 보어라 칭한다.

6. 부가어

전통적으로 시간, 장소, 이유 등의 의미를 표현할 때 사용하는 언어표현을 부가어라 한다. 이 부가어의 종류를 다음의 열 가지로 구분할 수 있다.

(49) a. 태도(manner)   He drove quite recklessly.
      b. 장소(place)   They have breakfast in bed.
      c. 시간(time)   I saw her last week.
      d. 지속 기간(duration) We lived in London for five years.
      e. 빈도(frequency)   She telephones her mother every Sunday.
      f. 정도(degree)   We very much enjoyed your last novel.
      g. 목적(purpose)   I checked all the doors to make sure they were shut.
      h. 결과(result)   It rained all day, with the result that they couldn't work.
      I. 조건(condition)   If it rains the match will be postponed.
      j. 양보(concession)   Although he's rich, he lives very simply.

이 부가어들의 기능을 수행하는 문법적 품사는 다음 (50)과 같이 다섯 가지 다른 형태로 실현된다.

(50) a. Adverb   He thanked us profusely.
                             We quite often have tea together.
      b. PP   I cut it with a razor-blade.
                             I'll help you after lunch.
      c. NP   We saw her several times.
                             They arrived this morning.
      d. Finite clause   I couldn't do it, however hard I tried.
      e. Nonfinite clause   I kept my mouth shut, to avoid giving any more offence.

■ 연습문제 1.1

1. 다음 문장에서 밑줄 친 표현들이 보어(complements)인지 부가어(adjuncts)인지를 결정하고, 그 판단의 기준이 무엇인지를 말하시오.

   a. They <u>suddenly</u> ran <u>to the gate</u>.
   b. I wonder <u>if he'll be safe</u> all the time.
   c. I'm keeping <u>the dog</u>, <u>whatever you say</u>.
   d. You'd better put <u>the cat</u> <u>out</u> now.
   e. It's always been easy <u>for you</u>, hasn't it?
   f. They swam <u>in the sea</u> <u>even though it was raining</u>.

2. 다음 예문에서 주어를 찾고 그것이 주어라고 판단하는 근거를 제시하시오.

   a. Tomorrow Pat will be back from skiing.
   b. Is today some kind of holiday?
   c. Down the road ran the crazy dog.
   d. It isn't the program that's at fault.
   e. Dan got bitten on the neck by a bat.

3. 다음 문장에서 줄 친 표현이 목적어인 것을 고르고, 그렇게 판단하는 통사적인 근거를 제시하시오.

   a. We all enjoyed <u>that summer</u>.
   b. We all worked <u>that summer</u>.
   c. She fasted <u>a very long time</u>.
   d. She wasted <u>a very long time</u>.
   e. He seemed <u>an amazingly bad film-maker</u>.
   f. He screened <u>an amazingly bad film</u>.

■ 연습문제 1.2[5]

하나의 구성 성분(constituent)은 통사적 및 의미적인 측면에서 하나의 단위(unit)로 행동한다. 일련의 단어들이 구성 성분인지 아닌지는 구성 성분 테스트를 통해서 증명될 수 있는데, 이 테스트로 이동(movement)과 대체(substitution)가 있다. 다음 문장에서 밑줄 친 부분들이 하나의 구성 성분이 될 수 있는지를 확인하고, 품사를 말하시오. 또한 구성 성분임을 확인하는 과정에서 이동과 대체의 테스트를 적용해 보시오.

(1) Can you confirm your receipt of my application for membership?

(2) Call the reviewers of Bill's new book in a week.

(3) The music festival was crowded with young composers of jazz from Asia.

(4) Tina bears a striking resemblance to her mother.

---

[5] 2014년도 임용고시 영어 전공문제

제2장 동사 Verbs

이 부분에서 동사가 태생적으로 보유하고 있는 의미적 특징을 살펴보고 이 특징이 문장에 어떤 방식으로 기여되는지 알아본다.

2.1 동사 형태소와 위치

1. 한정 동사와 비한정 동사 (Finite vs. Nonfinite Forms)

영어 동사는 다른 품사보다 다소 다양한 어미변화(inflectional forms) 형태소를 가지고 있으며, 동사가 위치하게 되는 환경에 따라 특정 어미 형태가 요구(required)되거나 또는 허용(permitted)되기도 한다. 동사의 특정한 형태소는 동사의 위치를 결정하게 되는 밀접한 관련성이 나타난다. 예문 (1a)의 위치에서 동사 *fly*는 반드시 *flown*의 형태가 요구되며, (1b) 위치는 *flew*의 형태가 허용되는 곳이다.

(1)   a. Kim has **flown** home.
       b. Kim **flew** home.

특정한 동사 어미형태가 요구되는 (1a) 상황에 나타나는 동사가 비한정 동사형(nonfinite verb form)이고, 여러 가지의 어미변화 형태가 허용되는 (1b)의 문법 상황에서 발생하는 동사를 한정 동사형(finite verb form)이라 한다. (1a)의 동사 *has* 때문에 동사 *fly*는 반드시 비한정 동사 형태인 ***flown***만이 가능하며, (1b)는 *flew* 형태도 허용될 뿐만 아니라 다른 형태의 어미변화도 가능한 한정 동사형이 나타나는 문법 조건이 된다.

예문 (2a)는 한정 동사 형태를 한 문장이고, (2b)-(2e)는 영어의 비한정 동사 형태가 사용되는 문장이다.

(2) a. She **studies** every day.   한정 동사
   b. He is **studying** right now.   비한정 동사(현재 분사형)
   c. I've **studied** there for a long time. 비한정 동사(과거 분사형)
   d. He likes **to study** every day as often as possible. 비한정 동사(to부정사형)
   e. Her mother lets her **study** every day. 비한정 동사(원형 부정사형)

2.2 동사의 의미적 특징: 어휘적 상(Lexical Aspect)[1]

동사는 태생적으로 동사 내부에 동작에 대한 시간 구조(internal temporal structure)를 가지고 있으므로, 이를 기준으로 동사 유형을 분류해 볼 수 있다. 동작에 지속시간(duration)이 있는지, 종료시점(end point)을 보유하고 있는지, 변화(change)가 포함되어 있는지에 따라 세분된다. 한 동작이 보유하는 이 세 가지 특성을 그 동사의 개별 어휘상(lexical aspects)이라고 한다. 이 개별 동사의 어휘적인 특징에 근거해 네 가지 어휘상으로 구분될 수 있다. 상태(stative) 동사, 활동(activity) 동사, 달성(achievement) 동사, 완성(accomplishment) 동사가 그것이다.

1. 상태동사(Stative Verbs)

Hate, believe, want, seem, include, expect, consider, require, hope, support, stay, contain, hope, know, need, own, resemble, understand, be red 등의 동사는 정적인(static) 상태(states)나 상황(situation)을 표현한다. 상태 동사는 인지적(cognitive), 감정적(emotional), 물리적(physical) 상태를 표시한다. 먼저, (3a)-(3f)처럼 지속적

---

[1] 수많은 문법 연구자들이 동사의 개별 어휘 속성의 규칙성을 포착하려는 시도를 벤들러(Vendler 1959)를 시작으로 현재까지 끊임없이 하고 있다. 이 부분에서는 개요 단계정도를 소개한다.

시간의 속성을 보유하며, 동작에 변화를 수반하지 않는 특징을 소유한다. 전형적으로 무제한(boundless) 지속 기간의 의미 속성을 가지고 있다. 두 번째 특징은 이들 동작에는 종료시점이 없다는 것이다. 종료점이 없는 어떤 것을 표현하는 동사를 atelic verbs라고도 한다. 이런 특징으로 인해, 상태동사는 (3i)처럼 '동작을 마쳤다'라는 것은 의미 없는 표현이 되고, (3g)-(3h)처럼 '중단하다' 또는 '시작하다'라는 개념의 표현은 가능하다.

(3) a. Roger had a rash.
     b. Karen felt happy.
     c. Joe owned a horse.
     d. Fred weighed two hundred pounds.
     e. This tree is dead.
     f. Josh has a tumor on his toe.
     g. He stopped understanding Jenny.
     h. He started understanding Jenny.
     i. *He finished understanding Jenny.

다음은 상태동사는 변화를 수반하지 않으므로 동작 유지에 물리적 에너지가 필요하지 않으며, 시간상의 어느 한 순간에도 사실이라고 판단될 수 있는 동작이다. 흥미로운 점은 시간이 아니라 공간의 상태(*sit, stand, lie* + 장소)를 나타내는 동사는 진행상과 함께 나타나기도 한다.

(4) a. Our car was sitting in front of his parents' house.
     b. The Chrysler Building were standing in front of the 6-foot guard.
     c. The church stands at the end of a street of terraced houses.

세 번째로 이들 상태동사는 기본적으로 진행형 상은 표현할 수 없다. 또한 태도부사(manner adverbs)와의 결합이 자유롭지 못하다.

(5) a. *She is having a car.
  b. *She understood methodically.
  c. *What Bill did was resemble his brother.
  d. ??Jake studiously hated mushrooms.

2. 동작동사(Dynamic Verbs)

동작동사는 하나의 동작을 행위자가 발생시켜야 하는 동사로, 이는 활동(activity) 동사, 달성(achievement)동사, 완성(accomplishment)동사로 세분될 수 있다.

먼저 활동 동사(activity verbs)는 *develop, run, chat, play, gurgle, grow, sit, work* 등으로, (6a)-(6c)처럼 정해져 있지 않은(boundless) 시간 동안 동작이 지속되는 특징이 있다. 또한 동작에 종료점이 없고, 동작이 지속적(예, *talk, observe, pull, run, sit, stare, swim, walk, work* 등)이거나 변화의 의미를 담는(예, *decline, develop, grow* 등) 특징이 있다.

(6) a. Karen talked to Martha.
  b. Joe pestered the cat.
  c. Davis snored.
  d. I helped **pull** him out of the water.
  e. Tamara **stared** at him in disbelief, shaking her head.
  f. Over the last few years tourism here has **developed** considerably.

두 번째로, 달성 동사(achievement verbs)는 (7)처럼 순간적으로 발생하는 동작[2]을 기술한다. 이 동사는 두 가지 부류가 있는데, 하나는 한 순간에 도달하게 되는 성과를 의미하는 달성 동사로, ***bounce, win, miss, recognize, faint, hit, kick***과 같이, 순간적 동작이어서 시작과 동시에 끝나는 동작을 기술하는 동사들이다. 또 하나의 부류는 상태의 변화(change of state)의 달성 동사가 있다. 즉, 일정한 과정을 거친 후에 도달하게 되는 성과를 나타내는 동사로, 이는 ***find, cross, reach, arrive, pop*** 등이 있다. 한 사람이 해결점을 찾기 전에 조사하고, 결승점에 도달하기 전에 그

---

[2] 즉, 동작의 지속 기간을 인지 또는 포착하기 어려운 동작을 가리킨다.

곳으로 달려간다.

(7)　　a. She suddenly fell forward on to the table and **fainted**.
　　　　b. Find the exact grip that allows you to **hit** the ball hard.
　　　　c. The police also **found** a pistol.
　　　　d. The balloon popped.
　　　　e. Their mother won the lottery.
　　　　f. They missed the bus.
　　　　g. She recognized a movie star.

　이 달성 동사는 종료점이 있는 동작들이 속한다. 동작이 순간적이거나 상태의 변화 의미를 명시하는 것들이 이에 속한다. (8d)-(8e)처럼, 동작이 상당히 짧은 순간에 발생하는 이런 특징 때문에 개념적으로 시작하거나 중단한다는 개념과 함께 사용될 수 없다.

(8)　　a. Linda finished her dissertation.
　　　　b. Joe arrived at the meeting.
　　　　c. The goldfish died.
　　　　d. *He started catching the cab.
　　　　e. *He stopped recognizing his students.

　이런 순간적인 동작의 특징으로 인해, (9a)처럼 진행형 상을 취하면 그 동작이 반복되고 있는 특징을 명시하게 된다. 상태의 변화를 표시하는 동사에서는 진행형 상은 (9b)처럼 그 동작이 성취되기 전에 동작이 동일한 활동 상태라는 것을 의미한다.

(9)　　a. He is kicking the gate.
　　　　b. His train is arriving now.
　　　　c. *The instructors are recognizing their students.

　세 번째는 완성 동사(accomplishment verbs)가 있다. 이 동사는 행동의 논리적으로 판단되는 종료점에서 막을 내린다(즉, 동작을 끝낸다). (10a)에서 동사는 베스트

셀러가 된 한 권의 책 저술이 완료된 논리적인 종료점이 있다. 예로 ***attend, build, draw, make, paint, recover (from an illness), repair, peel, solve, write*** 등이 있다.

(10) a. He wrote a best seller.
   b. Judy repaired the toaster.
   c. Betty built a house.
   d. Lucy peeled the carrot.

 이들의 특징은, 동작이 일정한 시간 동안 지속되다가 완료(completion)상태로 끝난다. 이 특징으로 개념적으로 '시작하다, 중단하다, 마치다'라는 술어와 결합 가능하다. 이 동사에서는 '중단하다'는 개념과 '마치다'라는 개념이 다른데, 만일 동작이 중단되면, 완성의 개념이 발생하지 못한다. 게다가 (11)처럼 완성 동사의 주어가 일정한 시간 내('*in*')에 동사의 동작을 수행하게 되지만, 일정한 시간 동안('*for*') 수행하는 것은 아니다.

(11) a. They built the football stadium **in less than a year**.
   b. *They built the football stadium **for less than a year**.
   c. Josh treated Roger's rash **for three weeks** (*in three weeks).
   d. Josh healed Roger's rash **in three weeks** (*for three weeks).

3. 중의적 용법

 지금까지 동사가 개별적으로 소유하고 있는 동작의 시간 구조에 따라 네 가지 유형의 동사로 분류될 수 있다는 것을 보았다. 이런 개별 동작의 시간 구조(internal temporal structure)는 문장의 다른 요소들과 결합하면, 자신의 시간구조를 벗어나 새로운 시간구조를 형성하게 된다. 이 다른 요소로 동사의 어휘적 중의성(lexical ambiguity), 주어나 목적어의 명사의 개별 어휘속성(셀수 있는/없는 명사, 단/복수 명사), 시간을 명시하는 전치사구, 그리고 시제를 들 수 있다.
 몇몇 동사는 위에서 기술한 속성 가운데 하나 이상의 유형을 표현하는 것이 가능한데, 이는 이들 동사는 두 개의 의미 부류에 동시에 속하기 때문이다. 예를 들면

know, see, understand와 같은 동사가 기본적으로 변화하지 않는 상황을 나타내면 (12a)의 상태동사로 사용된다. 반면, (12b)처럼 순간적으로 발생하는 동작동사의 의미를 전하기도 하는데, 이때는 달성 동사 유형으로 분류될 수 있다.

(12)   a. I see poorly = I have poor vision.
        b. I see a parking spot over there.

두 번째로, 특정 동사들은 한 문장에서 특정한 구성 성분으로 명사구나 전치사구가 추가되면 의미가 달라질 수 있다. (13)의 동사들은 기본적으로 활동 동사(activity verbs)이다. (13a)에서 이 동사 다음에 전치사구 *to the library building*가 추가되면, 이 문장에서는 완성 동사의 의미를 표현한다. 반면, (13b)에서는 단지 활동 동사의 의미를 전한다. (13c)에서도 동사 *sing*이 완성 동사의 의미를 표현하는 반면, (13d)는 활동 동사의 의미를 전한다.

동사 ***ate***의 개별 속성은 완성 동사(accomplishment verb)이지만, (13e)처럼 목적어로 셀 수 없는 명사와 결합하면, 동작 동사(activity verb)로 사용된다. 반면 (13f)는 목적어로 셀 수 있는 명사와 결합하여 완성 동사의 의미를 표현한다. (13g)는 전치사구 *at the sandwich*와 결합하여 동작 동사(activity verb)를 나타낸다. 마찬가지로 완성 동사 ***wrote***가 목적어로 (13h)의 추상명사와 결합하면 동작 동사(activity verb)를 표현하며, (13i)의 셀 수 있는 명사와 결합하면 완성 동사를 묘사한다.

(13)   a. He ran to the library building.
        b. He ran through the library building.
        c. He sang a song.
        d. They sang folk music.
        e. Jake ate ice cream.
        f. Harvey ate an ice cream cone.
        g. Kelly ate at the sandwich.
        h. Spector wrote poetry.
        i. Joanna wrote a poem.

마지막으로, 동사의 시간구조와 전치사구의 연계 방식을 본다. 전치사 ***in***이 (14a)의 완성 동사구와 함께 사용되면, 완성된 시간을 의미한다. 산을 오른 시간이 세 시간 걸렸다는 의미이다. 반면 (14b)의 달성 동사구에 사용되면, 세 시간 후에 도착했다는 의미가 된다. 전자는 동작의 발생 시간을, 후자는 동작이 발생하기 위해 경과되어야 하는 시간을 기술한다.

(14)   a. They climbed the mountain in three hours. (it took three hours)
           b. She reached the summit in three hours. (reached after three hours)

특정한 전치사구는 동작의 시간구조에 따라 다르게 사용된다. 예문 (15)는 반복적으로 동작이 수행되는데 걸린 지속기간을 나타내는 시간 전치사구가, 완료를 나타내는 전치사구보다 더욱 자연스럽게 결합된다는 것을 보여준다.

(15)   a. They flew a kite for two hours/??in two hours.
           b. Kim bounced the ball for five minutes/??in five minutes.

동사의 시간구조가 동작의 등급(정도)을 나타낼 수 있을 경우(*cool, widen, lengthen* 등)는 예문 (16)처럼 지속기간을 명시하는 전치사 ***for***와 완료기간을 명시하는 전치사 ***in***의 결합이 가능하다는 것을 알 수 있으며, 물론 이 경우는 각각 다른 의미를 표현한다.

(16)   a. The soup cooled for two hours.
           b. The soup cooled in two hours.
           c. She cooled the soup for two hours.
           d. She cooled the soup in two hours.

4. 어휘적 상(Aspect)의 효과

문맥에 따라 동사의 어휘적 상(aspect)이 주는 효과를 (17)의 예를 통해 확인할 수 있다. 두 문장은 동일한 시제와 상을 표현하고 있다. 그럼에도 불구하고 (17a)는 동작이 완료되었다는 의미를 전하는 반면, (17b)는 지속적인 동작을 표현한다. 이 의미적인 차이는 어디서 오는 것인가? 이것은 개별 동사가 전하는 동작의 어휘적인 특징 때문이다. (17a)의 동작은 완성 동사(accomplishment verbs)의 의미를, (17b)는 상태동사이므로 종료점이 없어서 여전히 차를 소유하고 있다는 의미를 표현한다.

(17)   a. John has written only a book about the economic stimulus plan since 2000.
          b. John has owned only a shop in Hilo since 2000.

(18)예문을 통해서도, 동사 어휘적 상의 종료점 속성을 확인할 수 있다. (18a)-(18b)는 완성 동사이므로, 동작 지속 기간이 있고 종료점이 있으므로 어떤 동작을 시작하고 끝나기 전에 중단하는 동작은 이해 가능하다. 반면 (18c)-(18e)의 달성 동사는 동작의 지속 기간이 순간적이므로, 시작하고 중단하는 동작을 기술하는 문장은 의미 없는 것이 된다. (18f)의 활동 동사는 종료점은 없지만 지속 기간이 있으므로 중단하거나 마치는 동작은 가능하다.

(18)   a. He began to write a Children's Book.
          b. He stopped writing thank-you letters to his tutors.
          c. *He began to reach the hill in time.
          d. *He stopped finding an algorithm that could be configured for any link.
          e. He stopped/finished painting the perfect Oscar host.
          f. He stopped/finished talking.

다음 (19a)-(19b)는 활동 동사와 완성 동사이므로 지속 기간을 포함하기 때문에 진행형이 가능하지만, (19c)는 지속 기간이 없는 달성 동사이므로 반복적 의미가 없는 동작은 의미 없는 문장이 생성된다. 이와 더불어 (19a)는 *I worked*라는 문장을 함의할 수 있는 반면, (19b)는 *I wrote a novel*을 함의하지 못하지만 *I had not written the novel*은 함의하게 되는 효과를 얻는다.

(19) a. I was working.
      b. I was writing a novel.
      c. ?I was recognizing her.

  (20a)-(20b)에서 활동 동사와 완성 동사에 사용된 시간표현은 동일하게 동작을 시작한 시점을 의미한다. 반면, (20c)-(20e) 문맥에서 시간표현들은 달성 동사만이 동작의 마지막 순간을 나타내게 된다.

(20) a. Karen talked to Martha at three o'clock.
      b. Joan wrote a sonnet at three o'clock.
      c. John spent several years finishing his dissertation. He finally finished it on July 4, 2014.
      d. *John spent several years writing his dissertation. He finally wrote it on July 4, 2014.
      e. *John spent several days driving to Boston. He finally drove there at three o'clock.

2.3 문장 유형

  지금까지는 개별 동사의 시간구조에 따른 문장 형성과정을 살펴보았다. 이 부분은 개별 동사의 동작 형성에 참여하는 요소들과의 결합 관련성과 이것이 문장에 어떤 영향을 가져오는지를 확인한다.

1. 자동사와 타동사

  동사는 동작의 특성에 따라 참여자의 수가 결정된다. 참여자의 수가 부족하면 그 동작을 수행할 수 없게 되는 것이 동사의 특징이라는 의미이다. 이런 속성에 따라 문장의 유형이 결정되기도 하는데, 자동사와 타동사가 그것이다. 동사는 목적어(object)의 존재 유무에 따라 (21)과 같이 두 가지 종류로 나눌 수 있는데, 목적어를 필요로 하지 않는 동사를 자동사, 하나 이상의 목적어를 반드시 필요로 하는 동사를 타동사라고 한다.

(21) a. The child slapped John. 타동사
   b. *The child slapped.
   c. Karen worked furiously. 자동사
   d. *Karen worked the job furiously.
   e. The girls ate all the pancakes. 타동사
   f. The girls gave him the doll. 타동사

2. 능격동사(Ergative Verbs)

동작을 수행하는데 필요한 참여자의 숫자에 따라 자동사와 타동사로 구분하였다. 그런데 자동사로 사용될 수 있고 타동사로도 사용되는 동사 유형도 있다. 예문 (22)는 동사 *play*가 자동사로 사용되기도 하고, 목적어가 명시되는 타동사로 전환되어 사용될 수도 있다. 이때는 주어의 의미적 기능에 아무런 변화가 없다.

(22) a. The children play.
   b. The children play piano.

반면 예문 (23)에서 동사 *break*가 타동사로 사용되거나 자동사로 사용될 수 있다. 이때는 주어에 있는 명사구의 의미적 기능이 다르다. 타동사(transitive verb)로 사용된 예문 (a)는 이 동작을 수행할 능력이 있는 행위자(agent)가 주어이고 이 동작을 경험하게 되는 대상(patient)이 목적어이다. 자동사(intransitive verb) 구문인 예문 (b)는 주어로 이 동작을 수행하는 개체가 아니라, 동작에 영향을 받는 대상(patient)이 된다. 이런 구문을 형성하는 동사 유형을 능격동사(ergative verbs)[3]라고 한다.

---

[3] 능격동사는 주로 상태의 변화(change of states)를 나타내는 동사들 속하는데, *accelerate, accumulate, adapt, alter, begin, bend, boil, break, broaden, bruise, build up, burn, burst, change, close, combine, commence, connect, contract, cool, condense, crack, decrease, deflate, develop, diminish, disperse, distort, drop, dry, end, enroll, evaporate, expand, finish, float, flood, focus, fracture, freeze, grow, harden, ignite, improve, incline, increase, industrialize, inflate, join, lengthen, lock, loosen, lower, melt, mend, merge, move, multiply, open, plunge, reload, reunite,*

(23) a. The child broke the cup.
   b. The cup broke.

다음 (24a) 문장의 동사 *shattered*는 분명히 타동사이다. 이 동작을 수행할 능력이 있는 행위자가 주어이고 이 동작을 경험하게 되는 대상이 목적어 자리에 있기 때문이다. 반면, (24b)는 명사구 *the window*가 주어인데, 이는 동작을 수행할 능력조차 없는 개체이며 오히려 동작으로 인해 영향을 받게 되는 대상일 뿐이다. 예문 (24)는 능격동사로 사용된 실례를 나열한 것이다.

(24) a. The boy **shattered** the window. 타동사
   b. The window suddenly **shattered**. 자동사
   c. The technician **boiled** the water.
   d. The water **boiled**.
   e. The pilot **flew** the plane.
   f. The plane **flew**.
   g. The student **broke** the machine.
   h. The machine **broke**.
   i. The technician **varies** the volume.
   j. The volume **varies**.
   k. The government **closed** the factory.
   l. The factory **closed**.
   m. The tutor **enrolled** him on a two year course.
   n. He **enrolled** on a two year course.
   o. He **shattered** the glass.
   p. The glass **shattered**.
   q. The police **exploded** the bomb.
   r. The bomb **exploded**.
   s. The gardener **grew** the tree.
   t. The tree **grew**.

reverse, revolve, rewind, rock, roll, run, scatter, separate, shake, shift, shut, spill, spin, split, stand, start, stiffen, stop, strengthen, stretch, swing, tear, terminate, tighten, toughen, transfer, transform, turn, turn on, turn off, twist, vaporize, weaken, whiten 등이 있다.

자동사와 타동사 구문을 형성하는 능격동사가 비행위자 주어로 형성된 문장에서 사용되는 자동사 구문을 비대격 동사(Unaccusative Verbs) 구문이라고도 한다. 이 비대격 동사는 주어에게 벌어지는 어떤 동작을 묘사한다. 주어가 벌이는 어떤 동작이 아니다. 예문 (25)는 모두 쓰러지고, 돌아가시고, 깨어진 동작이 주어가 발생시킨 것이 아니라 주어에게 발생한 동작임을 쉽게 인지할 수 있다.

(25)   a. The tree finally fell.
       b. My grandfather died.
       c. The glass broke.

반면에, 주어가 자발적으로 발생시킨 동작을 묘사하는 동사는 비능격 동사(Unergative Verbs)라고 한다. 예문 (26)에서 동사 *ran, talked, resigned* 모두는 이 동작을 직접 수행하는 행위자 주어를 가지고 있음을 알 수 있다.

(26)   a. He **ran** around a longhouse three times.
       b. Alexis and her daughter **talked** for hours on the phone.
       c. Andrew initially **resigned** before the inauguration.

비대격 동사가 사용되는 문장의 예를 조금 더 살펴보자. 주어가 theme의 의미역할을 하는 구문을 형성하므로 비대격 동사는 주로 이동이나 장소를 표현한다. 보다 명료한 정보를 전달하기 위하여, 장소나 길을 표현하는 전치사구와 함께 사용될 수 있다.

(27)   a. A letter arrived from London.
       b. The wagon departed for town.
       c. A forest fire spread to southern Croatia from neighboring Montenegro.
       d. The desk sat in the corner.
       e. The heater stood against the brick wall.
       f. Her short stories recently appeared in Denver Quarterly.
       g. The while snow settled on her hair.

    h. The Picts lived in Scotland
    i. The water ran out of the case and down her arm.

　결과적으로 형태적으로는 모두 목적어를 필요로 하지 않는 자동사인데, 이 자동사를 의미적인 기준으로 세부적으로 구분하면 비대격동사(unaccusative verb), 비능격동사(unergative verb)로 구분할 수 있다. 이 구분이 반드시 명료하게 이루어지는 것은 아니다. 어떤 동사의 경우는 비대격동사와 비능격동사 구문 모두에서 사용되기도 한다. 물론 이때는 의미가 다르다. 의미적인 기준은 문맥에 의해 중의적인 의미 해석을 생성하기도 한다는 것을 의미한다.

　일부 동사는 비대격 동사로 사용되거나 비능격 동사로도 사용될 수 있으므로 의미적 중의성(ambiguity)을 보이기도 한다. 예문 (28b)는 동사 *sat*이 특정한 장소에 위치해 있다(자리잡고 있다)는 의미를 나타내며, 주어는 위치해 있는 대상(theme의 의미 역할)이다. 이때는 비대격 동사로 사용된 것이다. 예문 (28a)는 동사 *sat*이 의지를 가지고 있는 대상이 행동을 하므로 행동주의 의미 역할을 하는 주어이다. 이때는 비능격(unergative verb)로 사용된 것이다.

(28)   a. The dog sat on the mat.
        b. The table sat in the corner.

　비대격 동사는 *there*가 주어자리에 나타날 수 있는 구문을 형성할 수 있다. 이로 인해 theme 의미역할을 하는 명사구는 동사 다음 자리에 나타난다.

(29)   a. There arrived a letter.
        b. There departed a wagon.
        c. There spread a forest fire.
        d. There grew a tree in the garden.
        e. *There sat a man on the chair.

3. 비대격동사(Unaccusative Verbs)와 비능격동사(Unergative Verbs)의 비교

이 부분에서 능격동사(=비대격동사)를 비능격동사와 비교를 통해, 차이점[4]을 이해해 보고자 한다. 먼저, 비대격동사와 비능격동사는 주어의 의미적인 특징에 차이가 있다. 비대격동사는 (30)처럼, 타동사로 사용될 때 목적어로 사용되었던 명사구가 주어로 사용되므로, 어떤 동작을 수행하고자 하는 의지를 가지고 있는 행위자(agent)가 주어로 사용되지 않는다. 반면에, 비능격동사는 (31)처럼, 주어가 어떤 동작을 수행할 수 있는 명사구가 실현되므로, 행위자가 주어로 사용된다.

(30) a. Joshua dropped the glass.
      b. The glass dropped.
      c. *Joshua dropped.
(31) a. Joe sings.
      b. *The glass sings.

두 번째로, 결과(resultative)구문 형성에서의 차이점이 있다. 다음 (32)에서처럼, 일반적으로 결과구(resultative phrases)가 형성된 문장에서 이 결과구 표현은 주절 동사의 행동을 한 후에 얻어지는 결과의 상태를 기술하게 된다. 다음 예문들의 줄친 부분이 주절 동작이 이루어진 후에 얻게 되는 결과 상태를 표현하는 것이다. 이 결과상태 표현들은 목적어의 명사구에 대해 기술하는 것이다. 즉, 한 문장에서 결과구가 있다는 의미는 목적어가 있다는 의미이다. (a)에서는 유리잔이 깨어진 상태이고, (b)는 차가 푸른색으로 변한 상태, (c)는 문이 열린 상태를 각각 기술하고 있다.

(32) a. Joshua incidentally dropped the glass **broken**.
      b. Larry painted the car **blue**.
      c. Ted pushed the door **open**.
      d. The glass dropped **broken**.
      e. *David shouted **hoarse**.

---

[4] 능격동사와 비능격동사의 구분에 대해서는 전통적으로 Perlmutter (1978)가 제시한 비대격 가설(Unaccusative Hypothesis)에 근거한다.

따라서, 결과구는 (32d)처럼 비대격동사가 기술할 수 있는 표현인 반면, 비능격동사는 목적어가 있는 문장이 불가능하기 때문에 (32e)와 같은 결과구를 표현하는 것이 불가능하다.

세 번째는, 수동태에서도 차이점이 보인다. 비대격동사는 수동태에 제약이 심한데, 특히 비인칭 주어를 취하는 수동태는 불가능한 반면, 비능격동사는 비인칭 수동태(impersonal passive)가 허용된다. 비인칭 주어라 함은 일반적으로 'It rained'와 같은 문장에서 사용되는 주어 표현을 가리킨다. 주어가 동사의 동작이 이루어지는데, 어떤 관련성도 찾아볼 수 없는 문장이라고 할 수 있다.

일반적으로 수동태는 행위자 주어(agentive subject)를 취하지 못하는 특징이 있어서, 수동태의 주어와 동작을 나타내는 동사간의 관계는 비교적 먼 관계가 형성된다고 할 수 있다. 이런 면에서 볼 때, 주어와 밀접한 관련성이 덜한 비능격동사가 수동태가 되었을 때, 비인칭 주어가 오더라도 간섭을 못하게 되는 경향이 있는 반면, 주어와 밀접한 관련성이 있는 비대격동사가 수동태가 되었더라도 동작과 밀접한 관련성을 유지하게 되기 때문에 비인칭 주어를 취하지 못하는 경향을 보이는 것이라고 볼 수 있다. 따라서 비능격동사의 주어 자리에는 비인칭 주어가 가능한 반면, 비대격동사의 주어 자리는 비인칭 주어가 불가능하게 된다.

(33) a. No one asked him the question. "It was danced around a lot," said one of the team.
   b. *It was dropped.
   c. The glass was dropped.

4. 중간동사 (Middle Verbs)

다음 (34)도 모두 자동사 구문인데, 약간 차이점이 있다. (34a)와 (34b-c)의 차이점은 주어의 특징이다. (34a)는 주어가 동작을 수행할 능력이 있는 행위자인 반면, 나머지는 경험자에 해당한다. 이론적 편의상, (34a)의 문장을 순수 자동사(pure intransitive verbs) 구문, (34b)는 능격(ergative verbs) 구문이라 불리운다. 그런데 (34b)와 (34c)는 상당히 유사해 보이지만 차이점이 있는데, 이를 반영하여 (34c)를 중간동사(middle verbs) 구문이라 한다. 이 중간동사 구문은 (35)처럼 부사구 표현이 없으면 비문법적인 문장이 된다. 능격 구문에서는 부사구가 있거나 없거나 문장의 문법성에는 전혀 영향을 미치지 않음을 알 수 있다.

(34)   a. John laughed.
        b. The window broke.
        c. The window breaks easily.

(35)   a. The window broke easily.
        b. *The window breaks.

이 중간동사만이 가지는 주요 특징을 살펴보면, 먼저 상태적 속성(static properties)을 표현하는 동사들이 주로 이에 속하는데, 중간동사 구문을 형성하기 위해서는 이들 동사가 반드시 부사구 표현을 취해야만 한다. 두 번째로 중간동사는 현재 시제만을 가진다. 이런 특징이 어떤 개체의 속성을 나타내는 의미를 제공한다. 마지막으로 (36c)처럼 수동태 구문을 형성하지는 못한다.

(36)   a. They sold the book.
        b. The book sells well.
        c. *The book was sold well by them.

지금까지 논의된 주요사항을 정리해 보면, 동사들이 동작의 특성으로 인해 다양한 문맥 속에서 보여주는 특징을 보면, 다양한 구문을 형성할 수 있음을 알 수 있다. 크게는 자동사와 타동사 구문을 형성하는 것은 잘 알려져 있다. 이 부분에서는 특히 자동사의 세부적인 구문을 형성할 수 있음을 보았다. 다음 (37)-(38)처럼, 자동사는 순수 자동사 구문 (a), 능격동사 구문 (b), 중간동사 구문 (c)을 형성하게 된다.

(37)   a. John broke the window.
        b. The window broke.
        c. The window breaks easily.
        d. The window was broken.

(38) a. John opened the door.
 b. The door opened.
 c. The door opens well.
 d. The door was opened.

5. 작용동사 (Conative Verbs)

다음 (39)에 있는 문장들은 타동사 구문이다. 이 문장들 가운데 몇몇은 (40)처럼, 동사와 목적어 사이에 전치사 *at*이 삽입될 수 있다. 이를 통해 결과적으로 (40)의 문장은 자동사 구문으로 전환된다. 이런 동사를 작용동사(conative verbs)[5]라고 부른다.

(39) a. Margaret cut the bread.
 b. Janet broke the vase.
 c. Terry touched the cat.
 d. Carla hit the door.
 e. Harvey pushed the table.

(40) a. Margaret cut at the bread.
 b. *Janet broke at the vase.
 c. *Terry touched at the cat.
 d. Carla hit at the door.
 e. Harvey pushed at the table.

이런 형태의 자동사 구문과 타동사 구문의 의미적인 차이점을 확인해 볼 필요가 있다. 다음 (41a)의 타동사 구문은 (42a)의 작용동사 구문인 자동사 문장이 가능한데, 이때의 의미 차이를 보면 (41a)는 '그 남자가 공을 차려는 의도를 가지고 공을 차서, 필요로 한 결과를 얻게 된다(He intended to deliver a kick to the ball, and did so, with the required result)'는 의미를 전제로 하고 있어서 (41b)와 같은 문장에

---

[5] 작용동사라는 용어는 본 교재에서 명명한 것이다. 어떤 동작을 시도해 본다는 의미를 가진 동사에게 적절하게 붙여진 명칭이 없어서이다. 이 작용동사의 예를 좀 더 살펴보면 다음과 같다: *bang, beat, bump, drum, hammer, kick, knock, pound, slap, smack, smash, strike, tap, bite, claw, paw, punch, scratch, shoot, stab, swipe, dig, poke, stick, chip, chew, drink, eat, crunch, gnaw, lick, nibble, pick, suck,* 등이 있다.

자연스럽게 사용된다.

(41)   a. He kicked the ball.
        b. He aimed his foot at the ball, it made contact, and the ball flew off.

반면에, (42a)는 '그 남자가 공을 차려는 의도를 가지고 공을 차는 동작을 수행했으나, 그 공을 차려는 목표는 성공하지 못했다(the aim was not achieved, i.e. he missed making contact)'는 의미를 전제로 하고 있어 역시 (42b)의 문장에 자연스럽게 사용된다.

(42)   a. He kicked at the ball.
        b. He kicked at the ball for 20 seconds.

2.4 문장 유형의 확대 (Extended Sentence Structures)

영어의 문장 구조에 대한 이슈가 제기되면, 전통적으로 이를 설명하는 전형적인 방식의 하나로 오형식 문장을 떠올릴 수 있다. 이는 문장을 구성하는 요소들의 주요 문법 역할을 중심으로 형성되는 문장의 형태를 구분한 것이다. 그런데 영어의 문장 구조는 다섯 가지 유형만으로 설명될 수 있을 만큼 그렇게 간단하지 않다.

기본적으로 한 문장의 구조를 결정하는 가장 중요한 요소는 동사이다. 동사의 종류에 따라 문장의 구조가 결정된다. 이는 동사를 통해 한 문장의 구조를 손쉽게 예상할 수 있다는 것을 의미한다. 예컨대, 목적어가 필요 없는지(John ran), 목적어가 있어야 하는지(John likes his puppy), 또는 목적어가 두 개 있어야 하는지(John gave his mother a gift), 또는 동작 하나가 더 필요한 지(Bill wanted his brother to go home) 등이다.

동사를 중심으로 문장의 구조를 설명하는 것에도 한계가 있다. 동사 *buy*를 통해 문장의 구조를 생각해 보게 되면, 적어도 두 가지 구조가 떠오른다. 목적어 하나 있는 구조와 목적어 두 개가 있는 구조이다. 그렇다면 동사 *buy*는 두 가지 문장 구조를 가진다고 말해야 하는 복잡한 상황에 직면한다. 반면, 이 두 가지 속성을 반영하여 문장의 구조를 이해해 보는 방식이 있다.

기본적으로 문장의 구조를 형성하는 주요 요소로 동사의 의미적 속성이 있다. 동사의 경우, 기본적 의미 하나만을 가지고 있고, 이 기본 의미에 추가적으로 어떤 요소들과 결합하여 문장을 형성하느냐에 따라, 그 결합 패턴에서 형성되는 의미가 추가되어 최종 문장의 구조(form)를 형성하게 되고, 그에 적합한 의미(meaning)를 표출한다. 예컨대, 예문 (43)의 동사 *kick*의 경우, 순수하게 동사를 통해 표현하는 의미(하비가 그 공을 찼다)는 예문 (a)의 문장 구조에서 나타난다. (43a)의 의미를 가지고 있던 동사 *kick*이 (b)의 구조에서는 (b)의 구조가 주는 시도해봤다는 의미가 추가된다. 따라서 (a)와는 달리 (b)는 하비가 그 공을 차봤다는 의미가 생성된다. (c)는 하비가 그 공을 차서 그 공이 운동장 밖으로 넘어간 상황을 묘사한다. (d)는 하비가 그 남자를 발로 차서 그 남자의 의식을 잃게 만든 상황이다. (e)는 하비가 그 공을 (다른 사람이 아니라) 제시카에게 차줬다는 상황을 묘사한다. (f)는 하비가 제시카에게 그 공을 찼다는 의미이다. 마지막 (g)에서는 하비가 뭔가를 차(면)서 비좁은 군중들 사이를 빠져나갔다는 의미이다.

(43)   a. Harvey kicked the ball.
         b. Harvey kicked at the ball.
         c. Harvey kicked the ball off the turf.
         d. Harvey kicked the man unconscious.
         e. Harvey kicked the ball to Jessica.
         f. Harvey kicked Jessica the ball.
         g. Harvey kicked his way through the crowd.

이런 방식으로 문장의 구조를 이해함으로써 갖게 되는 장점 중의 하나는 예문 (44)의 의미를 설명하기가 수월해진다는 것이다. 예문 (a)의 동사 *deny*가 목적어를 두 개와 결합해서 형성한 문장에서는 단순히 '거부하다'는 의미만이 아니라, 이 구조의 의미인 '주다'라는 동작의 의미가 가미되어, 그 아기가 메리에게 과자를 건네주는 것을 거부했다는 의미를 표현한다. (b)도 존이 메리에게 금시계를 물려주었다는 의미를 읽을 수 있다.

(44)   a. The baby denied Mary a cookie.
           b. John bequeathed Mary a gold watch.

이와 같은 문장의 구조 이해 방식을 기본으로 하여, 열한 가지[6] 정도의 영어 구조를 소개함으로써, 영어에서 보이는 독특한 문장 구조를 이해해 보고자 한다. 먼저 목적어가 없는 자동사가 형성하는 구문으로 앞서 소개한 유형을 간단히 정리한 후 확대된 문장 유형을 소개한다. 행위자 주어가 실현되는 구조에서 비능격 동사(unergative verbs)로 사용되는 자동사 구문, 비행위자 주어를 가진 비대격 동사(unaccusative verbs)로 사용된 자동사 구문, 작용(conative) 자동사 구문, 자동사 결과(resultative) 구문이 있다.

1. 자동사 구문 (Intransitive Verbs Construction)

1) unergative: 주어가 직접 동작을 수행한 행위자인 자동사 구문을 가리킨다.

(45)   a. The dog barked.
           b. The deer ran.
           c. The doctor talked.
           d. The sheriff resigned.

2) unaccusative: 주어가 동작을 직접 촉발시킨 개체가 아닌 자동사 구문이다.

(46)   a. The window broke.
           b. The top spun.
           c. The plane departed.
           d. The snow fall.

---

[6] 여기에서 소개하는 열한 가지 구조는 특별한 의미가 있는 개수가 아님을 알린다. 영어를 모국어로 하지 않는 우리가 이해하는데 수월하지 않다고 판단되는 구문을 소개한 것이다. 영어의 문장 구조가 열 한 개라는 의미가 아니므로 오해하지 않길 바란다.

3) conative: 타동사 구문에서 목적어 앞에 전치사가 추가된 구문이다. 상세한 내용은 2.3의 5. 작용동사를 참조.

4) intransitive resultative: 자동사 구문으로 형용사나 전치사구가 추가되어, 동작이 수행된 결과를 명시하는 구문이다. 다음 예문 (a)는 그 견과류가 깨어져서 그 결과로 산산조각이 났다는 상황을 묘사하고 있다. 예문 (b)도 그 케익이 떨어져서 그 결과로 납작하게 되었다는 의미를 전달한다. 동사 다음에 있는 성분들이 동작이 이루어진 결과를 표현한다.

(47)   a. The nut broke apart.
        b. The cake fell flat.

2. 타동사 구문 (Transitive Construction)

지금까지는 자동사 구문의 문장 구조(Form)가 보여주는 네 가지 다른 문장의 의미(Meaning)를 살펴보았다. 다음은 목적어를 필요로 하는 동사가 만들어 내는 문장 구조로 타동사 구문(transitive construction)을 살펴본다.

1) pure transitive: 타동사 구문의 전형적인 구조는 목적어 하나로 구성되는 다음의 순수 타동사 구문이다. 이때 주어는 동작을 수행한 행위자이다.

(48)   She was eating a sandwich.

2) ditransitive: 목적어 두 개가 나타나는 구조가 여기에 해당된다. 이 문장 구조가 표현하는 동사의 의미는 생각보다 다양하게 나타난다. 이들의 다양한 의미는 본 교재 11장 간접 의문문 편을 참조.

동사가 목적어 두 개와 더불어 문장을 형성하는 경우, 동사와는 별도로 두 개의 목적어 간에 의미 관계가 존재하는데, 이것이 소유관계라 한다. 예문 (a)는 그가 공을 던짐으로써 간접 목적어인 그녀가 직접 목적어인 공을 소유하게 되는 의미

(즉, 문장 구조가 주는 의미)가 함축되어 있다.

(49) a. Each time he throws her a ball.
      b. She baked Bill a cake.
      c. Dana will fix you a drink.

3) transitive resultative: 자동사와 유사하게, 타동사 구문에서도 목적어 다음에 존재하는 구성소(형용사구와 전치사구)는 동작의 결과를 나타낸다. 예문 (50)에서 목적어 명사구 다음에 있는 요소들은 모두 동사의 동작을 수행한 결과를 명시한다. 이런 의미에서 예문 (50)은 타동사 결과 구문이라고 한다.

(50) a. She broke the nut **apart**.[7]
      b. I pull the door **shut**.
      c. Somebody shot him **dead** in Oxford.
      d. Mary shook John **awake**.

이 결과 구문은 예문 (51)과 형태(form)는 동일하지만, 의미(meaning)가 다르다. 예문 (51a)와 (51b)에서 *warm*과 *pure*는 동작의 결과가 아니라, 각각 목적어의 특징을 기술한 성분소이다. (a)는 마실 때 소다수가 차가운 것이 아니라 미지근한 것이었다는 것이고, (b)는 항상 마시는 물로 뭔가 추가되지 않은 순수한 물을 마셨다는 의미이다. 반면 예문 (c)도 동일한 형태의 구조이지만 또 다른 의미를 표현한다. 목적어 다음에 있는 *naked*는 목적어의 특징이 아니라, 주어의 특징을 묘사한다. 식사할 때의 주어의 복장을 언급한 것이다.

(51) a. He just drank the soda **warm**.
      b. He always drank the water **pure**, never polluted with coffee granules or tea leaves.
      c. You're eating a meal **naked**.

---

[7] 예문 (50a)는 Goldberg (1995)에서 인용한 예문이다.

예문 (52)는 전치사구가 결과를 표현하는 문장 구조이다. 그를 웃게 하는 바램에 그 결과로 그가 무대 밖으로 떨어지게 하거나, 기차나 비행기를 타서 그 결과로 뉴욕이나 버펄로로 도달하게 되는 상황을 묘사하고 있다는 점에서 결과를 표현하는 전치사구로 분류할 수 있다.

(52) a. They laughed him off the stage.
      b. Bill took the train to New York.
      c. Sara caught a plane to Buffalo.

예문 (53)은 (50)과 (52)가 결과 구문이라는 근거를 제공할 수 있다. (53a)의 타동사 구문에서는 시간 표현으로 종료점을 나타내는 *in an hour*와는 어울리지 않는 반면, 결과구문 (b)는 좋은 문장을 만든다.

(53) a. John hammered the metal for an hour/ *in an hour.
      b. John hammered the metal flat *for an hour/ in an hour.
      c. John drank himself to death *for a year/ in a year.
      d. They danced themselves tired *for an hour/ in an hour.

3. Time Away Construction

표면적으로 보기에는 타동사 구문의 구조를 가지고 있으나, 목적어 다음에 규칙적으로 *away*라는 표현이 있는 문장 구조이다. 이런 구조(form)는 동사의 동작을 해서, 목적어에 해당하는 시간을 보냈다는 의미(meaning)를 표현한다. 이를 Time Away Construction이라 칭한다. 춤을 추거나 노래를 하거나, 대화만을 하면서 밤을 보냈다는 의미이다.

(54) a. Last night tens of thousands danced the night **away** at the opening concert in Paris.
      b. They sang the night **away**.
      c. They had literally talked the night **away**.

4. The Way Construction

문장 구조상 타동사 구문으로 보이지만 목적어 위치에 있는 성분소가 일관되게 주어의 소유격 형태에 *way*가 형성하는 명사구이며, 뒤이어 전치사구가 위치하는데, 이때 전치사구는 방향을 나타낸다. 이런 형태의 문장 구조(form)는 동사의 동작이 수단(means)이나 태도(manner)가 되어, 결과적으로 전치사를 통해 표현되는 장소로 향하게 된다는 의미(meaning)를 도출한다. 이때 전치사가 표현하는 곳이 목표 지점이 되는데, 이 지점으로 향하는데 장애물이 존재해서 어려움이 있다는 의미를 내포하고 있다. 이를 The Way Construction이라 칭한다.

예문 (55)에서 (a)는 헨리가 뭔가(군중이거나 또는 다른 것)를 밀어서 문 앞에 있는 군중을 뚫고 나아갔다는 의미를 나타낸다. (b)는 그가 접시를 닦아서 시간당 50센트를 벌었는데, 이유는 돈(등록금)을 지불해서 대학을 졸업하려는 것이라는 의미이다. (c)는 건설현장을 통과해야 하는데 어려움이 있어 가는 길을 잘 선택해서 간다는 의미이다. (d) 역시 그들이 정글을 통과해야 하는데 길이 없어서 뭔가(아마도 덤불)를 잘라내면서 길을 만들어 갔다는 의미이다. (e)는 그가 모임이 있는 장소로 들어가야 하는데, (모임시간에 늦었거나 등의 이유로) 어려움이나 어색함이 있는 상황이다. 이때 농담을 하면서 어색함을 해결하면서 모임 장소에 들어갔다는 의미이다.

(55) a. Captain Andrew Henry **pushed his way through** the crowd at the door.
 b. He washed dishes making 50 cents an hour **to pay his way through college** and to start a small business.
 c. Teacher Richard Murray **picks his way through the construction site**.
 d. They **cut their way through dense jungles**.
 e. He **joked his way into the meeting.**

5. Sound Emission Construction

영어에도 동작이 아니라 소리를 표현하는 동사(의성어)가 있다. 의성어 동사가 형성하는 문장 구조(form)는 주어가 행위자가 실현되는 것이 아니라 소리가 나는 출처(source)를 나타내는 표현이 있으며, 동사 다음 위치에는 방향을 나타내는 전치사구가 이어진다. 이를 Sound Emission Construction이라 한다. 예문 (a)는 덜그렁 덜그렁거린다는 의미의 동사가 형성하는 구문으로 그 차가 덜그렁거리며 다리를 건너갔다는 의미를 표현한다. (b)는 그 마차가 끼익 끼익 소리내며 길 아래로 내려갔다. (c)는 그 총알들이 쉬익 쉬익 소리를 내며 그 집을 휙 지나갔다. (d)는 그 수레가 덜컹 덜컹 거리며 그 터널을 통과했다는 의미를 나타낸다.

(56)   a. The car grimbled over the bridge.
         b. The wagon creaked down the road.
         c. The bullets whistled past the house.
         d. The trolley rumbled through the tunnel.

6. Sluice-Stranding

영어의 특징 중의 하나로 예문 (57)의 문장 구조가 있다. (a)는 생략된 문장 구조인데, 이를 완전한 표현으로 바꾸면 John left the meeting, but I don't know when he left the meeting.이 된다. 등위 접속사로 연결된 문장에서 두 번째 절이 간접의문문으로 되어 있을 경우, 반복 표현을 삭제하면 (a)의 문장 구조가 된다. 그런데 흥미로운 점은 예문 (b)에서 의문사가 전치사구(*with whom*)인 경우, (b)의 *with whom*과 (c)의 도치된 *who(m) with*도 가능하다. 두 문장 모두 'John이 어머니댁을 방문했는데 누구랑인지 모르겠다'라는 의미를 표현한다.

(57)   a. John visited his mother, but I don't know **when**.
         b. John visited his mother, but I don't know **with whom**.
         c. John visited his mother, but I don't know **who with**.

7. Nominal Extraposition

영어의 문장 구조에서 주어에 있는 명사구가 문장의 마지막 위치로 이동한 구조가 있다. 예문 (58a)는 'The people you see here is amazing'의 문장 구조에서 주어가 문미 위치에 나타난 경우이다. (b)는 'The difference is amazing'의 구조에서 파생되어 형성된 문장 구조이다. 명사뿐만 아니라 예문 (c)-(d)의 관계절도 동일한 현상이 있다. 'A man who wants to buy your car called'와 'A man who was dressed in black walked in'의 문장 구조에서 관계사 부분만 문미 위치에 나타난 구조이다.

(58) a. It's amazing the people you see here.
      b. It's amazing the difference!
      c. A man called who wants to buy your car.
      d. A man walked in who was dressed in black.

8. Syntactic Amalgam[8]

영어의 문장 가운데 예문 (59)-(61)은 꽤 복잡한 문장 구조를 가지고 있는 문장이므로 이해하는데 어려움을 경험할 수 있다. 예문 (59)은 존재 구문(*there is ~* 구문)을 형성하고 있는 듯이 보이지만, 존재 구문에 또 다른 절이 결합되어 형성된 구문이다. 예문 (a)는 'There was a farmer + a farmer had a dog'가 혼합되어 있는 문장 구조이다. (d)도 'There's a lot of people + they won't let you do it'에서 새롭게 배치된 문장 구조이다.

(59) a. There was a farmer had a dog.
      b. There's a woman lives in China.
      c. There's people think he was murdered.
      d. There's a lot of people won't let you do it.
      e. There's no one can do anything about it.
      f. There's a hurricane is coming.

예문 (60)도 두 문장이 혼합되어 재배치된 문장 구조인데, (59)와는 달리 존재 구문은 아니다. (a)는 'You will never guess how many people John invited to the

---

[8] Syntactic Amalgam에 소개하고 있는 예문 가운데 (58b)는 Michaelis & Lambrecht 1996, (59a)는 Lambrecht 1988에서 인용한 것이다. 예문 (60)은 Lakoff (1974)와 Grosu (2006)에서 인용한 것이다.

party.'에서 'you will never guess how many people'를 문장 'John invited many people to the party' 사이에 재배치함으로써 형성된 문장 구조이다.

(60) a. John invited [you'll never guess how] many people to the party.
b. John is going to, [I think it's] Chicago on Saturday.
c. He was always [what might have seemed to strangers] a little odd.
d. He was behaving [what I could only describe as] strangely.
e. Bob sent [you can easily guess] what to his mother as well.
f. Ed is marrying [I won't tell you] who next week.

예문 (61)은 문장 요소들이 전형적인 표현과 일부 순서가 내부적으로 재배치된 문장 구조이다. (a)는 'I seem not to be able to find my money', (b)는 'They seem not be able to afford a large apartment'의 문장에서 'not be able to'를 'seem'과 자리를 재배치한 문장 구조를 하고 있다. 반면 (c)-(e)는 명사구 표현이다. 명사를 수식하는 표현들의 위치를 재배치한 명사구 구조이다. (c)는 'an easy book to read', (d)는 'a difficult task to complete', (e)는 'a hard disease to cure'에서 재배치된 구조이다.

(61) a. I can't seem to find my money.
b. They can't seem to afford a large apartment.
c. an easy to read book.
d. a difficult to complete task.
e. a hard to cure disease.

■ 연습문제 2.1

다음 각 문장의 줄친 표현이 상태(state), 활동(activity), 달성(achievement), 완성(accomplishment) 가운데 어느 것을 표현하고 있는지를 말하시오.

    a. In contemporary life, we do not have large amounts of time <u>to observe</u> animals as people did in those ancient times.

    b. Leah <u>hated</u> her mother.

    c. John eventually <u>recovered</u> from knee surgery.

    d. He <u>spotted</u> the cops coming down the alley.

    e. He <u>did</u> the crossword puzzle in less than an hour.

    f. When he took a step forward, his hips <u>hit</u> the door frame on either side.

    g. At the party he <u>recited</u> poetry.

    h. At the party he softly <u>recited</u> a poem by William Butler.

■ 연습문제 2.2 [9]

다음의 세 가지 동사를 이용해서 이 동사와 함께 사용될 수 있는 명사 표현구를 짝지으시오.

do	make	take	
			a lot of noise
			family photographs
			a lot of mistakes
			the housework

---

[9] 2013년도 임용고시 영어전공 문제

■ 연습문제 2.3 [10]

1. 아래 예문에서처럼 문장 또는 절에는 활동(activities)이나 성취(accomplishments)와 같은 상황을 표현할 수 있다. 문장 (2)의 상황은 계속될 수 없는 최종 종료점을 가지고 있으나 (1)의 상황은 그런 종료점이 없다. 이런 상황을 염두에 두고, 다음 문장에서 전치사구 'for two weeks'와 'in two weeks'를 어떻게 사용해야 되는지를 설명하시오.

2. 다음 문장 (3a)는 문법적이지만, (3b)는 비문법적인 이유를 설명하시오.

3. 다음 문장 (3c)의 동사 *painted*의 의미가 (3d)의 것과 어떻게 다른지를 설명하시오.
    (1) [activities]
        a. John walked in the park.   b. Mary danced in the party.
    (2) [accomplishments]
        a. John ate an apple.   b. Mary built the house last year.
    (3) a. John painted for two weeks.
        b. *John painted in two weeks.
        c. John painted the wall for two weeks.
        d. John painted the wall in two weeks.

■ 연습문제 2.4 [11]

1. 다음은 아시아국가의 인구통계에 대한 대화이다.
    Teacher :   What happened to the birth rate in Korea over the last few years?
    Student A : It was | fallen by 2.4%.
    Student B : | It was dropped.
    Teacher :   Okay. Then, what about the birth rate in Singapore?
    Student A : The rate was also dropped.
    Teacher : _____.

---

[10] 2011년도 임용고시 영어전공 문제
[11] 2011년도 임용고시 영어전공 문제

1-1. 일반적으로 타동사는 두 가지 종류로 나눌 수 있다. 위 대화에서 '*fall*'과 '*drop*'과 같은 동사는 '*work*'와 '*swim*'과 같은 동사와는 다르다. 이 두 유형의 동사가 결과 해석의 가능성에서 차이가 어떻게 나타나는지를 설명하시오. 즉, '*John painted the wall black*'라는 문장에서 결과의미에 해당하는 표현 '*black*'은 동사 '*painted*'라는 동작의 결과로 벽에 얻어지는 상태를 나타낸다. 그렇다면, 문장 '*It was dropped*'는 타동사 '*drop*'에서 만들어진 수동태라고 가정하더라고 왜 나쁜 문장이 되는지를 설명하시오.

제3장 대명사 Pronouns

이 장에서는 영어 대명사의 형태와 역할을 논의한다. 특히 대명사의 문법적 역할과 공지시(correferential)하는 선행사(antecedent)와의 관계에 초점을 맞추어 대명사의 문법적 속성을 살펴본다.

3.1 대용(Anaphor) 관계와 인칭대명사(Personal Pronouns)

대명사라는 용어는 명사구나 절을 대신하는 문법 요소를 가리킨다. 대명사가 대신하는 요소를 그 대명사의 선행사(antecedent)라고 한다. (1a)에서 *his mother*는 *she*로 대체되었다. 이때 대명사 *she*와 그 선행사 *his mother*의 연계성을 대용(anaphora) 관계라고 한다.

(1)   a. Alan told **his mother** he wanted to leave school but **she** didn't approve of it.
         b. He tossed **his briefcase** onto the desk before he opened **it**.
         c. Because **they** discovered that **they** really didn't like **them**, **the boys** decided not to order **pancakes** for breakfast anymore.

영어의 대명사는 (1a)-(1b)처럼 보통 선행사 다음에 나타난다. 이것을 선행대용(forward anaphora) 관계라 한다. 반면, 대명사가 (1c)처럼 선행사를 앞서 나타나는 경우도 가능하다. 앞 문장에 있는 대명사 *they*의 선행사는 각각 뒤에 있는 명사구 *the boys*와 *pancakes*가 된다. 이런 경우를 후행대용(backward anaphora) 관계라 한다. 이 두 가지 용법 중, 주로 선행 대용어가 사용된다.

3.2 인칭대명사의 다양성

영어 주격(nominative) 대명사와 목적격(accusative) 혹은 대격(accusative) 대명사는 다양한 환경에서 사용된다. 전통적 영문법에서는 be동사 다음 위치에 존재하는 대명사는 반드시 주격 대명사가 되어야 한다고 규정한다. 그런데 실제 언어 표현에서는 (2b)와 (2d)의 목적격 대명사 형태가 흔하게 발견된다.

(2)   a. Who's there? It's **I**.
        b. Who's there? It's **me**.
        c. Which one is the popular singer? That is **she** over there.
        d. Which one is the popular singer? That's **her** over there.

두 번째로, (3)-(4)에서 보듯이 비교 구문에서도 동일하게 두 가지 대명사 형태가 허용되는 것을 볼 수 있다. 이 가운데 모국어 화자들은 목적격 대명사 사용을 더 선호하는 경향을 보이는데, *than*이라는 표현을 '전치사'로 간주하는 경우에 목적격 대명사를 사용하고, *than*이 접속사로 사용되는 경우 주격이 사용된다고 할 수 있다.

(3)   a. He is a lot taller than I am.
        b. He is a lot taller than I.
        c. He is a lot taller than me.
(4)   a. He's less sophisticated than she is.
        b. He's less sophisticated than her.
        c. They were better equipped than she was.
        d. They were better equipped than her.

이와 더불어 가끔은 비교를 나타내는 단어 다음에 (5)처럼 재귀 대명사를 사용하기도 한다.[1]

---

[1] 이런 재귀 대명사를 사용하는 경우는 (3)-(4)처럼 주격과 목적격 가운데 어느 것을 선택해야 할지에 대한 고민을 피하고자 하는 화자들의 전략일 수 있다.

(5) a. Selby was about ten years older than himself.
    b. She was slightly taller than himself.

다음은 두 개의 대명사가 접속사 **and** 로 연결되어 있는 경우, 모국어 화자들은 (6)-(7)처럼 다양한 대명사 형태를 사용하는 경향이 나타난다. (6a), (6d), (6e)의 경우는 전치사 다음에 대명사들을 연결되어 있는데, 이때 전치사이기 때문에 주격을 피하려는 경향을 볼 수 있다. (6b)와 (6c)는 **be**동사 다음에 위치하기 때문에 두 가지 경우가 다 허용될 수 있다.

(6) a. *The difference between **him and I** became clear when I spoke to him.
    b. It'll just be **you and I**.
    c. It'll just be **you and me**.
    d. *Every loan made by a bank is guaranteed by **you and I**.
    e. Every loan made by a bank is guaranteed by **you and myself**.

다음 (7)의 경우는 구어체에서 종종 발견되는 대명사 실현 양상인데, 이 경우 연결된 두 대명사 전후에 약간의 휴지(pause)상태가 가능하면, 두 가지 대명사 형태가 모두 허용될 수 있음을 볼 수 있다.

(7) a. *I'm just saying **him and I** are not together.
    b. ***Me and daddy** are good friends.
    c. **You and me**, we aren't like your ma.
    d. **Me and my friend Bobbie**, we are pretty much constant companions.
    e. We came in here in '85, **my wife and myself**.

3.3 재귀 대명사 (Reflexive Pronouns)

한 문장 내에서 영어 재귀 대명사의 역할은 강조와 비강조 기능으로 양분해 볼 수 있다.

1. 비강조 기능 (Nonemphatic Function)

비강조 기능은 두 가지 역할이 있는데, 하나는 재귀 대명사가 재귀 동사(reflexive verbs)의 한 부분으로 나타나는 어휘요소로서의(lexical element) 역할, 다른 하나는 선행하는 명사구를 지시하는 대용적(anaphoric) 역할이 있다.

몇몇 동사들은 재귀 대명사만을 목적어로 취하는데, 이러한 동사들을 재귀동사(reflexive verb)라 한다(예: *pride oneself, commit oneself, apply oneself, acquit oneself*). 이 동사들은 특정한 전치사와 결합하는 특징이 있다. (8a)에서 재귀동사 *pride*는 전치사 *on*과만 결합한다.

(8) a. Christopher can pride himself on having added to his heritage.
   b. Christopher shaved himself with a plastic razor.
   c. Christopher shaved with a plastic razor

어떤 재귀동사 가운데 *adjust oneself, behave oneself, shave oneself, wash oneself* 와 같은 동사들은 (8b)와 (8c)처럼 재귀 대명사가 생략되어도 의미에 변화가 없는 구문을 형성하게 된다.

두 번째로, 재귀 대명사는 일반적으로 대명사가 지칭하는 개체가 앞선 문맥에서 이미 한번 언급되었기 때문에 사용된다. (9a)에서 선행사는 주어서, 재귀 대명사 *herself*는 *Alice*를 지칭하는 반면, (9b)는 대명사 *her*가 *Alice* 이외의 사람을 언급하게 된다. 이것이 재귀 대명사에게 부여되는 제약으로, 재귀 대명사가 실현되기 위해서는 선행사가 동일한 절 내부에 나타나야 한다는 것이다.

(9) a. Alice became cross[2] when she recognized **herself** in the reflection.
   b. Alice became cross when she recognized **her** in the reflection.

이 재귀 대명사 제약에 따르면, (10a)의 *herself*는 *Alice*를 가리키게 된다. 반면 (10b)의 *herself*는 선행사로 두 명(Mary, or Cathy)이 될 수 있다. 이 경우는 두 가지

---

[2] become cross 화나다, 불편하게 느끼다.

의미 해석을 가져온다. (11)의 문장도 재귀 대명사 *himself* 의 선행사는 *Tom*이 되어야 한다. 왜냐하면, 동일한 절 내에 존재하는 선행사는 *Tom* 만이 가능하기 때문이다.

(10)   a. **Alice** told John all about *herself*.
        b. **Mary** told **Cathy** all about *herself*.
(11)   a. Bill knew that Alex thought that Tom was fond of himself.
        b. Bill knew [that Alex thought [that Tom was fond of himself]].

일반적으로 재귀 대명사는 (12a)처럼 *as, like, but, besides, other than*과 같은 표현 다음 위치에 나타날 수 있다.

(12)   a. He is sentimental **like you/yourself**.
        b. It might be wise to have your son or daughter report to someone **other than you/yourself**.

대명사가 접속사 ***and*** 로 연결된 (13)의 경우, 재귀 대명사를 선택하기도 하는데, 이때는 주격 또는 목적격 대명사 선택을 피하기 위한 언어적 전략으로 간주되기도 한다. 어떤 화자들은 (14b)의 주격을 사용해야 할지 (14a)의 목적격을 사용해야 할지 자신이 없어, (14c)의 재귀 대명사 형태를 사용하기도 한다.

(13)   a. There was barely enough room in the cabin for her **and** me/myself.
        b. Please respond to Sue **and** me/myself by e-mail.
(14)   a. Every loan made by a bank is guaranteed by Mr. Kim and **me**.
        b. *Every loan made by a bank is guaranteed by Mr. Kim and **I**.
        c. Every loan made by a bank is guaranteed by Mr. Kim and **myself**.

2. 강조 기능 (Emphatic Functions)

강조적 기능으로, 재귀 대명사는 동사와 관련된 어떤 자리에 나타나기 보다는 단지 명사를 보충하게 된다. 이 기능의 재귀 대명사는 (15)처럼 문장 내에서 여러 가지 위치에 자유롭게 나타날 수 있다.

(15) a. He had suffered in the presence of the giants.
 b. He **himself** had suffered in the presence of the giants.
 c. **Himself**, he had suffered in the presence of the giants.
 d. He had suffered in the presence of the giants **himself**.

3.4 상호대명사 (Reciprocal Pronouns)

영어의 상호대명사는 *each other, one another*가 있다. 상호대명사는 둘 이상의 개체가 한 동작을 수행하고 있다는 것을 묘사한다는 점에서 재귀 대명사와 다르다. (16)의 두 문장은 의미가 다르다. (16b)는 *Alice*가 *Joan*을, *Joan*이 *Alice*를 존중한다는 의미가 전해진다. 예문 (16)-(19)의 재귀대명사와 상호대명사는 네 가지 다른 유형의 문장에서도 동일한 위치에 나타날 수 있다.

(16) a. Alice and Joan respected **themselves**.
 b. Alice and Joan respected **each other**.
(17) a. Alice and Joan's thought of **themselves**.
 b. Alice and Joan's thought of **each other**.
(18) a. Alice and Joan heard that there were some pictures of **themselves**.
 b. Alice and Joan heard that there were some pictures of **each other**.
(19) a. Alice and Joan believed **themselves** to be quite honest.
 b. Alice and Joan believed **each other** to be quite honest.

반면, 예문 (20)-(22)는 상호대명사와 재귀대명사가 차이를 보이는 문장의 위치을 보여준다. 명사구의 소유격 자리에는 상호대명사만이 존재할 수 있고, 종속절의 주어 위치 또한 상호대명사만이 자연스러운 문장을 형성한다.

(20) a. Harvey and Julia like **each other's** parents.
 b. *Harvey likes **himself's** parents.

(21)　　a. Harvey and Julia like the pictures of **each other's** parents.
　　　　b. *Harvey likes the pictures of **himself's** parents.
(22)　　a. The students knew if **each other** had the answers.
　　　　b. *The student knew if **himself** had the answer.

3.5　소유대명사 (Possessive Pronouns)

소유대명사는 '관사 + 명사 + *of*' 소유 구문에 사용되어, 화자가 정확하게 확인할 수 없는 어떤 것이나 어떤 사람을 지시하는 기능을 담당한다. 이때 맨 앞에 위치하는 관사로는 (23)처럼, 부정관사, 무관사, 지시관사, 양화사가 올 수 있지만, 정관사는 올 수 없는 제약이 있다.

(23)　　a. He held his hand out and shook **hers**.
　　　　b. A few years ago, I visited **this friend of mine** in the hospital.
　　　　c. In 1988, as a congratulatory offer, **some friends of mine** congratulated me for having my first son.
　　　　d. *He introduced me to **the friend of his**.

이 구문은 또 다른 유사 구문인 '소유 관사 + 명사'와 다른데, 그 차이는 후자가 더 불특정(more indefinite)하다는 점에 있다. (24a)에서 소유대명사 구문은 화자가 그 친구의 확인을 명시하지 않고 명시할 필요도 없다면 사용될 수 있는 구문이다. 반면 (24b)에서 소유 관사 구문으로는 화자와 청자가 모두 의도하는 친구가 어떤 친구인지를 아는 상황이 된다.

(24)　　a. **A student of mine** came to the house yesterday, after you were here.
　　　　b. **My student** came to the house yesterday, after you were here.

3.6 부정대명사 (Indefinite Pronouns)

부정대명사는 명료하게 정해지지 않은 불특정한 대상물을 지시하는 대명사로, *some, any, ever, no, -body, -one, -thing*와 같은 표현이 있다. 이 가운데 *-body*로 끝나면서 긍정문에 쓰이는 부정대명사는 *-one*으로 끝나는 것과 서로 교체 가능하다. 미국 영어에서는 *-body* 대명사가 더 자주 쓰인다.

(25) a. **Anybody** can quickly learn how to build a wall from concrete and tin cans or bottles.
b. **Anyone** can quickly learn how to build a wall from concrete and tin cans or bottles.

이 부정대명사의 형태 및 의미에 따라 분류해보면 다음의 도표와 같이 정리된다.

	body(person)	one	thing (things)
some (positive)	somebody	someone	something
any (negative)	anybody	anyone	anything
no (negative)	nobody	no one	nothing
every (positive)	everybody	everyone	everything

1. 부정대명사와 일치현상

부정대명사가 주어위치에 나타나게 되면, 동사와 수(number)에서 일치해야 한다. 즉, (26a)-(26b)처럼 영어 부정대명사는 단수 주어로 취급하게 되는 규칙이 있다. 이런 규칙에도 불구하고, (26c)-(26f)처럼, 많은 모국어 화자들은 단수와 복수를 자유롭게 사용하는 현상이 나타난다.

(26) a. I was from the West Side, the part of Chicago **everyone** tells you to stay away from.
b. *I was from the West Side, the part of Chicago **everyone** tell you to stay away from.
c. I'm glad to see **everybody** when they come on Friday.

  d. I'm glad to see **everybody** when he comes on Friday.
  e. Did **someone** really name their kid Harry?
  f. Did **someone** really name his kid Harry?

 마지막으로 부정대명사 *somebody, someone, something* 표현은 의문문에서 *anybody, anyone, anything* 대신에 쓰여, 화자의 기대감(speaker's expectation)을 나타낸다. (27a)에서 화자는 자신이 외출하는 동안 전화가 왔으리라는 기대감을 가지고, 이를 확인코자 묻고 있는 상황인 반면, (27b)는 이런 기대감 없이 혹시 걸려온 전화가 있었는지를 묻는다.

(27) a. Did somebody call while I was out?
    b. Did anybody call while I was out?

3.7 지시대명사 (Demonstrative Pronouns)

 *This, that, these, those*가 명사를 수식할 때 지시 관사인데, 담화상에서 단독으로 쓰였을 때는 지시대명사라고 하며, 대용어의 기능(anaphoric function)을 수행한다. 지시대명사로써, 이들은 앞서 나온 명사구나 전체 절을 대신할 수도 있다. (28a)의 *these*는 앞에 나온 명사구 *application form*을 대신하고, (28b)의 *this*는 앞에 나온 절 전체를 대신한다.

(28) a. Here are application forms. You need to fill **these** out.
    b. The number of divorces had leveled off [3].
     This is shown by recent statistics.

---

[3] level off 변동이 없다.

■ 연습문제 3.1

다음의 읽고, 빈칸에 한 단어로 된 어휘로 채우시오.[4]

문장 (1)은 세 가지 유형의 명사구가 있다: 재귀 대명사, 대명사, 고유명사.

(1) a. John likes himself.
   b. Mary met him.
   c. John came.

재귀 대명사는 (2)처럼 지시대상물을 선택하는 문장에 선행사가 있어야 하고, 동지표로 된 명사구가 동일 지시대상물을 가리킨다. 이것으로 (3)의 대명사와 고유명사를 비교할 수 있다.

(2) a. John$_i$ introduced himself to Mary.
   b. *Himself came.
(3) a. John$_i$ introduced him$_j$ to Mary.
   b. John introduced Bill to Mary.

그런데 문장에 선행사가 있다는 것이 (4)의 재귀 대명사를 허가하는 데 필요한 충분한 조건은 되지 못한다.

(4) a. *John$_i$ thinks that himself is intelligent.
   b. John told Mary$_i$ about herself$_i$.

The examples in (2) and (4) show that the reflexive pronoun finds its antecedent in the smallest _____ that contains it. The sentences in (2b) and (4a) are thus ungrammatical in contrast to those in (2a) and (4b).

---

[4] 2015학년도 임용고시 기출문제

■ 연습문제 3.2

다음 문장에서 재귀 대명사의 선행사가 될 수 있는 명사를 모두 찾으시오.

a. Betty asked Harry whether Tim had defended himself in court.

b. Ryan asked Emily to send him a picture of herself.

c. Carrie heard that George W. Bush has repeatedly referred to himself as a war president.

d. Celia told my grandmother the truths about herself that no one had dared tell her.

e. On the first night I was sitting at a round table and the woman to my left immediately introduced herself to me.

■ 연습문제 3.3

다음 각 문장들이 동일한 의미를 가지는지를 확인하시오. 다른 점이 있다면, 지적하시오.

1. a. Henry told the students to behave themselves.
   b. Henry told the students to behave.
2. a. Mary told Alice all about her.
   b. Mary told Alice all about herself.
3. a. After their friend had left, John and Fenske also blamed themselves for their injuries.
   b. After their friend had left, John and Fenske also blamed each other for their injuries.
4. a. John sent Fred a picture of himself.
   b. John sent Fred a picture of him.
5. a. They might very well have told her, but he would never have.
   b. They might very well have told her, but, he himself would never have.

■ 연습문제 3.4[5]

대명사 '*one*'과 '*it*'은 명사구 표현을 지시하는데 사용된다. 그런데 의미적 또는 통사적인 면에서 차이점이 있다. 통사적인 특징에서 볼 때, '*one*'은 명사(N)가 아니라 중간명사구 (N')를 대신할 수 있는 반면, '*it*'은 최종 명사구 (NP)를 대신한다. (the one vs. *the it) 다음의 대화에서 잘못 사용된 대명사 'one'을 찾으시오.

A: I bought a book in this bookstore yesterday.

B: What kind of book did you get?

A: It's a book of poems with a pink cover by Wordsworth.

B: Is it interesting?

A: Yes, very interesting. Why don't you buy a poetry book too?

B: Yes, I'd like to. But I'd like to buy ①a modern one by a different author.

A: ②Which one?

B: I'd like to get a book of poetry by T. S. Eliot.

A: How about ③that one over there?

B: Do you mean ④the one of poetry with a yellow cover? The book on the top shelf?

A: Yes, ⑤one with a green-colored spine just next to the poetry book by Frost.

---

[5] 2009년도 임용고시 영어전공 문제

제4장 한정사 Determiners

명사 앞에 위치하는 표현들을 총칭하여 한정사라 한다. 한정사는 명사 특징인 한정성(definiteness)과 비한정성(indefiniteness), 소유(possession), 양(quantity)을 명시하는 표현들이다. 한정사들은 가산성(countability)과 수(number) 관련 명사를 수식할 때 다양한 제약을 가진다.

4.1 한정사와 순서

1. 유형

a. 관사(articles): *a(n), the*

b. 지시 한정사(demonstrative determiners): *this/that, these/those*

c. 소유 한정사(possessive determiners): *my, his/her, our, your, its, their*

d. 소유 한정사적 명사(nouns as possessive determiners): *John's, Bill's*

e. 양화사(quantifiers): *all, any, few, many*

f. 부분사(partitives): *glass of, loaf of, bit of, acre of*

g. 기수(cardinal numbers): *one, two, three*

h. 서수(ordinal numbers): *first, second, next, last*

i. 배수(multipliers): *double, twice, three times*

j. 분수(fractions): *three-fourths, two-fifths*

2. 명사구 내에서의 위치

위에서 기술한 한정사들은 명사와 함께 결합해서 명사구를 형성하면, 유형에 따라 명사 앞에 나타날 수 있는 위치가 정해져 있다. (1a), (1c), (1d)의 순서의 결합은 좋은 표현을 만들어 내지만, (1b)와 (1e)의 순서는 잘못된 표현을 만들어 낸다.

(1)   a. all the students, double the price
        b. *the all students, *double price the
        c. every student, John's teacher
        d. the many students, those two books, the first book that I read
        e. *many the students, *two books those, *first the book that I read

한정사들은 명사구 내에서의 위치에 따라 아래와 같이 구분할 수 있다.

a. 선행 한정사(**predeterminers**): **quantifiers** (*all, both, each*), **multipliers** (*double, twice, five times*), **fractions** (*three-fourths, two-fifths*)
b. 중심 한정사(**central determiners**): **quantifiers** (*any, every, some*), **articles** (*a(n), the*), **possessive determiners** (*my, our, your*), **nouns as possessive determiner** (*John's, Anne's*), **demonstrative determiners** (*this/that*)
c. 후행 한정사(**postdeterminers**): **quantifiers** (*many, much, few, little, less, least, more, most*), **cardinal numbers** (*one, two*), **ordinal numbers** (*first, second, another, next, last*), **partitives** (*glass/bottle/jar of*)

4.2 한정사의 종류 (Types of Determiners)

1. 수, 분수, 배수 (Numbers, Fractions, Multipliers)

기수와 서수는 명사의 가산성(countability)과 수(singular/plural)에 일치해야 한다. 반면, 분수는 (2a)-(2c)처럼, 명사의 가산성에 상관없이 사용된다. 분수는 명사와 가장 멀리 떨어져 있는 한정사(predeterminers)이므로 (2e)처럼 명사 앞에 바로 나타날 수 없고, 소유 한정사나 *of*와 같은 표현이 중간에 있게 된다. (2d)-(2f)에는 *half*와 명사 사이에 정관사 *the*나 소유 한정사 *your*가 있다.

(2)   a. **Half** the population still lives in poverty.
         b. **Two-thirds** of Americans believe strong conflicts exist between rich and poor.
         c. Nearly **one-third** of American women use some kind of sleep aid at least a few nights a week.
         d. I can't tell you **half** the thing she said.
         e. *I can't tell you **half** thing she said.
         f. They were all **half** your size.

배수도 비슷한 현상을 보인다. (3e)와 같이 배수표현 *double*과 명사 *amount* 사이에 아무것도 존재하지 않으면 비문법적인 문장을 만들게 된다.

(3)   a. Lucas Oil Stadium[1] is **twice** the size of the RCA Dome[2].
         b. Dean Baker and his three sons owned **three times** the water rights.
         c. The Europeans have been travelling more than **five times** the distance for years.
         d. This premium increased consecutively in subsequent years until it reached **double** the amount received in favored areas.
         e. *This premium increased consecutively in subsequent years until it reached **double** amount received in favored areas.

2. 지시 한정사 (Demonstrative Determiners)

지시 한정사는 *this/these, that/those*가 있다. 이 두 가지 종류의 지시 한정사에는 의미적인 차이점이 존재한다. 먼저, 물리적인 거리감(physical distance)을 들 수 있다. 이는 *this/these*를 사용할 때는 화자에 더 가까운 개체를 지시할 때 사용하는

---

[1] Lucas Oil Stadium 미국 인디애나주(州) 인디애나폴리스에 있는 개폐식 종합경기장
[2] RCA Dome: Indianapolis Colts에 있는 종합경기장

반면, *that/those*는 화자와 먼 거리에 있는 개체를 지시할 때 사용하는 차이점을 지칭한다. (4)의 문장에서 *this*는 가까이에 있는 램프를 지칭하는 반면, *that*은 화자에서 더 먼 거리에 있는 또 다른 램프를 가리킨다.

(4)   I put **this** lamp up for sale with many others. **That** one over there is OK, but it needs a halogen bulb³.

두 번째로 시간상의 차이(dimension of time)를 들 수 있다. 시간상에 더 먼 시간을 지칭할 때는 *that*을, 아주 가까운 시간을 지칭할 때는 *this*를 사용한다. 예문 (5a)에서 화자는 바로 이전의 여름을 지칭하는 반면, (5b)는 이번이 아니라 훨씬 더 먼 시간상의 과거에 있었던 여름을 지칭한다.

(5)   a. **This** summer the Library of Congress preserved a copy of that film in its National Film Registry.
       b. **That** summer the Library of Congress preserved a copy of that film in its National Film Registry⁴.

세 번째는 정보 패키징(information packaging)인데, *this/these*는 there 구문과 더불어, 새로운 정보를 소개할 때 사용하는 반면, *that/those*는 익숙한 정보를 소개하는데 사용된다.

(6)   a. There was **this** woman on the subway, and she looked at me.
       b. There was **that** girl in Lake Worth.

마지막으로 정보의 관련 정도(high/low relevance)를 들 수 있다. *This/these*는 화자와 관련성이 높은 정보에 사용하는 반면, *that/those*는 화자와 관련성이 적은 정보에 사용한다. 화자가 대화의 핵심사항이 아닌 정보를 제시할 때는 *it*을 사용한다.

---

³ halogen bulb 할로겐 전구
⁴ National Film Registry 국립영화보관소

(7) a. Is it a fair contest? We debate the issue after **this short break**.
    b. Is it a fair contest? We debate the issue after **that break**.
    c. Is it a fair contest? We debate the issue after **it**.

3. 양화사 (Quantifiers)

1) 양화사의 종류

양화사란 어떤 것의 양(amount)이나 수(number)를 나타내는 한정사다.

(8)   Singular Count Noun
       any   Any color will do.
       each   Each book is beautifully illustrated.
       every   Every care has been taken in compiling this list.

(9)   Plural Count Nouns
       any   If any of those kids suffocated, it would be our fault.
       both   Both parties wrote this legislation.
       (a) few A few individuals were able to overcome their uncertainties.
       many   Many children left behind.
       several Several factors determine the type and cost.
       all   All Americans have suffered from this tragedy.
       most   Most states had very difficult budget years in 2009.
       more   More children came home, but the soldiers wouldn't open the door again.
       some   Some children refuse to eat at all and others overeat.

(10)   Noncount Nouns
       (a) little If your sauce is too thick, add a little broth[5].
       less   People should eat less fat to reduce the risk of heart disease.
       much   Their aim will be to produce as much milk as possible.
       all   He lost all his money at a blackjack[6] table in Las Vegas.

---

[5] broth 육수

most	Most of the house was destroyed by fire in 1928.
more	They needed more time to consider whether to hold an inquiry.
some	Remove the cover and spoon some of the sauce into a bowl.

2) 양화사 표류 (Quantifier Floating)

양화사 가운데 *all, both, each* (predeterminers)는 한 문장 내에서 하나 이상의 위치에 나타날 수 있다. 이는 이 세가지 양화사만에서 나타나는 특징으로 양화사 표류(quantifier floating)라고 한다.

먼저 *be*동사가 있는 문장에서 이 양화사는 명사나 동사 다음에도 나타날 수 있다. (11a)에서 주어 명사구 내부에 나타났다. 이때 양화사 *all*은 양화사 표류 규칙이 적용될 수 있는데, 이 문장의 동사는 *be*동사이므로 (11b)처럼 명사 다음이나, (11c)처럼 동사 다음에도 나타날 수 있다. 이때 주의할 점은 *all*이 이 세 가지 위치에 나타나더라도, 의미는 변화하지 않고 명사구 *these resources*를 가리킨다.

(11)　　a. **All of these resources** were raised through small fundraising efforts.
　　　　b. These resources **all** were raised through small fundraising efforts.
　　　　c. These resources were **all** raised through small fundraising efforts.

두 번째로 동사가 비한정 동사(nonfinite verbs) 형태일 때는, 명사구에 있는 양화사는 (12b)처럼 비한정 동사 앞이나, (12c)처럼 중간에 삽입될 수 있는 반면, (12d)처럼 이 비한정 동사를 넘어가지는 못한다.

(12)　　a. He wanted **all of these agencies** to work together in one coordinated hall.
　　　　b. He wanted these agencies **all** to work together in one coordinated hall.
　　　　c. He wanted these agencies to **all** work together in one coordinated hall.
　　　　d. *He wanted these agencies to work **all** in one coordinated hall.

세 번째는 이상에서 언급한 이외의 동사 경우, 양화사는 동사를 넘어갈 수는 없

---

[6] 블랙잭(총 21점이 되도록 카드를 모으는 카드 게임)

다. 이것은 한정 동사와 비한정 동사 모두에게 해당된다.

(13)   a. **All of these kids** want to be big stars.
       b. These kids **all** want to be big stars.
       c. *These kids want **all** to be big stars.
       d. **All of these students** reported using two or more of these substances simultaneously.
       e. *These students reported **all** using two or more of these substances simultaneously.

양화사 ***each***의 경우, 주어 이외의 명사구에 양화사가 있으면, 오른쪽으로 이동이 가능해서 (14)과 같이 이동이 자유롭게 나타난다. 특히 *cost, measure, weigh*와 같은 상태동사(stative verbs)의 경우, 주어에 양화 명사구가 나타났음에도 불구하고, 자유롭게 이동이 가능함을 알 수 있다.

(14)   a. Leslie dressed **each of the home's beds** with antique linens.
       b. Leslie dressed the home's beds **each** with antique linens.
       c. Leslie dressed the home's beds with antique linens **each**.

(15)   a. **Each of these changes** can be explained in evolutionary terms.
       b. These changes can **each** be explained in evolutionary terms.
       c. These changes can be explained in evolutionary terms **each**.

이 전치양화사(predeterminers) 외의 양화사는 양화사 표류현상이 적용되지 않으므로, (16)와 같은 이동은 비문법적인 문장을 생성하게 된다.

(16)   a. **Some of these treatments** may actually be shown to be ineffective or harmful.
       b.*These treatments **some** may actually be shown to be ineffective or harmful.
       c. **Most of these murders** are a result of cartel-on-cartel violence.
       d. *These murders are **most** a result of cartel-on-cartel violence.

3) 양화사-대명사 자리바꿈 (Quantifier-Pronoun Flip)

전치한정사에 속하는 양화사 *all, both, each*의 또 다른 특징으로, (17)처럼 명사구에 대명사가 있을 경우 이 양화사와 대명사가 위치를 바꿀 수 있다. 이 현상을 양화사-대명사 자리바꿈이라 한다.

(17)   a. **All of them** are wildly profitable.
           b. **They all** are wildly profitable.
           c. We examined **all of them**.
           d. We examined **them all**.

4. 부분사 (Partitives)

부분사는 '가산명사 + *of*'(예를 들면, *loaf of, piece of, cup of, liter of*) 형태로 되어 있는 표현들이다. 이 부분사 표현에서 가산명사는 다음에 나오는 명사를 세는 단위를 나타낸다.

(18)   a. I'll have a glass of water.
           b. I'll have a loaf of bread.
           c. I'll have two pieces of pie.
           d. I'll have that slice of cake.
           e. I'll have a bowl of your new soup.

이 부분사 구문은 크게 두 종류로 구분될 수 있다. 이 구분에 적용되는 규칙을 설정할 수 있는데, 개체를 나타낼 수 있는 명사구만이 개체 부분사 구문을 형성할 수 있으며 집합은 집합 부분사 구문만을 형성할 수 있다는 것이다.

	양화 표현	부분사 유형	사례
1	기수(one...)	집합	three of the apples, *three of the cheese
2	many	집합	many of the apples, *many of the cheese
3	much	개체	much of the milk, *much of the apples
4	분수(1/3)	개체	two thirds of the milk, two thirds of the apples
5	퍼센트 (%)	개체	5% of the milk, 5% of the apples

6	half	개체	half of the milk, half of the apples
7	all	양쪽	all of the milk, all of the apples
8	most	양쪽	most of the milk, most of the apples
9	some	양쪽	some of the milk, some of the apples

이 구분은 *one of a cookie는 불가능하며, half of a cookie는 가능한 현상을 예측할 수 있다. One은 집합 부분사 유형이므로 개체 a cookie와 사용 불가능하며, half는 개체 부분사 유형이므로 개체 a cookie와 결합 가능하다는 사실을 예측 가능하다.

마지막으로 부분사와 구분해야 하는 구문이 있다. 양을 표현하는 구문이다. 예문 (19a)는 부분사 구문이다. 예문 (19b)의 a box는 양을 표현하는 구문으로 초콜렛의 양이 한 상자라는 상황을 묘사하는 것이며, 초콜렛 상자 가운데 한 상자를 가리키는 것은 아니다.

(19)   a. A box of those chocolates
        b. A box of chocolates

5. 소유격 한정사 (Possessive Determiners)

소유격 한정사는 영어의 소유관계를 나타내는 한 가지 방법이다. 소유대명사와 혼동하지 말아야 한다.

소유 한정사(Possessive Determiners): my   our   your   his/her/its   their
소유 대명사(Possessive Pronouns): mine ours yours his/hers   theirs

영어에서 소유격 한정사는 두 가지 형태로 나타나는데, 한 가지는 (20a)-(20d)처럼 소유격 명사로 어미변화를 시키는 것이고, 다른 하나는 (20e)처럼 'of-전치사구'로 나타내는 방법이다.

(20)   a. customer's account
        b. the bed's four corners
        c. the president's two favorite steaks

    d. the FDA's decision
    e. the decision of the FDA

영어에는 이 두 가지 중 하나를 선호하게 되는 상황이 있다. 하나는 (21)처럼 사람이나 동물을 가리키는 명사구에서는 어미변화 명사구 형태를 선호한다.

(21)   a. My mother's younger brother   preferred
          b. the younger brother of my mother   not preferred
          c. Mr. Liberman's closest friends   preferred
          d. the closest friends of Mr. Liberman   not preferred

시간의 달(months)과 지리적인 장소(geographical locations)를 나타내는 명사구의 경우에는 (22)처럼 두 가지 방법을 공통으로 사용한다.

(22)   a. December's cover story
          b. the story of December
          c. North Korea's locket launch
          d. the locket launch of North Korea

무생물체를 지칭하는 명사구는 (23)처럼 '*of* 전치사구' 사용을 선호한다.

(23)   a. the window of the house   preferred
          b. the house's window   not preferred

비교적 긴 명사구는 '*of* 전치사구' 형태를 선호하는 경향이 있다.

(24)   a. [The designer's wedding dresses] were on display.
          b. [The wedding dresses of a young designer from US] were on display. preferred
          c. [A young designer from US's wedding dresses] were on display. not preferred

소유형태 *the man's name*과 *the name of the man*의 두 가지 형태 가운데, 전자의 경우는 문맥에서 추론 가능할 경우 소유대상을 명시하는 명사는 생략될 수 있다. 문맥에서 허용되면, *the man's*가 가능하다. 전자의 소유형태와 후자의 소유형태가 함께 사용되는 경우가 있는데, 이를 이중소유격(double genitives)이라 한다.

(25)   a. Bethlehem is the house of his.
         b. When I couldn't find the pulse in myself, I borrowed Krishna's.

소유격과 소유대명사가 표현하게 되는 의미는 생각보다 다양하므로 규칙화하기가 힘들다. 지금까지 많이 알려진 의미는 다음과 같이 정리할 수 있다.

(26)   소유 표현들의 의미
        a. 주어와 동사: the earth's rotation (the earth rotates)
                             his actions (he acts)
        b. 목적어와 동사: the planet's discovery
                             (someone discovered the planet)
                             her arrest (someone arrested her)
        c. 소유: John's car
                             her book
        d. 행동주/출처: Shakespeare's sonnets
                             his idea
        e. 인간관계: Bob's cousin   my father
                             Joe's teacher   their doctor
                             Anne's neighbor   your girlfriend
        f. 시간: tomorrow's meeting
        g. 장소: Maine's coastline
        h. 측정: an hour's wait
        I. 특징: Sue's eyes   her ego

다음 (27)의 표현은 중의적 의미를 가진다. 소유 의미, 행동주 의미, 묘사의 의미를 기술할 수 있다.

(27)　　*John's portrait*
　　　　a. 소유: 　the portrait that John owns
　　　　b. 행동주: the portrait that John painted
　　　　c. 묘사: 　the portrait of John

소유 형태의 특이한 특징 중의 하나로 종류(type), 질(quantity), 묘사(depiction) 등을 나타내는 표현들은 *of* 전치사구 소유 표현만이 가능한 점이다. 예문 (28)은 a, c, e는 가능하지만 b, d, f는 부자연스러운 표현이 된다.

(28)　　a. the two kinds of shrub　　　b. *shrub's two kinds
　　　　c. the glass of red wine　　　　d. *red wine's glass
　　　　e. the painting of the haystack　f. ?the haystack's painting

이와는 대조적으로 *of* 전치사구 소유표현이 불가능하거나 부적절한 경우도 있다. 예문 (29)는 a, c, e는 자연스러운 표현인 반면 b, d, f는 부적절한 표현이 되는 경우이다.

(29)　　a. a ship's doctor
　　　　b. ?the doctor of a ship
　　　　c. several women's universities
　　　　d. *several universities of women
　　　　e. an hour's time
　　　　f. *time of an hour

■ 연습문제 4.1

각 문장의 한정사가 문법적인지 아닌지를 밝히고, 잘못된 것의 이유를 설명하시오.

　　a. John is tenth student who signed up for this class.

b. This apple juice tastes sour.

c. There is one more luggage in the baggage compartment of the plane.

d. The small statue is half size of the big one.

e. We only have to move two furniture to rearrange the room.

■ 연습문제 4.2

각 문장에 있는 지시 한정사의 기능을 말하시오.

a. When I turned around, there was ***this guy***, just standing there, holding a comb.

b. ***This*** summer, London becomes the first city to have hosted the Olympic Games three times.

c. When they came and asked me to write a miniseries for TV, I was reading ***this wonderful book***!

d. ***That theoretical fatalism*** is the pervasive temptation of democracy.

■ 연습문제 4.3

다음 문장들에 양화사 이동이나 양화사 자리바꿈을 적용하시오.

a. They said that all of us must do what we can to that effect.

b. Both of my colleagues say that we hardly ever see female pedophiles.

c. Each of the girls carried a large willow basket down through the green meadow, into the brush.

d. They are trying to find all of them.

e. Each of the candidates has been claiming that the other candidate has been running a negative campaign.

제5장 관사 Article

5.1 관사의 유형

영어의 관사는 정관사 *the*와 부정관사 *a(n)*, 그리고 무관사가 있다. 정관사라는 용어는 명사가 지시하는 것을 명료하게 식별할 수 있다는 것을 의미한다. 정관사가 사용되었다는 것은 화자와 청자가 해당 명사를 지시(refer)하는 것을 서로 이해한다는 것을 전제로 한다. (1)에서 화자가 상대방도 들을 수 있는 특별한 소리를 지칭하고 있다는 것을 전제로 할 수 있다.

(1)   But the noise wasn't coming from a ghost.

부정관사라는 용어는 청자가 그 대상물을 명확히 식별하고 있기를 기대할 필요가 없는 상황에서 사용된다. 정관사와 부정관사의 차이점은 (2)를 통해 확인 가능하다.

(2)   a. I'll bring you a book.
       b. I'll bring you the book.

(2a)에서 화자는 듣고 있는 청자가 일반적으로 책이 무엇인지를 알고 있다고 생각하는 반면, (2b)는 청자가 책에 대한 (청자 화자가 모두 알고 있는) 지식을 상세하게 가지고 있다고 생각해서, 특정한 책을 청자에게 요청하는 것이다.
부정관사는 두 가지 종류의 '비한정성(indefiniteness)'을 표현할 수 있다. (3a)처럼 '하나(one)'를 표현하게 되어, *a new dress*의 의미는 *one new dress*로, 새 옷 하나를 의미한다. (3b)처럼 특정한 집단의 한 일원을 가리킬 수도 있어서, 여기서 *a doctor*는 사람을 치료하는 의사 직업을 가진 한 일원이다. 정리하면, 부정관사는 개수가 '하나'라는 의미와 '한 멤버'라는 의미를 가지고 있다.

(3)   a. Marion ordered **a new dress**.
       b. My grandfather is **a doctor**.

5.2 관사 용법

1. 정관사 (Definite Article)

일반적으로 정관사는 (4)처럼 단수명사, 복수명사, 불가산(uncountable) 명사에 모두 사용된다.

(4)   a. Give us **the name**.   단수가산명사
       b. Give us **the names**.   복수가산명사
       c. Give us **the information that we need**.   불가산명사

정관사는 (5a)처럼 일반적으로 사람들의 이름에는 사용하지 않지만, 사람의 이름에 정관사를 사용하는 경우도 있다. (5b)처럼 동일한 이름을 가진 다른 사람과 혼동할 수 있을 가능성을 배제하고, 화자가 말하고 있는 특정한 사람을 구분해 내고자 할 때, 사람의 이름 앞에 정관사를 사용한다.

(5)   a. I have an appointment with Donald/***the** Donald.
       b. Oh, the Larry King you are referring to clearly isn't **the** Larry King I know.

2. 부정관사 (Indefinite Article)

일반적으로 부정관사는 (6)처럼 단수 가산명사 앞에 나타날 수 있다.

(6) a. It seems to me that he had **a brother** who was named Arthur.
     b. *The wound was washed with soap and **a water**.
     c. *Read **an information** for using any PDA.

부분사(partitive)는 불가산 명사의 양을 측정하는데 사용되는데, 이 부분사 앞에 부정관사가 사용된다.

(7) a. a loaf of bread   b. a bowl of oatmeal
     c. a slice of pizza   d. a piece of cake

몇몇 불가산 명사에서는 부분사 표현이 생략되어 다음 (8b)와 같은 표현이 사용되기도 한다.

(8) a. Don't forget to pick up **a bottle of wine**.
     b. Without a proper structure, **a wine** can simply arrive with a thud.

이외에 불가산 명사의 의미가 '한 종류(a type of)'를 나타내고자 할 때는 불가산 명사를 사용한다.

(9) a. I bought a bottle of wine and **a cheese** from a store on Thompson Street.
     b. You can also use the bark[1] for **a tea** which assists in astral travel.

마지막으로 ***some***이 부정관사와 유사한 역할을 하는 경우를 살펴보자. (10a)는 가산명사 앞에서, '불특정한 적어도 두 개'를 의미한다. (10b)처럼 불가산 명사 앞에서 불특정한 양을 나타낸다. (10c)-(10d)에서 단수 가산명사 앞에서 특정 인물이

---

[1] bark 나무껍질

나 사물을 지칭할 수 있다.

(10) a. It should be noted that the data for **some countries** are more reliable than data for others.
b. You got **some information** about a van in Chicago.
c. **Some guy** from Urbanology[2] is looking for you.
d. They think that **some student** got into a college arena[3] in Iowa, started spreading it around.

기본적으로 *some*은 구체적으로 명시되지 않은 양을 나타내면서, 명사 수식어(prenominal modifier)로서의 기능을 수행한다. (11a)-(11b)에서 *some time*은 상당한 양의 시간을 의미하고, (11c)에서는 큰 집단과 비교해 볼 때의 양을 의미하여, 상당수의 청중이 아니라 몇몇 사람들이 네오나찌 당원이라는 것을 나타낸다.

(11) a. It took me **some time** to realize what it was all about.
b. I want to spend **some time** with my kids.
c. **Some of the audience members** were Neo-Nazi party members and held up a 3rd Reich (Nazi) flag throughout most of the concert.

3. 무관사 (Zero Article)

명사들이 관사 없이 사용되는 경우를 무관사 명사라 한다. 무관사 명사는 부정관사나 정관사를 사용해서 나타낼 수 있는 의미를 모두 나타낸다. (12a)의 불가산명사 *milk*는 '구체적인 양이 명시되지 않은 우유'를 의미한다. (12b)-(12c)의 복수 가산명사 *bullets, leaves*도 정해지지 않은 개체의 양을 가리킨다. (12d)-(12e)에서는 총칭 의미(generic reference)로 사용되어, 일반적인 교사 또는 교사집단을, 일반적으로 호랑이 종족을 각각 나타낸다.

---

[2] Urbanology 도시학
[3] arena 경기장, 무대

(12) a. The FDA launched a full investigation and purchased **milk** to be used as evidence.
b. They heard **bullets** cutting through the leaves and branches overhead.
c. **Leaves** turn orange and golden in fall.
d. By previewing these strategies, **teachers** can increase student awareness of situations they will encounter.
e. **Tigers** have stripes.

1) 추상 명사 (Abstract Nouns)

무관사 형태의 추상 명사는 (13a), (14a), (15a)처럼 일반적인 개념, 상태나 분야(the general concept, state, or field)를 나타낸다. 반면 정관사 추상 명사는 (13b), (14b), (15c)처럼 명시적으로 식별할 수 있는 대상을 의미하고, 부정관사 추상 명사는 (13c), (14c), (15c)처럼 '한 종류나 유형'을 의미한다.

(13) a. She believes that play is critical for children's developing emotions, creativity, and **intelligence**.
b. The more undiscovered the destination, the more valuable **the intelligence** they contain.
c. His wide, bright eyes spoke of **an intelligence** at least equal to a Human's.

(14) a. In these cases **education** is even more important.
b. Is it a sign I will get **the education** I've dreamed of?
c. Everyone wants to get **an education**, but you can't just come to this country illegally and think everything is free.

(15) a. He responds particularly to **beauty** and tends to music, art, poet and nature.
b. **The beauty** of the grain drew me.
c. She wasn't considered **a beauty** like her mother or sister.

2) 명칭 (Names)

사람, 지역, 직업의 명칭은 (16)처럼 기본적으로 무관사로 사용되는 경향이 있다.

(16) a. **Mary** decided to hire an interior decorator.
   b. **Dr. Philips** put the egg back into its box.
   c. I remember when we visited **Stanford University** to talk with Dr. Condoleezza Rice, the former U.S. Secretary of State.
   d. John went to live in **Melbourne**.
   e. I never knew there were bull shark in **Lake Michigan**.

3) 관례 및 기관 명사 (Nouns Designating Customs or Institutions)

무관사 명사는 기관이나 단체를 나타낼 때나 또는 관례적으로 행하는 습관적 행동임을 명시하는데 사용되기도 한다. (17a)의 무관사로 쓰인 *breakfast*가 의미하는 바는 '그 날의 첫 번째 식사를 하는 습관적인 행동'이다. 반면 (17b)의 정관사와 쓰인 *the breakfast*는 '먹었던 아침식사 가운데 특정한 아침 식사'를 의미한다. (17b)-(17c)의 정관사나 부정관사를 사용하면, 그 지시하는 명사를 특정화(특별한 것을 의미)시키는 것이 된다. (17c)는 제공된 특별한 종류의 식사를 지시한다.

(17) a. Miranda woke up this morning and cooked us **breakfast**.
   b. **The breakfast** was indeed an interreligious experience.
   c. Micauliffe shared a **private breakfast** with President Clinton to discuss the Democratic misfortunes in the midterm elections.

(18)처럼 공공단체 및 기관을 지칭할 때는 무관사가 사용되는 경향이 있긴 한데, 규칙적이지 못하고, 예외가 많이 있다.

(18) a. We suspected they were **in church**.
   b. There are 1500 seats available in **the church** right behind me.
   c. That is not to say that no one has gone to **jail** for violating the Foreign Corrupt Practices Act[4].
   d. **The jail** was built for about 800 inmates[5].

---

[4] Foreign Corrupt Practices Act 미국의 해외부패방지법
[5] inmates 수감자

4) 일, 월, 계절 (Days, Months, Seasons)

계절을 나타내는데 무관사와 정관사가 의미 변화 없이 함께 사용된다. (19a)-(19c)처럼 날(days)과 달(months)은 무관사로만 사용되는 것이 일반적이다. (19d)-(19e)의 정관사와 수식어가 함께 쓰이면, 특정한 달과 날을 나타낸다. 마지막으로 (19f)처럼 구체적인 날짜를 의도하지 않을 때 부정관사가 흔히 사용된다.

(19) a. I think **April** is going to be the truth-telling month in our market.
b. An electrical engineer, Bush, 51, became chief executive and president in **January**, 2010.
c. Valentine said he would be evaluated further on **Monday**.
d. She knew he had spent **the August** before they met at a folk dance camp.
e. I would say that **the Friday** before she came was probably the last normal day for a while.
f. No one was allowed to drive on **a Sunday**.

5) 수송 및 교통 수단 (Transportation and Communication)

버스, 자동차, 택시, 기차와 같은 수송 수단이나, 전화, 메일, 팩스 등과 같은 의사소통 수단을 나타내는 명사가 전치사 ***by***와 함께 사용될 때는 (20a)-(20c)의 무관사로 사용한다. 그러나 ***by***가 아닐 경우는 (20d)-(20e)의 정관사나 부정관사와 함께 사용된다.

(20) a. I arrived at Doncaster[6] **by train**, but had to walk to Wallsford Downs.
b. When we talked **by phone**, he said it's unquestionably authentic.
c. Some of the necessities will have to be ordered **by mail**.
d. Numerous security guards **at the station** seemed ominous.
e. Can you send a list **through the mail**?

---

[6] Doncaster: 영국 잉글랜드 중북부 사우스요크셔 카운티(South Yorkshire county)의 보로(borough)

6) 병렬 구조 (Parallel Structures)

(21a)의 동일한 두 개의 가산명사나 또는 (21b)-(21d)의 의미적으로 관련 있는 두 개의 가산명사가 전치사나 등위접속사로 연결된 경우, 두 명사는 무관사를 취할 수 있다.

(21)　　a. They're homeless, and they're bouncing from <u>place to place</u>.
　　　　b. The difference between <u>father and son</u> was instantly evident.
　　　　c. A written fee agreement between <u>lawyer and client</u> is crucial to avoiding future fee disputes.
　　　　d. There is a pay gap between <u>men and women</u> doing the same job.

5.3 담화상의 한정사 선택

지금까지 살펴본 것과 같이 명사는 정관사, 부정관사 혹은 무관사와 함께 사용되는데, 이들 중 어떤 것이 사용되는가는 문맥적 상황이 결정한다.

1. 정관사 선택 문맥

이미 언급된 어떤 것을 지시하고자 할 때는 전형적으로 정관사 ***the***를 사용한다. 이것을 the의 대용어적인(anaphoric) 기능이라 한다. (22a)의 *a brother, a sister*는 첫 번째 언급이지만, 두 번째 언급할 때는 *the brother, the sister*로 언급하게 된다. 그러므로 (22b)처럼 두 번째 언급에서도 부정관사를 사용할 때는 앞에 언급된 '*a brother*'나 *a sister*를 지시하지는 않게 된다. 이때는 일반적인 의미의 형제와 자매를 지시하게 된다.

(22)　　a. Emily has **a brother** and **a sister**. **The brother** is a high school student. **The sister** is a doctor.
　　　　b. She has **a brother** and **a sister**. **A brother** can be a good friend to a younger sister. The same can be said for **a sister**.

두 번째의 정관사의 기능으로는 바로 눈에 보이는 상황에 구체적인 어떤 것이 있어서, 그것을 지시하고자 할 때는 첫 번째 언급이지만, 정관사를 사용한다.

(23)　　He's probably just afraid someone will ask him to pass **the salt**.

세 번째 기능으로, 화자와 청자가 동일한 단체나 집단에 속하기 때문에 주위의 상황에 대해 구체적인 지식을 공유할 수 있는 상황하에 있을 때에는 (24a)처럼 정관사를 사용한다. 조금 더 확장되어, 어떤 사물과 관련되어 있는 어떤 것을 언급할 때도 처음 언급임에도 불구하고 정관사를 사용할 수 있다. (24b)처럼 앞서 언급된 것이 SUV이므로 이와 관련된 *driver*, *passenger*를 언급할 때는 정관사를 사용할 수 있다.

(24)　　a. Principal: Your son stole money from **the cafeteria**. Dylan: They left it sitting out on the counter. It's kind of their fault.
　　　　b. In Tampa, security cameras captured an accident. An SUV slammed into a car. **The driver** and **the passengers** were injured.

네 번째 정관사 기능으로 총칭적 지시(generic reference)를 들 수 있다. 명사가 종족의 일원을 지시하고자 할 때를 총칭적 지시라고 하는데, 이때는 (25)처럼 세 가지 관사가 모두 가능하다. (25c)의 '정관사와 단수 가산명사' 형태는 실제 대화에서는 아주 드물게 사용되고, 전형적으로 아카데미 산문에서 사용된다.

(25)　　a. **Lions** are the king of beasts and eagles are the king of the air.
　　　　b. **A lion** is the king of beasts and an eagle is the king of the air.
　　　　c. **The lion** is the king of beasts and the eagle is the king of the air.

2. 문법적 정관사 선택

명사를 보다 구체적인 대상으로 만들기 위해, 정관사를 반드시 사용해야 하는 문법 상황이 있는데, 크게 아래와 같이 구별할 수 있다.

첫 번째로 관계절의 수식을 받는 명사의 경우, 부정관사나 정관사를 사용할 수 있긴 하지만, 정관사 사용을 일반적으로 선호한다. 이는 관계절을 사용해서, 그 명사를 조금 더 구체적으로 식별할 수 있게 되기 때문이다.

(26)　　I thought I'd learn about leadership only from **the women** we interviewed.

두 번째로, 전치사구가 명사를 수식하는 경우, 이 명사에는 정관사를 사용한다.

(27)　　The library at **the front** of the house had floor-to-ceiling bookcases.

세 번째로, 명사 다음에 'that-절'이 나타나서 명사를 구체화하고 있을 때, 이 명사는 정관사를 사용한다.

(28)　　a. What appealed to people was **the fact** that the songs were so extraordinary.
　　　　b. Bibi shrugs at **the suggestion** that the deductions could benefit her.

네 번째로, 최상급의 수식을 받는 명사에는 정관사를 사용한다.

(29)　　a. An elderly poet called me **the most** beautiful woman in the world.
　　　　b. 20 years ago, I became **the luckiest** man on Earth because Michelle Obama agreed to marry me.

다섯 번째로, 서수에 의해 수식받는 명사에도 정관사를 사용한다.

(30)　　a. It's almost time for **the last train**.
　　　　b. In **the first stage**, we plan to sell RCS services form 10-20 Rubles per month.

3. 숙어적 정관사

숙어적인 용법으로 정관사를 사용하는 경우를 세가지로 구분해 볼 수 있다. 첫째로, '명사구(NP) + 전치사구(PP)' 형태의 숙어에서 전치사구 내부의 명사는 정관사로 실현된다.

(31)   a. The positive feedback on his writing was a shot **in the arm** for him. He worked harder after that.
        b. Everybody said she acted just like her mother. She was a chip o**ff the old block**[7].
        c. She was no longer angry about what happened. It was all water **under the bridge**.

두 번째로, '타동사(transitive) + 정관사 명사구(definite NP)' 형태에서도 발견된다.

(32)   a. Their car was very old. They knew it would bite **the dust** soon.
        b. We need someone who knows what he's doing to lead **the way**.

세 번째로, '사람명사(personal noun) + 전치사구(PP)' 형태에서 전치사구 내부에 정관사가 실현된다.

(33)   a. Sitting all day at work drives her **up the wall**. She prefers to be active.
        b. He told no one of his decision beforehand. He wanted to keep everyone **in the dark**.

---

[7] a chip off the old block: 보통 좋은 의미로, "아버지를 꼭 닮은 아들", "조상의 피를 이어받은 사람"을 지칭

■ 연습문제 5.1

정관사 'the'가 이탤릭체로 된 표현에 사용된 이유를 말하시오.

a. Be careful! *The* children are watching all of us.
b. When I got to the bus stop, the K-4 had just taken off. It was two blocks away but *the exhaust fumes* still kicked into my nostrils.
c. I love this phone! *The* screen is a nice size and gorgeous, and the camera is excellent.
d. It was not easy to travel around the globe to a new land, and those who made *the* journey tended to be ambitious.
e. I never thought this was *the* journey that I would have to take.
f. *The first step* is to make the problem apparent.
g. This reflects *the fact* that CNN is not restricted to forwarding on a spanning tree.

■ 연습문제 5.2

다음 문장에서 정관사와 관련된 오류를 찾아서 왜 오류가 발생했는지를 설명하시오.

a. Have you seen the Doctor Billy yet?
b. I studied French at university.
c. The researchers were able to collect an information that provides a snapshot of the status of technology.
d. A: Can I help you with the project?
B: I don't need help – I need data.
e. These tests are administered in hospital under close supervision.
f. My son now raises his hand first in a class and is more confident in reading and math.
g. The mother of some boy looks at her as she hugs the wall.
h. All this information was transmitted by electronic mail to Warwickshire.
i. You check to make sure a homework is done.

제6장 형용사와 부사 Adjectives and Adverbs

이 장에서는 형용사와 부사의 다양한 의미적인 역할에 주목하면서, 이들의 문법적 특징들을 살펴본다.

6.1 형용사 (Adjectives)

형용사는 사물, 사람, 장소 등의 특성(properties)을 나타내는 표현들이다. 여기에서 특성이란 나이(*old, young*), 크기(*big, small*), 모양(*round, flat*), 무게(*heavy, light*), 색깔(*black, blue*), 장점이나 질(*good, bad*), 등과 관련된 표현들을 의미한다.

영어 형용사의 고유한 특징으로 세 가지를 들 수 있다. 첫 번째는 문법적 기능이다. 형용사는 명사를 수식하는 한정적인(attributive) 기능과 술어적 보어의 역할을 하는 술어적인(predicative) 기능을 수행한다.

(1)   a. 한정적 기능   an <u>innocent</u> man
                           <u>long</u> hair
                           <u>serious</u> news
    b. 술어적 기능   The man is <u>innocent</u>.
                           Her hair is <u>long</u>.
                           The news is <u>serious</u>.

두 번째는 정도(grade)에 대한 정보를 어미변화를 통해 명시한다는 것이다.

(2) a. She is young.
     She is youn<u>ger</u> than you.
     She is the youn<u>gest</u> of them all.
  b. This is interesting.
     This is <u>more</u> interesting than that.
     This is the <u>most</u> interesting one.

세 번째는 형용사 자체가 수식하는 기능이 있지만, 자신도 부사에 의해 수식을 받을 수 있다.

(3) <u>too</u> naive   <u>remarkably</u> smart   <u>extremely</u> useful

1. 형용사와 명사

형용사와 명사를 구분 지어주는 특징을 세 가지 측면에서 살펴볼 수 있다. 첫째는 어미변화인데, 명사는 복수형 어미변화를 하는 반면, 형용사는 비교급과 최상급에 어미변화를 한다. 두 번째로 명사는 관사와 함께 나타날 수 있지만, 형용사는 그렇지 않다. 세 번째로 명사와 형용사는 공통된 기능이 있다. (4)의 몇몇 형용사는 명사구에서 수식어(modifier)와 중심어(head)의 두 가지 기능을 동시에 수행한다.

(4) a. The first version wasn't very good but <u>the second</u> was fine.   단순명사
     b. I couldn't afford even <u>the cheapest</u> of them.   부분명사
     c. This tax cut will benefit only <u>the rich</u>.   특수명사

2. 형용사와 동사

형용사와 동사가 가끔 중의적인 의미(ambiguity)를 나타내는 경우가 있다. 특히 동사가 과거 분사나 현재 분사형태일 때, 동사와 형용사의 의미 해석을 동시에 줄 수 있다.

(5) a. He is also entertaining.   b. My finger's bone was broken.

(5a)의 *entertaining*이 동사 의미일 때는 '그도 현재 손님을 접대하고 있다'는 상황을 기술하는 반면, 형용사 의미일 때는 '그도 역시 즐거워한다'는 주어의 상태를 기술한다. 이 두 가지 중 어느 의미로 사용되는 문맥인지를 테스트하는 방법으로 *very*의 수식을 받을 수 있는 지와 또한 ***be***동사를 *seem, become*으로 교체할 수 있는 지를 통해 확인할 수 있다. 이들을 대체할 수 있다면 형용사적인 의미를 나타내는 환경이라 할 수 있다.

3. 정도 및 비정도 형용사(Gradable and Non-gradable Adjectives)

형용사는 정도를 명시할 수 있는 것과 명시할 수 없는 것으로 구분할 수 있다. 어떤 개체의 특성을 정도로 다양하게 나타내거나 수치화할 수 있는 것을 정도 형용사(gradable adjectives)라고 하는 반면, (6)의 그렇지 못한 형용사를 비정도 형용사(non-gradable adjectives)라 한다. 예문에서, 연방 세금(federal taxes)이라는 표현을 보면, 이 경우는 얼마만큼 연방적인지를 물어보는 것이 불가능하고, 또한 연방적인 속성은 수치화 할 수 없는 것이기 때문에 비정도를 나타내는 형용사로 분류하게 된다.

(6)   the chief drawback   federal taxes   my left leg
       a medical journal   their tenth attempt

이외에 예문 (7)처럼 정도와 비정도 형용사로 모두 사용될 수 있는 형용사가 있다. 이 경우에는 비정도 형용사의 의미가 전형적인 기본의미이고, 정도 형용사의 의미가 확대된 의미이다.

(7)   비정도 용법(Non-gradable use)   정도 용법(Gradable use)
       a. in the public interest   a very public dispute
       b. the British government   a very British style
       c. The bicycle path is now open.   It creates the illusion of a
                                                 more open eye.

4. 형용사구의 구조

형용사구는 형용사 단독으로 또는 하나 이상의 의존 표현으로 구성된다. 이 의존 표현들을 보충어(complements)와 수식어(modifiers)로 나눌 수 있다.

1) 보충어 (Complements)

형용사의 보충어는 대부분 (8)처럼 전치사구(PP)나 (9)처럼 종속절의 형태로 이루어진다.

(8)   **afraid** [of the monsters]
        bent [on remaking its image as a traveler's paradise]
        conversant [with these concepts]
        kind [to strangers]
        remote [from most people's direct experience]
        unaltered [by teacher education programs]

(9)   **glad** [that they're able to work together]
        uncertain [who she means]
        eager [to learn from him]
        busy [working as a librarian]
        difficult [for student to objectively evaluate themselves]

2) 수식어 (Modifiers)

형용사를 수식하는 수식어의 기능을 수행할 수 있는 것으로 부사(구)와 한정사, 전치사구, 명사구를 들 수 있다.

(10)   a. <u>extremely</u> hot
          <u>morally</u> wrong
          <u>almost completely</u> watertight[1]
        b. <u>this (that)</u> young
          no different

---

[1] 물이 스며들지 않는, 반박할 여지가 없는, 완벽한

　　　　　much better
　　　　　any smaller
　　　　　old enough
　　c. cautious to excess
　　　　　dangerous in the extreme
　　d. five years old
　　　　　two hours long
　　　　　a great deal smaller

5. 한정적 또는 술어적 기능의 제약

　대부분의 형용사가 한정적 또는 술어적으로 동시에 사용된다. 그러나 일부 몇몇 형용사는 이 중 한가지 기능만을 수행한다. 예문 (11)은 한정적 기능만을 수행할 수 있는 형용사인 반면, (12)는 술어적 기능으로만 사용되는 형용사이다.

(11)　　the damn fool
　　　　her eventual victory
　　　　former smoker
　　　　the future growth
　　　　the main problem
　　　　a mere conjecture
　　　　the putative father of her child
(12)　　The arctic sky was ablaze.
　　　　They seemed afraid.
　　　　Kate was alone.
　　　　Nothing is amiss.
　　　　I was devoid of calories.
　　　　You're liable to see video.

1) 수식 전용 형용사

　(13)처럼 수식어 위치에서 명사의 수식어로만 사용되는 형용사가 있는데, *drunken, erstwhile, eventual, future, mere, principal, utter* 등이 이에 속한다.

(13)　　a. The nurse received a handwritten letter from the **former** president.
　　　　b. *The nurse received a handwritten letter from the president who is **former**.
　　　　c. My immigrant grooved on the familiarity of being an **utter** stranger.
　　　　d. *In terms of being a stranger, he was **utter**.

　수식적인 용법으로 사용되는 몇몇 형용사의 경우는 명사의 어휘적 특징을 표현하는 문맥에서만 (14c)-(14d)처럼 서술적 용법으로도 사용된다. 만일 명사의 어휘 속성을 표현하지 않는 (14a)의 문맥이라면, 서술적 용법으로 사용되지 못하고, 수식적인 위치에만 나타날 수 있다. (14)의 형용사 **new**는 명사 *friend*의 내재적인 속성을 표현하는 것이 아니기 때문에, (14b)는 불가능한 반면, (14c) 문맥에서는 명사 *house*의 내재적인 속성을 표현할 수 있으므로 (14d)가 가능하다.

(14)　　a. His **new** friends
　　　　b. *His friends are **new**.
　　　　c. His **new** house
　　　　d His house is **new**.

　수식 전용으로만 사용되는 형용사를 구별해내는 일은 쉽지 않지만, 수식전용 형용사의 의미적인 측면을 고려해보면, 다섯가지 유형으로 구분할 수 있다. 먼저 정도의 형용사(adjectives of degree) 유형을 들 수 있는데, 이들은 개별 명사의 특징의 정도를 기술한다. (15)의 형용사 의미는 완벽한 정도 즉, 최고나 최하 등급 상태를 기술한다.

(15)　　a. an **absolute** fact　　　　b. a **complete** player
　　　　c. a **total** stranger　　　　d. **sheer** fabrics
　　　　e. a **definite** advantage　　f. the **extreme** pain
　　　　g. a **pretty** mess　　　　　h. a **real** help
　　　　i. a **very** fool　　　　　　j. a **true** believer

　두 번째는 양을 나타내는 수량형용사(quantifying adjectives)가 수식 전용 형용사의 유형에 속한다. (16)처럼 이 수량 형용사는 명사의 분량, 수량, 빈도를 명시한다.

(16)   a. the **only** reason   b. an **entire** year
        c. **occasional** pine trees   d. the **usual** suspects

세 번째 유형으로 시간과 장소의 형용사(adjectives of time and location)가 있다. (17)처럼 이 형용사는 명사를 특정한 시간이나 장소에 위치시켜두게 된다.

(17)   a. **future** generations   b. an **old** friend
        c. his **former** life   d. a **previous** record
        e. her **left** arm   f. the **northern** cities

네 번째 유형은 연관 형용사(associative adjectives)가 있는데, 이 형용사는 명사의 속성을 표현하는 것이 아니라 명사와 관련이 있는 어떤 개체를 통해서 명사를 기술한다. 예를 들면, 핵 물리학자(nuclear physicist)라는 표현은 물리학자의 속성이 핵이 라는 것이 아니라, 물리학자가 일하는 과학 분야를 기술한다.

(18)   a. a **astronomical** journal   b. **financial** planning
        c. a **romantic** novelist   d. a **public** official
        e. a **moral** dilemma   f. **domestic** affairs

마지막으로 (19)와 같은 합성 형용사(adjective compounds)가 있다.

(19)   a. grayish-blue   b. big-name   c. street-smart

2) 서술 전용 형용사

서술어 위치에만 나타나는 형용사는 세 가지 유형으로 분류할 수 있다. 하나는 접사 'a-'로 시작하는 형용사들로, *afloat, afraid, aghast, alive, asleep, awake* 등이 이에 속한다.

(20)   a. He told police he fell **asleep** at the wheel.
        b. *The **asleep** father stopped moving the carriage, and looked around restlessly.
        c. It'll be a miracle if he's still **alive**.
        d. *These **alive** women will always be with me.

두 번째는 보충어를 취하는 형용사를 들 수 있다. (21)에서는 'to-부정사(예, *able to run, liable to sue* 등)', '전치사구(예, *devoid of fear, fraught with tension* 등)', 'that-절'이 보충어에 해당된다.

(21)   a. If you smoke next to her, you are **liable** to be blinded by a flash of bright light.
        b. *The **liable** person has to pay.
        c. The marital life you describe seems **devoid** of passion on all sides.
        d. *They are **devoid** books.
        e. We're **proud** that our dream wasn't completely lost.
        f. *The **proud** dream wasn't lost.

마지막 유형으로 의료 상태나 건강을 나타내는 형용사는 술어전용으로만 사용되는데, *faint, ill, poorly, unwell, well* 등이 이에 속한다. 단, (22c)처럼 이런 형용사들이 부사에 의해 수식을 받을 경우(예, *a mentally ill patient*)는 서술적 위치에서도 사용된다.

(22)   a. 'I can do it,' a **faint** voice came from the interior of the bus.
        b. *The **faint** patient needs to be calm.
        c. How many days have you worked this season when you were injured or **ill**?
        d. *He took the **ill** person to the hospital.

3) 수식어 위치와 서술적 위치의 의미 차이

(23a)의 수식어 위치에 있는 형용사 *ecstatic*은 수영장으로 뛰어들어간 아이들

특징의 일부를 기술한다. 열광적이던 아이들이 수영장으로 뛰어들어갔던 문맥을 기술한다. 반면 (23b)의 서술적 위치에서는 '어떤 아이들이 있는데, 그 아이들의 특징은 열광적이었다는 의미를 기술한다.

구조적으로 설명하면, 수식어 위치의 형용사는 명사에 대한 정보를 기술하는 반면, 술어적 위치의 형용사는 문장 정보의 일부를 기술한다.

(23)   a. The **ecstatic** children jumped into the pool.
         b. The children were **ecstatic**.

6.2 부사(Adverbs)

부사라는 용어는 동사의 수식어 기능을 수행한다는 근거에서 만들어진 표현이다. 동사 이외에 형용사, 다른 부사, 한정사(determinatives), 전치사구, 명사구 또한 수식할 수 있다.

(24)   a. 한정사(Determinatives)
         <u>Virtually **all**</u> of them rejected the proposal.
         But <u>almost **no**</u> one knew what was really going on.
         b. 전치사구(PP)
         Hank Junior was another entertainer who was brought up <u>virtually **from**</u> infancy to perform.
         She was smiling <u>almost **with**</u> eyes of love, when he said it.
         c. 명사구(NP)
         <u>Virtually **all computers**</u> based on the Intel chip were Windows machines.
         <u>Almost **every child**</u> is going to feel that they're going to be visible.

이런 부사구의 내부 구조를 살펴보면, 형용사와 유사한 점을 많이 발견할 수 있다. 부사구도 부사 외에 의존요소(dependents)가 있는데, 이를 보충어와 수식어 두 가지로 구분할 수 있다. (25)는 부사의 보충어가 전치사구로 실현된 예문이다. 이들

은 형용사에서 온 부사이므로, 형용사에서 올 때 보충어까지 함께 온 예들이다. *similarly*가 *to other states' countries*를 보충어로 취하고, *happily*가 *for more than 24 years*를 보충어로 취하는 예문이다.

(25) 보충어로써 (as a complement)
    a. Alaska's boroughs function roughly <u>similarly to</u> other states' countries.
    b. They were married <u>happily for</u> more than 25 years, and had one son together.

(26)은 부사가 수식을 받는 품사 종류로, 부사, 한정사(determinatives), 전치사구, 명사구가 있다.

(26) 수식어로써 (as a modifier)
    a. She seems to do <u>very</u> well with it.   부사
       He walked <u>rather</u> hurriedly to her bed.   부사
       He explained them to the American people <u>remarkably</u> clearly.   부사
    b. I didn't do it <u>that</u> well.   한정사
       They arrived much sooner <u>than we had expected</u>.   전치사절
    c. They behaved badly <u>in the extreme</u>.   전치사구
       He didn't answer <u>at all</u> convincingly.   전치사구
    d. We arrived <u>three hours</u> late.   명사구
       It had all happened <u>a bit</u> suddenly.   명사구

1. 부사 유형

부사는 의미(meanings)에 근거해 다음의 유형으로 분류할 수 있다. 먼저 태도부사(manner adverbs)로, 동사의 동작이 어떻게(how) 수행되는지를 기술한다. *erratically, hesitatingly, loudly, methodically, quickly, quietly, slowly*와 같은 부사들이 이 유형에 속한다.

(27)   a. The user will **quickly** become annoyed and turn the system off.
       b. John walked onto the stage **slowly**.
       c. **Quickly** John chipped the ball into the penalty area.

d. Victor must have **accidentally** pulled the plug.
e. Dorris has been **carefully** cleaning the wound.

두 번째는 정도 부사(degree adverbs)가 있다. 정도 부사는 동사의 동작이 수행되는 정도(how much)를 기술한다. *awfully, barely, completely, dreadfully, enormously, extremely, greatly, hugely, infinitely, minutely, really, relatively, slightly, somewhat, thoroughly* 등과 같은 부사가 이 유형에 해당된다.

(28) a. This book was **enormously** influential.
      b. I've **completely** forgotten his name.
      c. I didn't **really** try to develop new methods.
      d. The utility of a quality appraisal tool is **somewhat** limited.

세 번째는 지속 기간부사(duration adverbs)가 있는데, 이는 *How long does the action go on?*에 대한 대답을 나타내는 부사로써, *briefly, momentarily, permanently, temporarily* 등이 이에 속한다.

(29) a. The peace agreement has at least **temporarily** halted the civil war.
      b. Einstein noted the encounter **briefly** in his diary.
      c. Cecily felt her breath **momentarily** stop at the sheer elegance of the gentleman below.

네 번째 유형은 빈도 부사(frequency adverbs)로, *always, constantly, continually, never, occasionally, often, regularly, sometimes, usually* 등이 있다.

(30) a. They **often** spent Christmas at Prescott Hill.
      b. One **always** hears rumors.
      c. **Sometimes** an answer is hard to find.
      d. Martha has seen that movie **twice**.

다섯 번째로 시간 부사(time adverbs)가 있는데, *already, earlier, later, now, subsequently, then* 등이 이에 속한다.

(31)   a. I **already** told you not to come over.
       b. We would **then** have called a specialist.
       c. Jones is feeling better **now**.
       d. This topic has **subsequently** emerged as one of increasing interest.

여섯 번째 유형은 도구 부사(instrumental adverbs)가 있다. 무슨 수단(*by what means was this done?*)으로 동사의 동작을 수행했는지를 표현한다. *mechanically, hydraulically* 등과 같은 표현이 있다.

(32)   a. This observation may be **mathematically** proved basing on the Jordan curve theorem[2].
       b. Therefore the experimental groups drive the liquid metal **mechanically**.
       c. More than 90 percent of the oil and gas wells in Colorado are **hydraulically** fractured.

일곱 번째는 장소 부사(location adverbs)로, *locally, abroad, inside, here, outside, there* 등이 이에 속한다.

(33)   a. Basil's favorite drink is **locally** brewed ale[3].
       b. Drink a lot of water when you watch the games **outside**.
       c. Frank lost three plastic worms **there**.

다음은 가감 부사(additive and restrictive adverbs)가 있다. 이 유형은 추가적인 어떤 것이 이루어졌는지 또는 어떤 것이 다른 어떤 것에 추가되었는지를 보여주는 부사들이다. *also, as well, even, too, exclusively, just, merely, only, purely, solely*

---

[2] Jordan curve theorem (수학) 조르당 곡선 정리(定理): 평면상의 단일 폐곡선은 그 평면을 2개의 영역으로 나눈다고 하는 정리.
[3] brewed ale 양조맥주

등이 이에 속한다.

(34)   a. Apple iPhones were the most popular type of phone that the thieves **also** took.
        b. The thief took the Apple iPhones **too**.
        c. You can **only** get off at this bus stop.

다음은 동작 관련 부사(act-related adverbs)로 동사의 동작에 대한 배경(즉, 동작을 하게 된 배경)이나 동기를 표현한다. *deliberately, expressly, knowingly, voluntarily, willfully* 등이 있다.

(35)   a. Some felt the new tax was **deliberately** aimed at the middle class.
        b. I was afraid you might think I had gone to the library **expressly** to see you.
        c. He winked **knowingly** at her mother.

열 번째 유형은 입장 부사(stance adverbs)가 있다. 이 유형은 특별한 종류의 동작 관련 부사에 해당한다. 즉, 절이 기술하는 내용에 대한 화자의 입장 또는 판단을 표현하는 부사들이다. (36a)와 (36b)는 '바보스럽게도', '안타깝게도'라는 표현은 앨리스가 거위를 죽이려고 하는 행동에 대한 화자의 입장을 나타내는 표현이고, 랜달의 기사가 최악이라는 화자의 입장을 표현한 것이다. (36c)와 (36d)는 화자의 확신(undoubtedly)이나 불확실성(probably)을 표현한다. 이외의 입장 부사를 (37)처럼 추가적으로 세부 하위유형을 분류한다.

(36)   a. Alice acted **foolishly** in killing the goose.
        b. I think Mr. Randall's article is **regrettably** abysmal.
        c. His motive was good, but he was **undoubtedly** reckless.
        d. They are **probably** in the refrigerator.

(37)   a. 확신 표현: *arguably, assuredly, decidedly, definitely, incontestably, incontrovertibly*
        b. 의심의 정도: *conceivably, imaginably, maybe, perhaps, possibly*
        c. 객관성 표현: *allegedly, apparently, purportedly, reportedly*

d. 한 명제가 보편적인 주장이라는 것을 표현: *generally, largely, typically*
e. 한 명제가 사실이라는 것을 표현: *in fact, for a fact, really, truly*
f. 한 명제가 화자입장에서 사실이라는 것 표현: *in our opinion, in our view, from our perspective*
g. 한 명제가 부정확해서 화자가 단호함을 피하려는 표현: *sort of, kind of, roughly*

마지막으로 연계부사(connective adverbs)로, *additionally, alternatively, moreover, therefore* 등이 이에 속한다. 한 문장을 다른 문장과 부드럽게 연결하는데 사용되는 부사들이다.

(38)　The use of hydrogen would reduce the price of fuel for vehicle. **Additionally,** it would be good for the environment.

■ 연습문제 6.1

다음 〈A〉와 〈B〉를 읽고 물음에 답하시오.[4]

〈A〉 동사구 앞에 나타나는 부사는 종종 수식범위(scope)에 따라 다르게 행동한다. (1a) 문장의 부사 'usually'는 (1b)와 (1c)로 바꿔 쓸 수 있다. (2a)와 (2b)의 구조를 사용해서 두 개의 구문으로 바꿔 쓰기를 할 수 있다.

(1) a. John usually comes late for class.
　　b. It is usual that John comes late for class.
　　c. It is usually the case that John comes late for class.
(2) a. It be ___X___ that _____Y_____.
　　b. It be ___X___ the case that_____Y_____.

---

[4] 2015학년도 임용고시 기출문제

(2a)에서 X는 부사의 형용사 형태를 나타내고, Y는 원래 문장의 나머지 부분을 나타낸다. (2b)에서 X는 부사를 나타내고 Y는 원래 문장의 나머지를 나타낸다. 반면 'carefully' 같은 부사는 (3)처럼 바꿔쓰기 할 수 없다.

(3) a. John carefully drives his car in winter.

b. *It is carefully that John drives his car in winter.

c. *It is carefully the case that John drives his car in winter.

⟨B⟩
(i) John <u>rarely</u> talks with philosophers.
(ii) The fish <u>slowly</u> swims.

⟨A⟩의 두 가지 유형의 부사에 대한 토론에 근거해, ⟨B⟩의 줄 친 부사의 유형을 말하시오. 그리고 (2)의 유형을 사용해서, (i)과 (ii)의 바꿔 쓰기를 통해 유형을 증명하시오.

■ 연습문제 6.2

다음 문장에서 부사 표현들의 유형을 말하시오.

a. This book was enormously influential.

b. The use of hydrogen would reduce the price of fuel for vehicle. Additionally, it would be good for the environment.

c. He kind of looked at the TV quite with a puzzled look on his face.

d. We have a very healthy family, and we rarely go to the doctor.

e. Conservative foundations have wisely avoided confining their financial support to conservative think tanks.

f. When metaphors were used in rhetorical settings, they were typically employed as emotive tools.

g. Holding its gaze, he slowly turned to pick up his carrying dish and leave.

h. She knew he'd deliberately waited to call her.

i. We now see tangible evidence of their success.

j. This should only be considered if drugs and more conservative treatments have been ineffective.

■ 연습문제 6.3

다음 각 문장이 문법적인지 또는 비문법적인지를 판단하시오. 또한 비문법적인 문장일 경우 왜 그렇게 판단하는지를 설명하시오.

a. The eventual winner is the first to cross the finish line.

b. The asleep father stopped moving the carriage, and looked around restlessly.

c. Many bankers are aghast at the new regulations.

d. Now, do you think the ill person is going to check that box?

e. You might just have to find a full-time job.

제7장 전치사 Prepositions

이 장에서는 전치사의 기능(function)에 따른 분류와 의미(meaning)에 근거한 분류에 중점을 둔다. 전치사 범주에 속하는 표현들은 다음과 같다.

(1) 영어 전치사 표현

above	across	after	against	at	before	behind
below	between	beyond	by	down	for	from
in	into	of	off	on	over	round
since	through	to	under	up	with	without

7.1 전통적 분류에 따른 특징

전통적으로 전치사는 명칭에서 알 수 있듯이, 무언가의 앞에 위치하는 단어들을 말하며, 이 무언가에 속하는 단어들은 일반적으로 명사구이다. 구조적으로 전치사는 명사구를 보충어(complement)로 취하며, 시간(time)과 공간(space)에 관해 기술한다. 이 기준에 의해 전치사를 구분해보면 (2)처럼, 동일 표현이 전치사인 경우와 전치사가 아닌 경우로 구분된다.

(2)   전통적 전치사   전통적 비전치사
     The sun sank below the horizon.   I went below.
     I haven't seen her since Easter.   I haven't seen her since she left town.

They set off despite the rain.   We stayed indoors because of the rain.
#He jumped out the window.   He jumped out of the window.
She went abroad the liner.   She went abroad.
He sat outside her bedroom.   He sat outside.

문장에서 전치사의 기능을 고려해 볼 때 나타날 수 있는 위치를 명사 의존요소로, 동사 의존요소로, 그리고 be동사의 술어보어 위치로 나눌 수 있다.

(3) 명사 의존요소   동사 의존요소   Be동사보어
     a house at the beach   He saw her at school   He is at lunch
     the chair in the corner   She fell in the pool   We were in the pool
     the woman from Paris   She comes from Paris   She is from Paris
     a bottle of milk   I don't approve of it   That is of interest

이런 의미적 및 문법적 측면에서 전치사를 규정하면, (4)처럼 각기 다른 환경에서 동일한 전치사를 발견할 수 있다. 먼저 명사구 앞에 위치할 수 있고, 종속절 앞에 위치하고, 마지막으로 단독으로 나타날 수 있다. 이러한 세 가지 환경에 나타나는 *before*를 전통적인 분류기준에 따라 분류하면, (4a)는 전치사(preposition)로, (4b)는 종속접속사(subordinate conjunction), 그리고 (4c)는 부사로 분류하게 된다.

(4)   a. NP   We left before the last act.
      b. Clause   That was before he died.
      c. No complement   I had seen her once before.

(5)에 있는 표현들은 보충어로 절(clause)을 가진다. (5c)의 특징은 문장에 사용될 때, 자신만의 독립된 의미(independent meaning)를 가지지 않고, 다음에 오는 요소가 절이어야 한다는 것을 나타내는 표시자(marker) 기능만을 수행한다.

(5)   a. after   before   since   till   until
      b. although   because   if   lest

	provided	though	unless
c. if		that	whether

(6)에 있는 표현들은 (4a)와 (4c)처럼, 명사구를 보충어로 가지거나 명사구 없이 홀로 사용되는 예들이다. (7)은 명사구를 보충어로 가지지 않는 표현이지만, 전치사처럼 명사 다음에 나타나거나 술어적 보어위치에 나타나는 표현들이다. (7b)는 전치사를 보충어로 취하는 표현들이다.

(6)	abroad	above	across	after	along	behind	below
	beneath	beyond	by	down	in	off	outside
	over	past	round	since	up	through	under
(7)	a. abroad	downstairs	here	outdoors	overboard	overseas	there
	b. ahead	because	instead				

그런데 이런 문법적 현상은 (8)의 *know* 동사에서도 발견된다. (8a)에서는 명사 앞에 위치해 있고, (8b)는 절 앞에서, (8c)는 보충어 없이 단독으로 나타났다. 그렇다고 해서, 다른 위치에서 나타나는 단어 *know*에 부여하지는 않는다.

(8)   a. We <u>know</u> the last act.
        b. I <u>know</u> that he died.
        c. Yes, I <u>know</u>.

전통적인 전치사 분류방식에 따르면, 동일한 *before*에 각각 다른 품사를 부여해야 하는 반면, 세 가지 위치에 나타나는 *before*의 품사를 동일하게 '전치사'로 부여하는 방식은 각기 나름에 장점이 있다.

7.2 전치사의 기능

전치사는 시간 및 공간과 관련된 기본적인 의미(basic meanings)를 가지고 다양한 문법적인 기능을 수행하는 문법 단어이다. 전치사는 문법기능자로써의 전치사와 시공간을 명시하는 전치사로 양분할 수 있다.

1. 문법기능 전치사

문법기능 전치사는 (9)처럼 시공간을 표현하는 것이 아니라, 특정한 문법기능을 명시하는 것이다. (9a)는 수동문에서 *by*는 능동태의 주어를 명시한다. (9b)의 *of*는 보충어 명사가 명사구 내에서 주어의 의미(The president suddenly died)를 전해주고 있음을 명시한다. (9c)-(9e)의 *to, for, on*은 각각 동사의 보충어(complements)라는 것을 명시해 주는 표시자의 기능을 수행하고 있음을 알 수 있다.

이들에게서는 공간이나 시간의 의미는 전혀 발견되지 않는다. 단지 문장에서 다음에 있는 명사구가 수행하는 특정한 문법기능(grammatical functions)을 명시해주는 역할을 하므로, 이때 이들이 생략되거나 다른 전치사로 대체되면 전체 문장이 비문법적인 문장이 되거나 다른 의미의 문장이 되게 된다.

이 문법기능을 수행하는 전치사는 다른 품사들과의 문법적 관련성이 있기 때문에 존재하게 된다. 즉, (9c)의 경우는 동사 *transfer*가 전치사 보충어로 *to*전치사구를 요구하는 것이고, (9d)의 경우는 명사 *request*가 *for*전치사를 요구하는 것이다. 전치사 *to*나 *for*가 가지고 있는 독립적인 의미를 전달하기 위해 쓰인 전치사구와는 다르다는 것을 예문 (10)을 비교함으로써 확인할 수 있다.

(9) a. The town has been under attack **by** rebel groups[1] for a week now.
   b. The sudden death **of** the president has thrown the country into chaos.
   c. He has already transferred ownership of most of the works **to** a British foundation.
   d. France had agreed to his request **for** political asylum[2].
   e. I got quite keen **on** the idea.

---

[1] rebel groups 반군단체
[2] political asylum 정치망명

2. 장소 및 시간 전치사

시간과 장소의 관계와 관련된 의미를 전달하는 기능이 전치사의 고유한 기능이다. 예문 (10a)에서는 전치사 *by*가 (9a)와는 다른 기능을 수행한다. 이 경우 반드시 *by*만이 와야 하는 문법적 근거도 없이, 독자적 의미만을 전하는 기능을 하고 있고, (10b)와 같이 다른 전치사를 대체해도 문법성(grammaticality)에는 차이가 없다. (10c)도 방향의 의미를 전달하므로 (10d)의 전치사로 대체하는 것이 가능하다.

(10)   a. They sat <u>by</u> the door.   b. They sat <u>opposite</u> the door.
        c. They went <u>to</u> Paris.   d. They went <u>across</u> Paris.

7.3 전치사의 전치 이동 (Preposition Fronting)

특정 구문에서 전치사의 보충어인 명사구가 문장 앞으로 이동할 수도 있는데, 이때 전치사만 남겨지는 구문이 형성된다. 이 전치사를 좌초(stranding) 되었다고 말한다. 이 현상은 (11a)-(11b)의 의문문과 (11c)-(11d)의 관계절에서 볼 수 있다. 반면, (11b)와 (11d)의 전치사는 명사와 함께 문두로 이동했다. 이 전치사는 전치(preposition fronting)되었다고 한다.

(11)   a. <u>Who</u> did they vote <u>for</u>?
        b. <u>For whom</u> did they vote?
        c. I can't find the book <u>which</u> she was referring <u>to</u>.
        d. I can't find the book <u>to which</u> she was referring.

전치사의 전치 이동이 가능한 (12)의 경우가 있는 반면, 그렇지 못한 (13)의 경우가 있다. 먼저 전치사의 좌초현상(preposition stranding)은 세 가지 문법적인 환경에서는 불가능하다. (12a)의 전치사구 *to which*는 출처가 *was stolen*의 **주어 자리**에서 이동된 것이라면 (12a')의 전치사 좌초는 불가능하다. 두 번째는 (12b)의 전치사구

*after which*가 절 내부에서 보충어의 기능이 아니라, 시간을 나타내는 **부가어(time adjunct)** 기능을 수행하고 있다. 이 경우 (12b')처럼 전치사 좌초는 불가능하다. 세 번째로 (12c)에서 전치사구 *in what way*가 역시 부가어로 사용되었는데, 특히 **태도 (manner) 부가어**의 경우 전치사 좌초가 불가능한 환경이 만들어진다.

(12)   a. This is the safe to which the key was stolen.
        a'. *This is the safe which the key to was stolen.
        b. I have a lecture ending at two after which I'll be free all day.
        b'.*I have a lecture ending at two which I'll be free all day after.
        c. In what way am I annoying you?
        c'. *What way am I annoying you in?

전치사 전치 현상(preposition fronting)이 허용되지 않는 문법 상황도 존재한다. (13a)에서 전치사 *on* 다음의 위치에 의문문이 위치해있다. 이 경우 (13a')의 **의문문 절의 전치사**는 전치가 불가능한 문맥이 된다. 두 번째 (13b)의 의문문에 *what for*라는 **숙어표현**이 나타난 경우 역시 (13b')처럼 전치 현상이 불가능하다. 마지막으로 (13c)의 **특정 전치사와 결합하는 동사**의 경우 전치사 전치 현상이 불가능하다. 이런 동사는 *consist of, transfer to* 같은 동사구가 있다.

(13)   a. That depends on who I give it to.
        a'. *That depends on to whom I give it.
        b. What did you hit me for?
        b'. *For what did you hit me?
        c. Which metals does it consist of?
        c'. ?Of which metals does it consist?

7.4 전치사구의 구조

전치사구는 전치사가 반드시 있어야 하고, 추가로 전치사의 보충어나 수식어가 존재할 수 있다. 먼저 전치사의 보충어로 나타날 수 있는 표현들을 (14)에서 확인해 볼 수 있다.

(14a)에서 전치사구는 동사 다음에 위치하고 있고, 전치사 내부는 전치사와 '명사구(NP)'로 구성되어 있으며, 이 명사구는 문장의 목적어 역할을 하는 구조이다. (14b)에서 전치사구는 술어적 보어(predicative complements) 자리에 나타나 있고, 전치사구 내부는 명사구(NP) 또는 '형용사구(AP)'로 되어 있다. 여기에서 전치사의 보충어로 '형용사구'도 허용되는 것을 확인할 수 있다.

(14) a. Object NP   I was talking <u>to a friend</u>.
                                  I'm looking <u>for my glasses</u>.
     b. Predicative   I regard her <u>as a friend</u>.
                                  I took him <u>for dead</u>.
     c. PP   I stayed <u>until after lunch</u>.
                                  <u>According to Ed</u>, it's a hoax.
     d. AdvP   It won't last <u>for long</u>.
                                  I hadn't met her <u>till recently</u>.
     e. Clause   I left <u>because I was tired</u>.
                                  We agreed <u>on how to proceed</u>.

(14c)의 전치사구는 부가어 기능을 수행하며, 내부 구조는 전치사가 또 다른 전치사구와 결합되어 있다. (14d)의 전치사구 내부 구조는 전치사 또는 부사구(AdvP)로 구성되어 있다. 이 경우는 흔히 발견되는 예는 아니지만, *before long, for later, until recently* 등과 같은 표현들이 사용된다. (14e)의 전치사 내부 구조를 보면, 전치사의 보충어로 종속절이 나타난다.[3]

여기에서 전치사 ***ago***의 특이한 문법 특징을 살펴보자. 이 전치사는 결합하는

---

[3] 이외에 전치사가 보어를 취하지 않는 '*abroad, downstairs*' 등도 있음을 앞서 살펴보았다.

명사구의 위치가 전치사 뒤가 아니라, 앞에 위치한다. 이 *ago*가 형성하는 구를 '부사구'가 아니라 '전치사구'로 간주하는 근거는 (15)에서 확인 할 수 있다. (a)에서 동사 *spent* 다음에는 명사구가 가능하지만 (a')의 부사구나 전치사구는 불가능하다. (b)의 동사 *arrived* 다음은 명사구가 아니라 (b')의 전치사구가 허용된다. (c)-(c')은 주어 술어보어와 목적어 술어보어 위치이므로 전치사구인지 부사구인지 구분하기 힘들다. 이를 통해 *ago*가 형성하는 구가 부사구라기 보다는 전치사구로 간주하는 것이 더 타당하다.

(15)   a. I spent <u>two weeks</u> in Paris.   a' *I spent <u>two weeks ago</u> in Paris.
        b. *She arrived <u>two weeks</u>.   b'. She arrived <u>two weeks ago</u>.
        c. I recall his behavior <u>two weeks ago</u>. c'. That was <u>two weeks ago</u>.

7.5 전치사구의 수식어

전치사구의 수식어로 (16)의 명사구와 부사가 있다. (16a)의 정도를 측정하는 명사구(NPs measuring the extent)는 시간과 공간의 전치사를 수식할 수 있어서 *a few minutes*가 전치사구 *before the end*를 수식하고 있다. 또한 (b)-(d)의 *just, directly, soon, shortly, way* 등의 부사(adverbs)들도 이 정도 측정을 표현하여, 전치사구를 수식한다.

(16)   a. We had to leave <u>a few minutes before the end</u>.
        b. It landed <u>way behind us</u>.
        c. We went <u>straight home</u>.
        d. It all seemed <u>completely out of this world</u>.

7.6 전치사의 생략 (Deletion of Prepositions)

전치사가 생략이 가능한 경우가 있다. 먼저, 특정한 동사가 전치사를 생략할 수 있는데, 이때 미묘한 의미적 차이가 발생한다. 전치사가 생략되지 않는 예문 (17b)는 동사 *believed*와 목적어 *that* 사이에 거리감(distance)을 유발시킬 수 있다.

(17)   a. John believed that.
        b. John believed in that.

다음은 전치사 *for*가 지속기간을 명시할 때 생략 가능하다.

(18)   a. She's been preaching here (for) 14 years.
        b. (For) how long had she been pushing away?

날짜를 나타내는 전치사 *on*도 생략 가능한 경우가 있다.

(19)   She was planning to return the next day, (on) Sunday.

시간 표현이 *last, next, this* 등의 표현과 함께 사용될 때 또는 단어 어휘자체가 이미 시간을 명시하는 경우에 전치사는 반드시 생략한다.

(20)   a. Bush aides have been busy (*on) last night.
        b. You were busy (*on) this weekend, weren't you?
        c. We hope the zoo will be open (*on) tomorrow.

장소 표현 가운데 *home, downtown* 등의 표현 또는 *here, there* 등의 표현이 방향의 의미로 사용되는 경우 생략한다.

(21)   a. I went (*to) home and lay motionless for hours.
       b. I don't want to go (??to) there.

7.7 전치사의 의미

기본적으로 영어의 전치사는 여러 개의 의미를 소유한 다의어이다. 이로 인해 하나의 전치사를 선택했을 때, 의미가 무엇인지를 간단명료하게 대답하는 것은 쉬운 일이 아니다. 예컨대 전치사로서의 *over*를 보면, 적어도 아래의 여섯 가지 상황에서 각기 다른 의미를 보유할 수 있다.

(22)   a. He looked at himself in the mirror **over** the table.
       b. Joe passed his hand **over** his face and looked puzzled.
       c. Mix the ingredients and pour **over** the mushrooms.
       d. I met George well **over** a year ago.
       e. Staff at some air and sea ports are beginning to protest **over** pay.
       f. The first time we had contact with her was **over** the phone.

1. 의미 역할 (Thematic Roles)

지금까지는 전치사는 한 문장에서의 문법적 기능에 따라 기능 표지자의 전치사와 시공간 의미 전달자의 전치사로 구분하였다. 이 부분에서는 이 두 가지 기능을 수행하면서, 다의어 속성을 지닌 전치사의 전형적인 의미(prototypical meaning)를 어떻게 도출할 수 있는지 생각해 본다.

이를 위해 문법학자들이 발전시켜온 의미 역할(thematic roles)의 개념을 이용한다. 이 의미 역할이라는 개념은 한 문장에 나타나 있는 명사(들)은 동사와의 관련성에 따라 수행하는 기능이 다르다는 것인데, 이 역할이 다양한 의미를 명시하는 도구가 될 수 있다. 이를 통해 전치사의 의미를 도출하는 방법은 기본적으로 전치사(구)의 의미는 한 문장 내에서 결정된다는 것을 전제로 한다. 전치사의 개별어휘의 의미에 의해서가 아니라. (23a)의 주어 명사구 *the goalie*는 동사 *caught* 동작의 행위자라는 의미 역할을 가지는 반면, (23b)는 이 행위자 의미 역할을 주어 명사구 *the ball*이 아니라, 전치사 *by* 내부에 있는 명사구 *the goalie*가 가진다.

(23)   a. The goalie caught the ball.
          b. The ball was caught by the goalie.

마찬가지로, 전치사구 내부에 있는 명사구의 의미 역할도 생각해 보자. 전치사구 내부에 있는 명사구는 동사와의 의미적 관련성이 직접적으로 연계되지 못하고, 전치사구를 통해서 이루어진다. (24a)의 *the school library*는 이 문장 내에서 동사와의 관련성을 볼 때, 출처(source)의 의미 역할을 수행하는데, 이는 명사구 앞에 있는 전치사 *from*을 통해서 포착된다. 전치사 *from*을 *to*로 바꾼다면, *the school library*의 의미 역할은 목표(goal)로 바뀐다. 이것이 의미하는 바는 전치사 *from*과 *to*의 의미는 출처(source)와 목표(goal)라는 의미 역할을 통해서 도출된다는 것이다. 결과적으로 한 전치사의 의미는 이것과 관련된 의미 역할(thematic roles)을 통해서 이해될 수 있다.

(24)   a. I took the journal from the school library.
          b. I took the journal to the school library.

2. 문법기능 전치사의 의미

이 부분에서 문법 기능을 수행하는 전치사들의 의미를 의미 역할을 통해 도출해 보자. (25a)의 *to his wife*는 문장 내에서 간접 목적어의 기능을 수행하므로, 동사와의 관련성을 연계해 보면 목표(goal)의 의미 역할을 도출할 수 있다. 이 의미 역할은 (c)의 부사 *upstairs*에서도 도출된다. 마찬가지로 (b)와 (d)도 문법기능의 전치사이고, 동사와 연계해 보면 도구(instrument)의 의미 역할을 도출할 수 있다.

(25)   a. He sent a basket of exotic fruit and a card to his wife.
          b. These wine glasses were made by hand.

c. He went <u>upstairs</u>.

d. The ubiquitous gaufrette potato chips cannot be sliced <u>with a knife</u>.

3. 공간 및 시간 전치사의 의미

공간과 시간 전치사의 의미가 어떻게 의미 역할의 개념을 통해 기술될 수 있는지를 이 부분에서 살펴보자. 공간표현 전치사의 기능은 '사물들을 공간 속에 두는 것'인데, 이때 공간은 고정된 장소(static location) 또는 장소 변화(change of location)로 양분될 수 있다. 장소 변화에도 근원지(source: initial location)로 부터의 움직임과 목표(goal: final location) 지점으로 향하는 움직임으로 양분되어 명시될 수 있다.

어떤 전치사는 이 세 가지 가운데 특정한 어느 하나만을 명시하게 되지만, 대부분의 전치사들은 하나 이상의 의미를 기술한다. 고정된 장소를 명시하는 전치사가 움직임을 나타내는 동사와 함께 사용되면 목표(goal)로 향하는 이동을 명시하기도 한다. 반대로 출처(source)를 나타내는데 사용된 전치사가 움직임이 없는 동사와 함께 사용되면 고정된 장소를 명시하기도 한다.

(26a)-(26b)의 전치사는 각각 고정된 장소(fixed location)를 명시하고 있으며, (26c)-(26d)는 근원지(source)를 기술하는 장소의 변화를 나타낸다. (27a)의 전치사 ***away***는 고정된 장소를 명시하는 반면, (27b)는 근원을 명시하여 장소의 변화를 나타내는데, 이는 이 전치사가 사용된 동사와의 관계성을 통해 도출되는 의미이다. (27c), (27e), (27g)에서는 고정된 장소의 의미 역할을 하는 전치사가, (27d), (27f), (27h)에서는 동작동사와 함께 결합하여 장소 변화의 의미 역할을 수행한다.

(26)   a. She leaned <u>against the wall</u>.

        b. I put one of the cushions <u>behind his head</u>.

        c. The results were taken <u>from six surveys</u>.

        d. I walked <u>out of the house</u> at 6:00.

(27)   a. He works <u>away from home</u> during the week.

        b. The dog galloped <u>away from its owner</u>.

        c. The post office is just <u>off the road</u>.

　　　　d. The car ran off the road and rolled.
　　　　e. I plan to stay at home for two weeks.
　　　　f. Treatment should be aimed at the current symptoms.
　　　　g. I realized that they were under water now.
　　　　h. Julia crept under the dining-room table.

　고정된 장소를 나타내는 전치사의 경우, 장소의 규모에 따라 다른 전치사를 사용하기도 한다. *in*은 큰 규모의 장소에, *at*은 상당히 구체적인 장소에 사용된다. 고정된 장소는 (28a)처럼 사물의 고정된 위치를 나타내거나 (28b)처럼, 한 지점에서 대상 지점으로 가는 길에서 그 방향의 종료지점(endpoint)을 기술하기도 한다.

(28)　　　a. Mists hang over the quiet water in early morning.
　　　　b. The house lies just over that hill.
　　　　c. A large snake lay across our path.
　　　　d. They live across the river.

　(28a)의 전치사는 안개가 잔잔한 수면 위에 걸쳐있는 고정지점을 명시하고 있고, (28c)는 뱀의 위치가 우리 길 맞은 편이라는 것을 나타내는 반면, (28b)의 전치사는 집이 있는 곳으로 가기 위해서는 그 언덕을 걸쳐가야 하는 장소를 명시하고, (28d)는 그들이 살고 있는 곳에 도달하기 위해서 강을 가로질러 가야 하는 장소를 명시한다. (28b)와 (28d)의 대상 장소인 '집'과 '그들이 사는 곳'은 그 언덕이 있는 장소의 끝 지점이나 강을 가로 질러 있는 끝 지점을 가리킨다. 이를 종료지점(endpoint)이라 한다.
　장소의 변화(change of location)는 (29a)처럼 근원지부터 목표 장소로의 움직임을 나타내는 전치사가 있고, 동작동사와 함께 사용된 문맥에서 *across, by, over, past, through, under* 의 전치사들은 (29b)처럼 최종 종료장소로 향하는 길에서의 '중간 임시장소(intermediate, temporary location)'를 표현한다.

(29)   a. We went from Amsterdam to Seoul.
        b. The ripe apple fell off the table, onto the floor, and rolled under the bed.

장소를 나타내는 전치사도 다른 의미를 나타내기도 한다. 먼저 전치사 *from*은 '원인(causal meaning) 의미 역할이나 질병(diseases), 물리적 어려움의 의미 역할을 나타낸다. 또한 설득과 절제 동사와 함께 사용되어, 어떤 동작의 출처 표시자(source indicator)의 의미 역할부터 절제 동작 표시자(abstention indicator)의 의미 역할을 나타내기도 한다.

(30)   a. He died from bird flu.
        b. I heard the bad news from her.
        c. She learned a lot from her father.
        d. The police have been trying to prevent them from carrying weapons.

공간을 나타내던 전치사가 시간의 의미도 나타낼 수 있는데, 전치사 *at*의 경우 (31)처럼 정해진 시간을 나타낸다.

(31)   a. I saw you at the store exit.
        b. I had to be there at noon to catch the bus.

마찬가지로, 전치사 *by*도 인근 장소의 의미를 나타내는데, (32)처럼 시간의 의미로도 사용된다.

(32)   a. Judith was sitting in a rocking-chair by the window.
        b. He reached Istanbul by June, 1906.

4. 도구의 의미 역할

도구의 의미 역할을 전달하는 가장 전형적인 전치사는 (33)의 *by*와 *with*이다.

(33) a. The house is heated by gas.
   b. All lectures are delivered by satellite.
   c. Doctors are treating him with the drug AZT.
   d. Cut it with a knife.

이 전치사는 (34)의 교통수단, 접근방식, 원인 등의 의미 역할도 나타낸다. 또한 (35)와 같은 의미로 확대되어 사용되기도 하며, (36)처럼 숙어적으로도 사용된다.

(34) a. The all-female yacht crew made history by becoming the first to sail round the world.
   b. We'll be travelling by car.
   c. The thief came in by the window.
   d. A couple of scientists even discovered the first echoes of the big bang by accident.

(35) a. I thought he might lose South Carolina by two points, not 12.
   b. I will be here by five o'clock.
   c. The room was 25 feet long by 14 feet wide.
   d. Eggs are sold by the dozen.

(36) a. Jackie and I were seated side by side on the sofa in Hoving's office.
   b. I've learned so much that I'm baking by myself now.
   c. A few of them have been known to travel by night, especially if the moon is full.
   d. He was one of my best friends and I miss him keenly day by day.

5. 동반 의미 역할(Comitative)

전형적으로 도구의 의미 역할을 가지고 있던 **with**가 동반(accompaniment)의 의미도 나타내며, 이외에도 장소, 특징, 태도, 합의 등의 의미도 도출된다.

(37) a. She is currently staying with her father at his home.　　　　동반
   b. Governor Romney is running a hittle better with the city of chicago where voters are more moderate　　　　장소

c. He was in his early forties, tall and blond with bright blue eyes.　　특징
d. He agreed, but with reluctance.　　태도
e. I'm with you all the way.　　합의

■ 연습문제 7.1

1. 다음 각 문장에서, 줄 친 전치사의 보충어에 밑줄을 긋고, 그 보충어의 품사를 말하시오.

   a. At the time, that country had the highest deforestation rate in the world.
   b. Lara is 22 years old and has suffered from allergies since she was a child.
   c. We are going to end secrecy, by giving everyone the power of secrecy.
   d. Good timber does not grow in ease.
   e. I get to travel all over the world.

2. 다음의 예문에는 좌초된 전치사가 있는 문장들이다. 이들의 위치를 관련 명사 앞으로 옮기고, 옮겨놓으면 비문이 되는 문장을 말하시오.

   a. My friend and I cannot agree on who we think Azhar Mahmood is playing for at the moment.
   b. What am I supposed to cut this thing with?
   c. He's the man I showed the photo to.
   d. The place we're going to is so informal they don't have table cloths.
   e. It was the only proposal which every department member agreed with.

3. 다음의 예문에는 전치사가 명사 앞에 위치해 있는 경우이다. 이를 좌초된 전치사 형태의 문장으로 바꾸시오.

   a. Under what circumstances has Bill Clinton lied in the past?
   b. In what year did you first come to live in the US?
   c. He came to the bed in which Goldilocks had been sleeping.
   d. I think he is a good, decent person with whom I disagree.
   e. We've got to create a situation in which al Qaeda is not coming back.

■ 연습문제 7.2

다음 문장에서 밑줄 친 전치사의 의미 역할을 말하시오.

a. One sweet waitress struggled valiantly <u>with</u> a corkscrew.
b. The shooter aimed directly <u>at</u> him before he ran off.
c. Still holding my arm, he stepped <u>off</u> the rock and <u>onto</u> the grass.
d. Pip put the money <u>in</u> an envelope and wrote Mr. Hikderbrand's name on it.
e. Anne stood <u>by</u> the rail, staring at the spot where her daughter's body had disappeared.
f. He flew down to Santiago and found himself driving <u>through</u> a sudden thunderstorm <u>to</u> the Venezuelan embassy.
g. Teachers hold monthly phone conference <u>with</u> students and parents.
h. We're worried about any paramilitary movement, but the fact that kids are taught to play <u>with</u> guns is not nearly as important as the ideas they are taught to play with.

■ 연습문제 7.3 [4]

모든 술어는 논항구조(argument structure)와 관련이 있어서 술어가 요구하는 논항의 갯수를 명시하게 된다. 그 술어는 다음과 같은 의미 역할 (thematic roles)을 그 논항(arguments)에 부여하게 된다.

· Agent: the instigator of the action
· Theme: the entity affected by the action or state
· Experiencer: the entity experiencing the psychological state
· Instrument: the means by which the action or event is carried out

---

[4] 2014년도 임용고시 영어전공문제

의미 역할은 주어, 목적어 등등과 같은 문법적 기능과 일대일 관련성을 가지지는 않는다. 예를 들면, 논항 *the ball*은 (1a)에서 목적어이고, (1b)에서는 주어이지만, 두 문장에서는 의미 역할에서는 동일한 'Theme'의 역할을 유지한다. (2a)에 있는 주어와 (2d)에 있는 전치사의 목적어는 어떤 의미 역할을 하고 있는지를 말하고 또한 (2b)에서 종속절의 주어이고 (2c)에서 목적어는 어떤 의미 역할을 가지는지를 기술하시오.

(1)   a. David kicked the ball.

      b. The ball was kicked by David.

(2)   a. A brick smashed the window.

      b. They expected the ship to sink.

      c. David opened the door slowly.

      d. Bob cut the tree with a saw.

제8장 서법 조동사 Modal Verbs

이 장에서는 문장 전체의 의미를 변화를 가져올 수 있는 *can, may, will* 과 같은 서법 조동사의 문법적 기능 및 의미적 기여도를 살펴본다.

8.1 서법 조동사의 특징

서법 조동사는 조동사의 한 종류이다. 서법 조동사란 널리 알려진 사실을 표현하기 보다는 어떤 사건에 대한 잠재력(potentiality)이나 가능성(possibility)에 대한 화자의 믿음이나 태도를 표현하는 의미 개념이다. 즉. 가능성에 대한 타진, 사회가 부여하는 지시사항, 능력의 진술 등의 의미표현을 하는 언어 장치가 바로 서법 조동사라 할 수 있다.

이런 의미를 표현하는 방법이 서법 조동사만은 물론 아니다. 부사, 형용사, 동사, 명사를 이용해서도 동일한 의미를 표현할 수는 있다. 이번 기말 시험이 어렵다라는 주장을 다양한 품사를 통해 동일한 의사 표현을 할 수는 있다. 그 방식 가운데 하나가 서법 조동사인 것이다.

- This final exam is difficult.
- This final exam **may** be difficult.
- This final exam is **potentially** difficult.
- It is **possible** that this final exam is difficult.
- I **imagine** that this final exam is difficult.

Q There is a **possibility** that this final exam is difficult.

　서법 조동사의 특징은 (1)처럼 *not*과 축약되어 사용될 수 있다는 것이다. 미국 영어에서 *may*와 *shall*은 예외적으로 *not* 축약을 사용하지는 않는다.

(1)　　　a. He shouldn't have to tell him this.
　　　　　b. Families may not be aware that effective treatment is available.
　　　　　c. *Families mayn't be aware that effective treatment is available.
　　　　　d. We shan't be very long. (British Eng.)

　두 번째로 서법 조동사는 '예/아니오 의문문'에서 주어-조동사 도치현상이 나타난다.

(2)　　　a. Should I take it away from him?
　　　　　b. Will you email me the itinerary?

　세 번째로 서법 조동사는 부가 의문문에서 사용된다.

(3)　　　He can come, can't he?

　마지막으로, 서법 조동사는 현재 시제 굴절어미('-s')와 과거 시제 굴절어미('-ed')를 명시하지 않는다. 즉 **musted* 와 같은 형태가 존재하지 않는다. 과거 시제를 나타내기 위해서는 *had to*나 *could*를 사용한다.

8.2 서법 조동사의 유형

서법 조동사는 형태와 의미에 따라 분류될 수 있다.

1. 형태에 따른 서법 조동사

형태에 따라 서법 조동사는 세 가지 유형으로 나눌 수 있다. 하나는 순수 서법 조동사(pure modals)로 *can, could, may* 등이 이에 속한다. 이 서법 조동사는 *not* 축약, 주어-조동사 도치, 부가 의문문 등에 사용되며, 한 문장에서 함께 동시에 나타나지 않는다.

(4)   *John must can sing a song.

단, 미국 영어의 일부 지역에서 ***might could, might should***와 같은 표현을 사용하긴 하지만 극히 이례적인 현상이다.

두 번째 부류는 *dare, need, ought to*가 있다. 이들은 순수 서법 조동사의 통사적인 특징 가운데 단지 *not* 축약, 주어-조동사 도치에만 사용된다는 점에서 전형적인 서법 조동사와는 다르다.

세 번째는 부류는 *have, had, be*로 시작되는 숙어 표현으로, *have to, had better, be going to*가 있다. 순수 서법 조동사와는 달리, 시제에 있어서 *have, be*동사가 현재와 과거의 굴절어미를 가지고 있고, 주어와 축약을 겪게 된다는 점에서 준조동사로 분류된다. 이들 세 가지 조동사의 예들을 살펴보면 다음과 같다.

(5)   a. The doctor **must** not allow the patient to be put at risk.
        b. All visitors **should** register with the British Embassy.
        c. You **needn't** finish that work today.
        d. The money to build the power station **ought to** have been sufficient
        e. We **have got to** redouble our efforts.
        f. I think you **had better** explain matters to the young lady.

2. 서법 조동사의 의미

서법 조동사는 기본적으로 다의어(polysemy)이다. 예문 (6)의 서법 조동사 may는 각각 다른 의미로 사용되었다. (a)는 가능성, (b)는 허락, (c)는 의무, (d)는 과거의 추측의 문맥에서 사용되었다. 모든 서법 조동사가 may의 사례와 유사하게 적어도 두 가지 이상의 의미를 표현한다.

(6)   a. This program **may** be useful.
         b. You **may** go back to class now.
         c. You **may** not use that word in our house.
         d. He **may** have been retired by now.

서법 조동사를 의미에 따라 분류할 수 있다. 많은 서법 조동사는 각기 고유하게 어휘적인 기본 의미(basic meaning)가 있고, 문맥에 맞게 확대된 의미(extended meanings)도 명시한다. 먼저, 서법 조동사의 기본적인 어휘 의미에 따라 세 가지로 나눌 수 있다.

가. 능력(ability), 허락(permission), 가능성(possibility): *can, could, may, might*
나. 충고(advice), 필요성(necessity): *must, should, dare, need, have to, had better, had best, have got to, ought to, be supposed to*
다. 미래시간(future time): *shall, will, would, be going to*

두 번째로, 서법 조동사의 확대된 의미는 서법 조동사가 나타나는 문맥에 따라서 다양하다. 예를 들면, 서법 조동사 ***can***은 (7a)-(7c)의 능력, 허가, 가능성의 기본적인 의미를 가지지만, (7d)는 이외의 다른 어떤 것을 표현한다.

(7)   a. I can't swim.   능력
         b. You can leave now.   허가
         c. The temperature can fall below 60 degrees Fahrenheit at the South Pole.   가능성
         d. What? He lost the race? That *can't* be! I was so sure he'd win!   확대된 의미

이 문장에서 '*can*'은 화자입장에서 믿을 수 없음을 표현하고 있다. 이것은 경기 결과에 대해 예상치 못했던 것(unexpectedness)을 언급한다. 이것이 문맥에 의해 결정되는 확대된 의미(extended meaning)에 해당한다.

8.3 능력, 허락, 가능성의 서법 조동사

1. CAN

서법 조동사 *can*은 아래와 같이 능력, 허락, 가능성을 표시할 수 있다.

(8) a. It doesn't matter how much I **can** lift or what size my quads are.
 b. I **can** fly an airplane.
(9) a. **Can** I interrupt you just for a minute?
 b. Customers **can** choose from sixty hit titles before buying.
(10) Exercising alone **can** be boring.

이외에 확대된 의미로도 사용된다. 첫 번째로 훈계(admonition) 또는 경고의 의미를 갖게 된다. 다음 (11a)의 문맥에서 *can*은 *not*과 결합하여, 청자가 말하는 행동에 대해 '해서는 안된다'라고 미리 주의를 주는 상황이다. 이것이 주의를 주는 상황이라는 것은 다음에 이어지는 문장에서 나쁜 결과가 초래할 행동이라는 의미가 문맥상 추론된다.

(11) a. You **can't** tell her! The shock would kill her.
 b. You **can** shut up now!

두 번째 확대된 의미로, 예문 (12)처럼 예상치 못한 사건 발생을 의미한다. 예상치 못한 사건이 발생하면, 청자로 하여금 이 사건이 발생 가능하게 되는 경우를 생각하도록 만들게 된다.

(12) a. (hearing the telephone ring at 1:00 A.M) Now, who **can** be calling at this hour?
　　　b. A: (hearing a loud noise) What **can** that be?
　　　　 B: I don't know, but it sounded kind of like an explosion.
　　　c. **Can** he be serious?

　　마지막 확대된 의미로, '불신(disbelief)'의 상황을 표현하는데 사용된다. (13)처럼, 화자가 특정한 사실이나 외부적 환경에서 비추어 보았을 때 놀라운 일이라는 것을 표현한다.

(13) He didn't get the promotion? That **can't** be possible! He's the most qualified person we have in the department.

2. COULD

　　이 could의 기본적 어휘의미로 능력, 허가, 가능성의 의미가 있다. 능력(ability)을 나타내는 의미로 사용될 수 있다.

(14) a. At 55, I **could** run five miles in 40 minutes, but I couldn't ski more than two hours.
　　　b. When he was a child, he **could** speak Korean.

　　두 번째, 허가(permission)의 의미로 could는 허락을 요청하는데 상당히 공손하고 정중한 어조를 만드는 역할을 한다.

(15) a. **Could** I speak to you in private a moment, John?　　more polite
　　　b. **Can** I speak to you in private a moment, John?　　informal
　　　c. He asked if he **could** have a cup of coffee.

　　세 번째로, 가능성(possibility)의 의미로, *might, may*와 이 가능성의 의미를 공유하게 된다.

(16)   (looking at large black clouds overhead)   It {could/might/may} rain today.

이러한 의미 확대뿐만 아니라, 생각(speculation)이나 후회(regret)의 의미가 전해지는 문맥에서도 사용된다. (17a)-(17b)처럼 *could, could have* 표현이 현재나 과거의 가상적인 가능성에 대한 생각 및 추론(speculation on hypothetical possibilities)을 표현하는데 사용될 수 있다. (17c)처럼 *could have*는 가상적인 조건문에 나타나는데 이때는 놓친 기회에 대한 후회('할 수도 있었을 텐데')를 표현한다.

(17)   a. Doctors told him that the disease **could** have been caused by years of working in smoky clubs.
         b. Karley **could have** gone to college anywhere, but I'm not sure if he did.
         c. I think they could have won it if they had started early.

두 번째로, 불신의 문맥에서 사용된다. *couldn't have*는 과거의 행동에 대한 불신을 표현한다. 이 경우 '이 일이 발생한 것이 가능하지 않는다거나 믿지 못하겠다'는 의미를 준다. 불신에 대한 이유가 다음 문장으로 이어진다.

(18)   No, you are wrong! John **couldn't** have been more than fourteen years old. He looks so young.

세 번째로, 제안(suggestion)이나 비판(criticism)의 의미가 있다. *could, could have* 표현이 어떤 사람이 어떤 것을 하라고 충고하는데 사용된다. (19a)에서 화자는 어떤 사람에게 해외에서 직업을 찾아보라고 충고하고 있는 반면, (19b)는 화자가 한 사람의 행동에 대해 비판을 하고 있다.

(19)   a. You **could** look for a career abroad where environmental jobs are better paid and more secure.
         b. They **could** have let me know they were going to be late!

3. MAY

*May*의 기본적 어휘 의미는 가능성(possibility)과 허가(permission)이다. 가능성의 의미를 나타내는 (20)은 화자가 5인치 이상의 눈이 내릴 수 있을 가능성을 표현하고 있다.

(20)　　Up to five inches of snow **may** cover the mountains.

허락을 요구하고자 할 때도 이 'may'가 사용되는데, 이 의미는 'can'과 공유하지만 차이점은 보다 더 형식을 갖춰야 하는 상황에서 사용된다는 것이다.

(21)　　a. May I leave now?　　　　formal
　　　　b. Can I leave now?　　　　less formal
　　　　c. You may go in now.　　　formal
　　　　d. You can go in now.　　　less formal

4. MIGHT

*Might*는 기본적 어휘 의미로 가능성의 의미만 가지고 있고, 이 외에는 확대된 다양한 의미를 많이 나타낸다. (22)에서, 가능성의 기본 의미를 나타내는데, *may*와의 가능성 의미에 있어서의 차이점은 *might*가 더 실현가능성이 먼 사건을 나타낸다.

(22)　　He said he **might** not be back until tonight.

다음은 확대된 의미를 살펴보자. 먼저 (23)처럼 '추론(speculation)'을 나타내는 문맥에서 사용된다. *might have*는 이 문맥에서 어떤 사건이 발생했을 가능성에 대한 상당히 높은 정도의 추론을 나타낸다. 두 번째로 제안(suggestion)을 나타내는데, (23b)처럼 중립적 제안의 힘을 나타낼 수 있다.

(23)　　a. She thought the shooting **might have** been an accident.
　　　　b. They **might** be wise to stop advertising on television.

다음은 *might, might have* 표현은 비판(criticism)을 시사한다. 이는 청자가 했거나 또는 하는데 실패한 어떤 일 때문에 놀라거나 화가 난 의미를 표출하게 될 수 있다. (24a)와 (24b)에서 화자는 청자에게 도와주겠다고는 할 수 있었을 것 같은데, 하지 않은 것 때문에 화가 났다는 것을 표현하고 있다.

(24) a. You **might have** told me that before!
    b. I think you **might** at least offer to help!

마지막으로 *might*는 상당히 높은 정도의 공식적인 요청을 나타내는 문맥에서 사용된다. 특히 일인칭에서 사용된다.

(25) a. I thought we **might** go to the zoo on Saturday.
    b. **Might** I make a suggestion?

8.4 충고(Advice) 및 필요성(Necessity)의 조동사

전형적으로 화자가 옳다고 생각하는 것을 선택하도록 권하는 충고의 의미를 가지고 있는 서법 조동사는 *should*이다. 이는 기본적 어휘 의미로 충고를 표현하는데 사용하는 한계 서법 조동사 *ought to*와 의미를 공유한다. *must*는 필요성의 의미를 가지는 서법 조동사인데 준조동사 *have to*와 의미를 공유한다. 여기서 필요성(necessity)이란 내재적(internal)인 것일 수 있다. 즉, 주어가 어떤 것을 강압적으로 해야 한다고 느끼는 내부적인 필요성에서 나올 수 있는 것이다. 또는 외재적(external)인 것일 수 있는데, 이는 외부적인 환경이 강압성을 만들어내게 된다는 점에서 이다.

1. SHOULD

*Should*는 기본 어휘의미로 (26)처럼 충고를 나타낸다. 이때 충고는 화자의 주관

적인 판단(subjective judgment)에 근거한 권고의 의미를 전한다.

(26)   a. You **should** take the baby to the doctor's.
        b. If you **should** be fired, your health and pension benefits will not be automatically cut off.

확대된 의미로는 다음의 두 가지 문맥을 생각해 볼 수 있는데, 하나는 추론된 가능성(inferred probability)이다. 이는 발화 상황에서 존재하는 증거에 근거해 볼 때 일어날 가능성 또는 있을법한 일을 표현한다. (27)에서 *should*는 일기예보에 근거에 내일 일어날 수 있는 일의 <u>가능성</u>을 표현하고 있다.

(27)   a. According to the weather forecast it should rain tomorrow.
        b. (hearing the telephone ring) That should be Dad.

(28)에서 화자는 새는 수도꼭지를 죄는 일을 방금 마친 상황에서, 처음 *should*는 이 행동이 아마도 누수를 막았으리라는 생각을 표현한다. 그래서 두 번째 *should*는 일어날 법하지 않은 일이 일어날 가능성이 없는 '<u>불가능성</u>'을 표현한다.

(28)   That **should** do it. You **shouldn't** get any more water dripping out of that faucet.

다음 (29)에서 *should have*가 일어날 가능성이 상당히 높았던 사건이 발생하지 않았던 놀라움을 표현할 수 있다. (29a)에서 버스가 12시 20분에 오도록 예정되어 있고, 지금 시간이 12시 18분이라는 것을 화자는 알고 있기 때문에 *should*를 사용해서 가능성을 표현하였다. 반면 (29b)의 *should have*는 버스가 제시간에 오지 않았다는 놀라움을 표현하고 있다.

(29)   a. It's 12:18; the bus **should** come by any minute now.
        b. The bus **should have** been here 10 minutes ago. I wonder what's holding it up.

다음의 확대된 의미는 비난(reproach or reprimand)의 문맥에서 사용된다. (30)처럼 *should have*는 취해지거나 또는 취해지지 않은 행동에 대해 나무람이나 비난을 표현할 수 있다.

(30)   a. You **should have** been more careful.
   b. He **shouldn't have** left his baby unattended in the car.

2. MUST

먼저, *Must*는 필요(necessity)나 의무(obligation)를 나타내는데, 이때 필요는 내재적(internal)일 수도 또는 외재적(external)일 수 있다. (31a)-(31b)는 외재적 환경이 의무를 만들어낸다. (31a)에서 법(law or rule)이 청자를 강압하고 있고, (31b)에서 화자가 행동하도록 강요하는 것은 규칙 및 관례이다. (31c)에서 나타나는 필요성은 내재적으로 발생한다. 즉, 화자가 차를 소유하는 과정에서 수행해야 하는 의무감을 느끼고 있다.

(31)   a. Candidates **must** satisfy the general conditions for admission.
   b. Nurses **must** wear a uniform.
   c. I **must** wash the car tomorrow.

Must not 표현의 필요나 의무의 의미는 화자가 다음에 오는 명제가 무엇이든 간에 하지 말아야 하는 것에 의무감을 느낀다는 것이다. 즉, 어떤 사람이 무언가를 하지 않도록 금하거나 조언하는 것이다. 다음 (32)는 '환자를 돌보는 것을 잊지 말라'고 경고하는 것이다.

(32)   The doctor **must not** allow the patient to be put at risk.

다음은 *must not*은 금지(prohibition)의 의미로도 사용된다. (33)에서 판사는 청자가 이전 범죄자와 접촉하는 것이 허락되지 않는다는 것을 의미한다. 만일 가석방된 범죄자가 이 명령을 위반하면, 엄중한 처벌이 있을 것이다.

(33)　　　Judge: You **must not** have any further contact with any of your former associates or any criminals. If you do, I will have to revoke your parole[1].

　　마지막으로 *must*는 최소한의 요구나 조건의 의미를 가진다. 최소한의 요구의미인 '적어도(at least)'는 *must*의 기본적 어휘 의미는 아니고 문맥에 의해서 나오는 의미이다.

(34)　　　If you want to succeed, you **must** have a degree of conviction[2] about who you are, so you will be able to enroll others in your vision and achieve greatness.

　　이 *must*의 확대된 문맥 의미로, 두 가지를 고려할 수 있다. 하나는 추론 가능한 가능성이나 전제를 표현한다. (35a)에서 화자가 다른 사람이 방금 말한 어떤 것에 근거해 결론을 이끌어낸다. 반면 (35b)는 화자가 그의 외모에 근거해 한 남자의 나이를 추정한다.

(35)　　　a. Wow, you pronounced that perfectly! You **must** be French.
　　　　　b. He stays in his dressing room, recovering. He **must** be exhausted.

　　*Must have*는 항상 추론된 가능성을 명시한다. (36a)에서 화자가 지난 사건이 발생했을 때를 추론하기 위해 개인적인 지식을 사용한다. (36b)는 화자가 방금 발생한 어떤 일에 대해 추론을 하고 있다.

(36)　　　a. Miss Holloway had a weak heart. She **must have** had a heart attack.
　　　　　b. I'm sorry, she's not here. She **must have** left already.

　　다음 확대된 문맥 의미로, 정중한 주장(polite insistence)을 표현한다. Must는 초

---

[1] to revoke your parole　가석방을 취소하다
[2] a degree of conviction　어느 정도의 확신

청과 사과 상황에서 정중한 주장(I insist that~)을 표현하는데 사용된다.

(37) a. You **must** see a doctor, Frederick.
    b. You **must** see the painting Paul has given me as a wedding present.

8.5 충고와 필요의 한계 서법 조동사와 준조동사

1. DARE

준조동사 *dare*는 미국 영어보다는 영국 영어에서 많이 사용되고 있으며, 의문문과 부정문에만 나타나기 때문에 '비진술성 조동사(nonassertive modal)'라고도 한다. 기본적 어휘의미로는 충고(advice)를 표현하는데, 의문문에서 사용될 때는 충고를 요청하는 의미를 나타낸다. (38)처럼 미국 영어에서는 *should*나 *would* 조동사로 대체해 사용된다.

(38) a. Dare I tell her?
    b. Should I tell her?
    c. Would it be OK to tell her?

확대된 문맥의미로는 두 가지 상황에서 쓰이는데, 하나는 훈계(admonition)이다. *Dare not* 표현은 *must not*이나 *can't*와 동일한 의미를 가진다. 예문 (39)에서 화자는 어떤 사람에게 어떤 것에 대해 아무에게도 말하지 말라고 경고한다.

(39) You **dare not** tell anybody how extreme and how burning are your visions.

*Dare not*은 불가능성('It is not possible that~')의 의미를 전하는 문맥에서 사용되어 (40)처럼 '*can't*'와 동일한 의미를 준다.

(40)　　a. I have a dinner date I **dare not** break.
　　　　b. I **can't** tell my mother about this. It would really upset her.

여기에서 주의할 점은 서법 조동사 *dare*는 자동사 및 타동사 *dare*와는 다르다는 것이다. 자동사 *dare*의 의미는 (41a)처럼 어떤 것을 할 용기를 내는 것('to have the courage/nerve to do something')이다. 또한 타동사 의미로는 (41b)처럼 '어떤 사람이 어떤 것을 하도록 도전하게 하는 것('to challenge someone to do something')이다.

(41)　　a. The boy feels his heart tightening painfully. He doesn't **dare** to breathe.
　　　　b. Some of the older boys had **dared** him to do it.

2. NEED

서법 조동사로써 *need*의 기본적 어휘의미는 필요성(necessity)이고, 확대된 의미는 충고(advice)를 표현한다. 영국 영어의 경우 *need*가 의문문과 부정문에서 흔히 사용된다.

(42)　　a. I **need** to get some sleep.
　　　　b. You **needn't** come again, if you don't want to.

서법 조동사 이외에, *need*는 (43)처럼 필요의 의미를 나타내는 일반 동사로 사용되어, 부정사 구문을 보충어로 가지는 구문을 형성한다.

(43)　　This shirts **need** to be washed.

서법 조동사로써, 확대된 의미는 '충고'를 표현하게 된다. (44)에서 *need*는 *should*와 동일한 의미로 제안을 하고 있다.

(44)　　a. You **need** to show him that even simple phrases make you feel good.
　　　　b. You **should** to show him that even simple phrases make you feel good.

3. OUGHT TO

*Ought to*는 *should*와 동일한 의미를 전하는 한계 서법 조동사로써, 거의 모든 문맥에서 동일하게 사용될 수 있다. *Ought to*는 주로 평서문에서만 사용되는데, 의문문과 부정문에서 사용되는 것은 미국 영어보다는 영국 영어에서 흔하게 볼 수 있는 상황이다.

먼저 기본적 어휘의미로 (45)와 (46)처럼 '충고'를 나타낸다. 미국 영어에서 의문문에서는 *ought to*보다는 *should*를 사용한다.

(45)   a. Mark, you've got a good wife. You **ought to** take care of her.
        b. You **ought to/should** tell her about that.
(46)   a. **Ought** we **to** tell him about it?   영국 영어
        b. **Should** we tell him about it?   미국 영어

확대된 문맥의 의미로도 (47)처럼 *should*와 동일한 상황, 즉 추론에 근거한 가능성과 비난의 의미를 전하는 상황에서 사용된다.

(47)   a. If he started out at nine, he **ought to** be here by now.
        b. That **ought to/should** be enough fool for the four of us.
        c. You **ought to/should** have come to the meeting. It was interesting.

4. HAD BETTER and HAD BEST

이 두 조동사는 (48)처럼 공통적으로 '충고'의 의미를 나타낸다. 두 가지 가운데 *had better*가 더 많이 사용된다. 가끔은 *had*가 생략되기도 한다.

(48)   a. The dog **had better** not die in this story.
        b. The dog **better** not die in this story.

*Had better*는 어떤 것을 듣는 사람에게 경고를 하는데 종종 사용되는데, 이때 이 경고에 주의를 기울이지 않으면 그 결과가 가혹할 수 있다.

(49) a. I **had better** not name him; it might get the man into trouble.
b. You **had better** not scare the kids with your stupid ghost stories.

Had best 표현도 충고를 표현한다. (50)에서 *you'd best* 표현은 '이 상황에서 가장 최선의 행동조치는 네가 비옷을 입는 것일 것이다'라는 의미를 전한다. 이 표현에서도 가끔 *you'd best*을 생략하기도 한다.

(50) a. We **had best** escape quickly, or I'll never be able to get away in time.
b. Best take your raincoat.

5. HAVE GOT TO

*Have got to*와 *have to*는 동일한 의미를 가지고 있다. *Have got to*는 (51)처럼, 줄여서 *Got to*라고도 종종 사용된다. 이 표현은 (52)처럼 필요성과 의무의 어휘적 의미를 가지고 있다.

(51) a. We've gotta do it first or it's going to look like we're hiding.
b. John's gotta be home early.
(52) a. We've got to/ have to/ must be dressed.

단, 주의할 점은 *have got to*가 *have to*의 의미를 대체할 수 없는 경우가 있다. 다음 (53)처럼 *had to*가 서법 조동사 *must*의 과거 시제를 나타내기 위한 용도로 사용되었을 때는 대체할 수 없다.

(53) a. Two children **had to** be excluded because they did not meet the criterion.
b. *Two children **had got to** be excluded because they did not meet the criterion.

그런데, *have got to*는 *have to*와 달리, 다른 서법 조동사 뒤에 사용될 수 없다. 또한 이 표현에서 확대된 의미는 *must*, *have to*와 동일한 문맥적 의미로 사용된다.

(54)   a. He's very sick. He will **have to** go to the hospital.
       b. He's very sick. *He will **have got to** go to the hospital.

6. BE SUPPOSED TO

이 표현은 특정한 계획이나 사전에 미리 생각한 견해에 따라 결정된 의무감 (obligation)을 표현하는데 사용된다. (55a)에서 화자는 이미 세워진 절차를 준수해야 하는 의무감을 표현하고 있는 반면, (55b)는 화자는 특정 그룹에 의해 부여된 관점을 준수해야 하는 의무감을 표현하고 있다.

(55)   a. Money in the Mental Health Services Fund **is only supposed to** be used for purposes specified in Proposition 63.
       b. By now, residents **were supposed to** be getting ready to move out.

8.6   미래 시간을 표현하는 서법 조동사

미래 시간은 세 가지 서법 조동사(*will, shall, would*)와 준조동사(*be going to*)에 의해 표현될 수 있다.

1. WILL

*Will*은 (56a)처럼 미래에 대한 예측(prediction)을 포함하여, (56b)처럼 미래 시간 (future time)을 표현하는데 사용된다.

(56)   a. You **will** find a wide variety of choices available in school cafeterias.
       b. The show **will** be open to the public at 2 pm.

확대된 문맥적 의미로는 의지(volition)를 표현하는데 사용된다. 전통적으로 *shall* 표현이 화자의 의지를 나타내고, *will*은 미래 예측을 표현한다고 설명하곤 했으나, 현대에 들어와서는 이의 구별이 거의 없어졌다. 특히 미국 영어에서 더욱 그렇다.

일반적으로 의지는 화자의 내재적인 욕망에서 나오고, 이 의지를 조동사 표현으로 구현할지에 대한 결정은 문맥에 의해 좌우된다.

(57) a. By next year all the money **will** have been spent.
    b. In this section we **will** describe common myths about cigarettes, alcohol, and marijuana.

(57a)에서 *will*은 의지가 아니라, 단순한 미래 행동 또는 예측을 표현하는 반면, (57b)는 화자가 의지를 표현하고 있다.

두 번째의 문맥적 의미로는 추론된 가능성을 들 수 있다. (58)에서는 임박한 미래에 대한 추론 있는 실현 가능성을 표현하는데 사용되고 있다. 화자가 어떤 사실에 대한 지식에 근거해서, 근거 있는 추측을 하고 있다. 만일 화자가 특정 기차가 매일 5:15분에 도착하는 일정을 알고 있고, 5:14분에 승강장에 서 있는 동안 멀리서 기차 소리를 듣는다면, (58)의 문장을 발화했을 것이다. 이때의 *will*은 *must*와 동일한 문맥의미를 갖게 되어, *That must be the 5:15 train*과 같은 의미의 문장이 된다.

(58) That'll be the 5:15 train.

마지막으로, 문맥적 의미로, 요청(request)할 때 사용된다. 이때 *will*은 명령을 할 내용을 다른 방식으로 요청으로 변경하는데 사용한다. (59b)가 (59a) 명령의 공손한 표현에 해당된다.

(59) a. Join me for a drink.
    b. Will you join me for a drink?

2. SHALL

*Shall*은 미국 영어보다 영국 영어에서 자주 사용되는 표현이다. *Will*처럼 (60a)처럼 미래시간과 (60c)처럼 예측을 나타낸다.

(60) a. The doctor tells that I **shall** be quite well in a couple of days. 영국 영어
      b. The doctor tells that I **will** be quite well in a couple of days. 미국 영어
      c. This time next week I **shall** be in Scotland.

확대된 의미로는 *shall*은 문맥에 따라 '강력한 의지(strong volition)'를 나타내기도 한다. 이런 의미는 (61)처럼 주로 특별한 이유로 대중들의 감동을 불러일으킬 목적으로 하는 대중연설과 같은 문맥에서 나타난다.

(61) a. He is determined that you **shall** succeed.
      b. I **shall** never forget your kindness.

마지막으로 *shall*은 일인칭대명사와 함께 쓰여, (62a)처럼 요청(request)이나 (62b)와 (62c)처럼 제안(suggestion)하는 상황에서 사용된다.

(62) a. **Shall** we go for a walk?
      b. **Shall** I begin the lesson now?
      c. Let's drink to your health, **shall** we?

3. WOULD

*Would*는 *will*의 과거 시제형으로 사용될 수 있다. (63a)에서 *will*이 현재 시간상에서 미래를 나타내듯이, *would*는 (63b)처럼 과거 시간 속에서 미래에 대한 예측을 하고, 과거에 대한 진술을 할 때 사용된다.

(63) a. They tell me that they probably will not come.
      b. They told me that they probably would not come.

확대된 문맥상의 의미로, *would*는 다음 네 가지 상황에서 쓰인다. 하나는 과거상에서 규칙적인 행동(regular action in the past)을 표현하는데 사용된다. (64a)에서 화자는 규칙적으로 발생한 어떤 것을 기술하고 있다. 두 번째로는 가정법상에서의

결과(hypothetical results)를 나타내는데 사용된다. (64b)처럼, 조건문에서 가상적인 결과를 명시하는데, *would*가 사용된다.

(64) a. Sunday mornings, my mother **would** bake. I'd stand by the fridge and help.
　　　b. My daughter **would** have been 17 this week if she had lived.

세 번째로, 추론적 가능성을 표현하는데 사용된다. (65a)에서 화자는 Fred라 불리는 친구를 예상하고 있었고, 문에 노크 소리가 났을 때 Fred가 도착했을 것이라고 예상하고 있다. 마지막으로 정중한 요청(polite requests)를 표현한다. (65b)는 (65c) 문장보다 더 공손한 요청을 나타낸다.

(65) a. That would be Fred. (That's probably Fred)
　　　b. Would you come in here a moment, please?
　　　c. Will you come in here a moment, please?

4. BE GOING TO

서법 조동사로써, be going to는 미래에 대해 이야기 할 때 사용된다. 그러나 동일한 의미의 *will*과는 서로 다른 환경에서 사용된다. 먼저 *be going to*는 (66a)처럼, 계획되어 있는 미래의 행동(a fixed future action)을 표현할 때 사용된다. 반면 화자가 아직 결정되지 않거나 또는 몰랐던 다른 상황에 따라 좌우되는 미래 행동을 언급할 때는 *will*을 사용한다.

(66) a. I'm going to leave a little after seven o'clock. (= I plan to leave a little after seven o'clock)
　　　b. Look out! We're going to hit that car!
　　　c. Look out! #We'll hit that car.

또한 *be going to*는 바로 임박해 있는 행동이나, 벌써 시작된 것처럼 보이는 행동에 대해 말할 때 사용된다. 만일 한 승객이 타고 있는 차가 다른 차와 충돌할 것

같은 상황을 그 승객이 목격한다면, 이 승객은 (66c)가 아니라, (66b)의 문장을 발화할 것이다. 왜냐하면 (66c)는 바로 목전에서 발생한다는 의미를 가지고 있지 않기 때문이다.

8.7 과거를 표현하는 서법 조동사

지금까지 각 서법 조동사별 용법을 살펴보면서, 언급되었던 내용 가운데 과거를 표현하는 서법 조동사의 의미를 다시 한 번 정리해 본다. 형태는 '**서법 조동사 + 현재완료형**'을 형성하면, 그 형태에 대한 의미는 서법 조동사의 다의어 양상을 그대로 유지한다. 예문 (a)의 어떤 행동이 이루어졌어야 했다거나, 예문 (b)-(e)의 어떤 행동이 이루어졌을 가능성을 묘사하게 된다. 기본적으로 서법 조동사와 현재완료형의 결합 형태는 행동이 이루어지지 않았음을 함축하고 있다.

(67)   a. Wilson should have gone to the locker room.
       b. A lot of people will have forgotten about me.
       c. Ship would have seen them before.
       d. John could have backed down.
       e. They might have destroyed them in the summer of 2001.

■ 연습문제 8.1

다음 문장에서 서법 조동사의 의미를 말하시오.

a. These are preventable. She could have been saved.
b. If you want to succeed, you **must** have a degree of conviction about who you are, so you will be able to enroll others in your vision and achieve greatness.

c. According to the weather forecast it **should** rain tomorrow.
d. Doctor to a patient: Theoretically, this **should** take care of the irregular heartbeat problem
e. I think he **should** take care of the country's internal problems
f. We **must** not forget our legitimate right.
g. I think foundations **should** be able to make a decision
h. He really **should** have answered at least one of Walt's sister's letters.
i. They pointed out that many residents **must** store their household water in rooftop storage tanks.

■ 연습문제 8.2

다음 문장에서 서법 조동사의 의미(기본의미 또는 확대된 의미)를 말하시오.

a. Wow, is it ever hot! You gotta cool it down.
b. You oughta know something about them.
c. In 1946 the town of Uravan sensed a golden future mining uranium-238: it had to be evacuated because of radiation poisoning.
d. If you wanted me to stay put, you would have had better locks installed.
e. You've got to be willing to lose in order to win.
f. You need to change the battery in a toy.
g. The next president of Mexico will have to decide whether to continue the battle begun by Caldern
h. Dare I tell him?
i. A healthy person ought to be able to walk 15 to 25 miles a day.
j. Her younger daughter was supposed to go to a birthday party this weekend.
k. Then you had best advise him not to expect his youth to protect him.
l. I will never forget that.
m. She could run and smile at the same time.

n. You can't cut $1 trillion from the Department of Defense budget.

o. They couldn't have done it without the stingers.

p. You may not have money, but you have something else.

q. You've just got to be prepared; you can't be an egotist.

r. After you're done using this fork, you might try to eat it.

s. He could drive at forty miles an hour.

t. They can provide both academic and social supports to their peers with significant disabilities.

u. It's called Big City Mountaineers, and you might have heard me talk about it before.

v. They brought me here so that I could be raised in freedom and in liberty.

연습문제 8.3

다음 문장에서 사용된 조동사는 이중적인(ambiguous) 의미를 가지고 있다. 이를 설명하시오.

a. He needn't have told her.   b. He might have killed her.

연습문제 8.4

다음 문장에서 조동사의 의미(기본적 의미 또는 확대된 의미)를 말하시오.

a. I was trying to learn something from Meryl Streep. She would go to dailies every day to watch herself.

b. We *shall* begin with that. Next, we shall note that she is married.

c. He *would* come in here every day and tell me how to run my business.

d. I *would* be glad to be No. 2 if we opened to a better number.

e. That'*d* be Alice; she said she was coming over to drop something off after dinner.

f. *Shall* we count them?

g. I'm going to take a vacation in January. I'*ll* probably go out to visit my grandmother.

h. Life, that's life to me. I would never have the opportunity to hold my children again.

제9장 시제와 상 Tense and Aspect

시제와 상에는 동작의 특성, 동작에 참여하는 개체들의 특징, 동작이 발생한 시간, 동작을 바라보는 화자의 시각에 대한 정보를 담고 있다. 이런 정보를 모두 고려해야만 문장의 시제와 상에 나타난 의미를 보다 정확하게 포착할 수 있다.

9.1 기본 개념: 시제와 상[1]

영어의 시제체계에서도 나타나는 대표적인 특징으로 형태(form)와 의미(meaning)의 상호 관련성(correspondence)을 들 수 있다. 이 관계는 크게 세 가지 유형으로 나타난다. 먼저, 하나의 시제 의미(meaning)는 다양한 형태(form)로 실현될 수 있다. 미래 시제의 의미가 예문 (1)의 적어도 네 가지 다른 형태의 문장으로 표현될 수 있다.

(1) a. 현재 시제: I always **finish** what I start.
     b. 현재 진행: I **am leaving** tomorrow at dawn.
     c. 조동사 *will*: In 15 days, President Obama **will leave** the White House.
     d. 구 조동사 be going to: He **is going to visit** his grandmother tomorrow.

---

[1] 영어는 동사의 형태(verb forms)를 통해 동작의 시간뿐만 아니라 그 동작을 보는 화자의 시각을 명시한다. 동작을 보는 화자의 시각이란 동작이 완료되었는지(complete) 또는 진행되고 있는지(ongoing) 등을 의미한다. 동사 형태를 통해 전해지는 이 두 가지 정보를 문법적으로 시제(tense)와 상(aspect)이라 칭한다.

두 번째는 한 가지 형태(form)가 여러 가지의 의미(meaning)를 가질 수 있다. 예문 (2a)에서 조건절의 동작은 실제 발생한 것이 아니라, 가상의 행동이다. 이때는 동사가 과거형의 형태를 하고 있지만, 의미는 과거의 시간을 표현하지는 않는다. 예문 (2b)는 간접화법의 문장이다. 내포절 내부에 있는 동사 *liked*는 형태는 과거에 일어난 사건으로 표현되어 있지만, 아마도 여전히 그녀는 바닷가를 좋아하고 있을런지도 모르며, 아직 끝나지 않은 감정일 수도 있다. 예문 (2c)도 현재 하고 싶은 행동을 확인하는 문장이다. (2d)의 경우도 현재의 질문에 사용되는 과거형태의 동사가 발견된다.

(2)   a. If he **wanted** to talk, the others would listen.
       b. She told him that she **liked** beaches.
       c. **Did** you want to jump in here right now?
       d. What is it that the spies **wanted** to learn from you?

마지막으로 시제의 의미는 어느 정도는 동사 자체의 의미와도 밀접한 관련성이 있다. 예문 (3)은 현재 진행형 시제가 동작 *write*는 가능하지만, *know* 동사와 함께 사용될 수 없다는 것을 보여준다. 이것은 동작이 가지고 있는 의미적 특징 때문이다. 쓰는 동작(writing)은 완성하는 데 일정한 정도의 시간(duration)이 필요하며, 완성되기 이전 단계에 대해 묘사하는 것이 가능하다. 반면 아는 동작(knowing)에도 일정한 정도의 시간이 있기는 하지만 완성 단계를 설정하는 것이 어색한 동사이므로 아는 동작을 진행단계와 완성단계로 구분하는 것이 어렵다. 따라서 진행형과 완료형을 별도로 구분하지 않는다.

(3)   a. He is writing a book called How to Be a Family.
       b. *She is knowing it's not true.

1. 시제(단순상)

동사시제는 발화 순간에 하나의 동작이 발생하는 시간을 표현하는 것으로, 현재,

과거, 미래가 이에 해당된다. 영어는 이 시간을 동사의 어미변화(verb inflection), 조동사(auxiliaries), 시간의 부사(time adverbs), 전치사구 등을 이용하여 표현한다.

    a. The baby sleeps.   현재
    b. The baby slept.   과거
    c. The baby will sleep.   미래

2. 상(Aspect)

한 동작이 진행 중에 있으면 진행형(progressive)이고, 완료형(perfect)은 완료 또는 완성된 동작을 가리킨다. 영어에서는 시간과 상이 함께 교차적으로 명시된다. 발화 순간에 진행 중인 동작이 시간과 결합하여 (4)처럼 기술된다. 현재, 과거, 미래에 진행 중인 동작을 표현하게 된다. 이 진행형은 사건이 미완료되고 있는 상황을 묘사하고 있는데, 이런 방식은 특정 사건에 특별하게 관심을 끌도록 유도하는 데 다른 방식보다 효과가 있을 수 있다.

(4)   a. The baby **is sleeping** now.   현재시간   진행형
       b. The baby **was sleeping** an hour ago.   과거시간   진행형
       c. The baby **will be sleeping**.   미래시간   진행형

완료(perfect)상의 주요 의미는 한 사건이 시간상 다른 시점과의 관련성을 나타내는데 사용된다. 예컨대, 현재 완료형 (5a)는 한 사건을 발화하는 지금(now) 시점에서 이전에 발생한 사건을 회고적으로 언급하는데 사용된다. (5b)의 과거 완료형은 과거 시점에 대한 회고적 시선으로 묘사한 것이다.

(5)   a. Have you read all these books?   현재시간   완료형
       b. She had moved to Florida in 2008   과거시간   완료형

3. 어휘적 상(Lexical Aspect)

동사는 동작 자체의 특성에 따라 조금 더 세부적으로 분류될 수 있다. 즉, 동작에

지속시간(duration)이 있는지, 종료점(end point)이 있는지, 변화(change)가 포함되는지. 동작이 가지고 있는 이 세 가지 특성을 그 동사의 개별 어휘적 상(aspect)이라 한다. 이 어휘적 상에 따라 네 가지 동사 유형으로 세분된다: 상태(stative) 동사, 활동(activity) 동사, 달성(achievement) 동사, 완성(accomplishment) 동사. 이에 대한 세부적인 사항들은 제 3장 동사편을 참조.

9.2 영어의 시제 형태(Tense Form)

영어의 동사에 표현되는 시제와 상에 대한 정보를 담고 있는 형태(form)를 정리하면 다음 도표와 같다. 동작이 이루어지는 시간(과거, 현재, 미래)대별로 이루어지는 동작의 진행 상태를 묘사할 때 사용되는 동사의 형태로, 다음 도표의 시제 체계가 형성된다.

시제 \ 상	단순상 (simple aspect)	완료상 (perfect aspect)	진행상 (progressive aspect)	완료 진행상 (perfect progressive aspect)
기본형(base)		have + en	be + ing	have + en be + ing
현재(Present)	work(s) go(es)	have worked have gone	is working is going	have been working have been going
과거(Past)	worked went	had worked had gone	was working was going	had been working had been going
미래(Future)	will work will go	will have worked will have gone	will be working will be going	will have been working will have been going

9.3 영어의 시제

전통적으로 시제는 단순상(simple aspect)과 진행상(progressive aspect) 그리고 완료상(perfect aspect)이라는 개념에 현재, 과거, 미래의 시간을 결합한 개념이다.[2]

---

[2] 이 시제는 개념적인 이론이므로, 실제 우리가 살고 있는 시간과 약간 차이가 있다. 예를 들면,

단순상이라는 용어는 하나의 동작을 세 가지 단계(시작, 진행, 완료)로 나누어 개념화(또는 표현)하지 않는 시제를 가리킨다. 동작을 세분화하지 않고, 전체 사건을 하나의 사건으로 개념화하기 때문에, 동작의 진척되는 상황 혹은 변화되는 상황이 존재하지 않는 시제 표현이다.

(6)   a. Markus lives in rural Baltimore County.
        b. She is living in England.

예문 (6a)는 Markus가 발티모어 시골에 산다는 사실을 하나의 사건으로 묘사하고 있으며 이런 묘사 방식으로 인해 이 사건에 더 이상 어떤 진전(또는 변화)이 있을 것이라는 것을 읽을 수는 없다. 반면, 예문 (6b)는 산다는 사실의 전체 사건 가운데 일부를 전해 주고 있다. 이로 인해 그녀가 영국으로 이사 오기 이전에 다른 어디에선가 살았을 런지도 모르고 또한 다시 미래에 어디론가 이사할 수도 있을 수 있다는 것을 읽을 수 있다. 단순상이 가지고 있는 이런 특징을 기반으로 시간대별 사용법과 그 의미를 살펴보자.

1. 단순 현재 시제 (Simple Present Tense)

단순 현재 시제는 비교적 폭넓은 의미를 나타내는데, 기본적으로 현재의 상태(states), 습관적 행동(habitual action), 과학적 진실(scientific truth), 미래 동작(future action)을 표현한다.

먼저, (7)처럼 현재의 상태를 묘사한다. 습관적 행동은 (8)처럼 별도의 시간표현(예, *every Friday, regularly, always* + 시간)이 추가되어야 도출되는 의미이다.

(7)   a. The lake **looks** like a reflection of heaven.   상태(states)
        b. He **seems** to be having a really good time.
        c. She **owns** a successful fabric store.
(8)   a. He **watches** football **every Sunday**.   습관적 행동(habitual actions)

현재 시제라고 해서 반드시 우리가 살고 있는 현재 시간의 상황이나 사건만을 언급하는 것은 아니라는 의미이다.

b. I usually **spend** time with my friends **on Friday nights**.

세 번째로, 현재 시제는 일반적 사실을 진술하거나 과학적인 사실을 언급한다. 이 의미는 주로 ***be, exist, equal, thrive*** 등의 상태 동사나, ***boil, cool, dissolve, expand, freeze, grow, harden, rise*** 등과 같은 어휘적으로 상태변화를 나타내는 능격 동사(ergative verbs)로 표현된다.

(9) a. The blobs **dissolve** in water, but not fast.
 b. Water **boils** at 170 degrees centigrade, at this pressure.
 c. The square root of 81 **is** 9.
 d. Water **rises** from the deep ocean during natural upwelling events.

마지막으로 현재 시제는 (10)처럼 미래의 행동을 나타낸다. 이때는 좀 더 구체적인 시간표현(예, ***at eight o'clock, at dawn, tomorrow*** 등)이 추가된다.

(10) a. The bus **leaves** on time at 8:00 p.m.
 b. The game **starts** at 2:30.

이런 기본적인 의미 이외에, 특정한 문맥에서 현재 시제가 사용되는데, 대표적으로 '순간적인 현재(instantaneous present)'를 묘사한다. 예컨대, 스포츠중계에서 현재 진행되고 있는 게임을 묘사할 때 현재 시제를 사용한다.

2. 단순 과거 시제(Simple Past Tense)

단순 과거 시제는 발화시점 이전에 한 동작이 이루어졌다는 의미를 나타낸다.[3] 즉, 단순 과거도 사실(fact)을 묘사하는 장치(device)로써, 이 사건은 발화시점에서 좀 시간적인 거리(remoteness)감[4]이 있다는 것을 함축하고 있는 시제이다.

---

[3] 즉, 화자의 발화시점에서 바라본 동작의 결과(result)를 주로 기술하는 것이다.
[4] 기본적인 것은 시간상의 거리감이고, 가끔은 정서 또는 감정상의 거리감도 표현한다. 예컨대 조건절에 사용된 과거시제는 실제 이루어진 사건이 아니지만 정서상 거리감을 함축하고 있다고 판단할 수 있다.

단순과거는 종종 동작의 구체적인 시점을 가리키는 표현과 함께 나타내며, (11)은 여러 유형의 동사가 이런 시간표현과 함께 사용되고 있다. (11a)에서 동사가 상태 동사이므로, 종료점이 없는데, 시간의 부사 *then*과 함께 사용되었고, 이로 인해 이 상태가 여전히 존재할 가능성이 열려있다. (11b)-(11d)는 동사들이 종료점이 있는 동사들인데, 이 종료 시점을 구체적으로 명시하는 부사와 함께 나타났다.

(11)　　a. I **loved** the passion of Alabama **then**.　　　　　상태 동사
　　　　b. **When they played soccer**, his brother **ran** like a deer.　활동 동사
　　　　c. They **built** that hotel **in the early 19th century**.　　완성 동사
　　　　d. He **reached** Cambridge **shortly before three o'clock**.　달성 동사

이 외에, 과거 시제는 (12)처럼 대화를 전달할 때와 비현실적인 조건을 기술할 때 역시 사용된다.

(12)　　a. The instructor said, "First, I am going to show you how to play the game."
　　　　b. The instructor said that first he was going to show you how to play the game.
　　　　c. If I made a mistake like that, I couldn't retrace my steps[5].

마지막으로 요청문과 의문문에서 단순 과거 시제는 단순 현재 시제 대신 사용되어 더욱 공손한 표현을 만든다.

(13)　　a. I want to ask you a favor.
　　　　b. I **wanted** to ask you a favor.　　　보다 공손
　　　　c. Do you want to see me now?
　　　　d. **Did** you want to see me **now**?　　보다 공손

---

[5] retrace my steps 온 길을 되돌아가다.

3. 단순 미래 시제(Simple Future Tense)

　미래의 어느 시점에서 발생할 동작은 다섯 가지 방식으로 표현될 수 있다. 먼저 **will, be going to** 표현이 있다. 이 둘의 차이점은 화자가 단순히 발생할 가능성을 표현하느냐 또는 계획된 활동을 표현하느냐의 차이이다. 화자가 주어인 (14c)같은 문장은 *be going to*의 표현이 선호된다.

(14)　　　a. He will call you tonight.
　　　　　b. He is going to call you tonight.
　　　　　c. I'm going to call you next week.

　두 번째로, 시간표현과 함께 사용되는 단순 현재 시제는 미래 동작을 가리킬 수 있다.

(15)　　Several long-awaited videos **arrive** in this shop **on Thursday**.

　세 번째 방식으로, 가까운 미래에 예정되어 있는 동작은 현재 진행형 시제로 표현된다. 이때 부사와 다른 시간표현들이 이 가까운 미래의 의미를 명확하게 표시한다.

(16)　　　a. They're coming to our house **this summer**.
　　　　　b. I'm coming back **in five minutes** and you'd better be ready to go.

　네 번째로, *be about to*는 바로 가까운 미래에 발생하기로 예정되어 있는 동작을 표현한다.

(17)　　Aislinn **is about to** send her parents to jail.

　마지막으로 *be to*를 통해서도 미래를 표현한다. 이 형태가 가장 드물게 사용된다.

(18)　　The more they discover their differences, the more determined they **are to** stay apart.

4. 현재 진행형 (Present Progressive Aspect)

현재 진행형은 기본적으로 발화 시점에 동작이 진행되고 있다는 의미를 명시한다. 특히 *right now*와 같은 시간 부사는 (19a)의 활동 동사와 (19b)의 성취동사와 함께 쓰여, 진행 동작의 즉각성(immediacy)을 강조한다. 또한 (19c)의 시간표현은 다소 긴 기간 동안 진행 중인 동작이 발생하고 있음을 표현한다.

(19)　　a. They're studying a little bit about art **right now**.
　　　　b. They are landing **right now**.
　　　　c. **Now** the Democrats are putting pressure on the President.
　　　　d. We are living in London　vs.　We live in London.
　　　　e. The boy is standing in the middle of the room vs. The statue stands in the middle of the square.

진행형은 기본적으로 동작의 지속시간(duration)이 있음을 표현하는 한 방식이다. 상태동사, 활동 동사와 성취동사 역시 동작의 지속시간을 가지고 있지만, 진행형이 가지고 있는 지속시간과의 차이점은 지속시간의 길이에 있다. 진행형은 다소 **제한적인 지속시간**(limited duration)을 명시하는 경향이 있다. (19d)-(19e)에서 이런 차이를 포착할 수 있다.

(20)의 짧은 시간 동안 발생하는 달성 동사의 경우(예, *bang, bounce, hit, kick* 등)에는 현재 진행형을 써서 반복적인 의미를 전하게 된다.

(20)　　a. The child is banging at her door so powerfully that she can no longer resist.
　　　　b. A deer is bouncing up a hillside directly away.

이 기본적 의미 외에, 현재 진행형은 여러 가지 다른 의미를 나타낸다. 예정되어 있는 미래 사건을 명시할 때 사용한다. 두 번째는 습관적인 행동을 명시할 때 사용하는데, 시간 부사 *always, forever* 등이 함께 사용된다.

(21)   a. Jerry is always calling Dave a 'fat bastard'.
        b. My family's always teasing me about being a sore loser[6].

　다음은 상태 동사가 현재 진행형으로 나타난 경우로, 이때는 다섯 가지 의미가 내포되어있다. 하나는 어떤 주장을 감정적인 면에서 생생하게 전하고자 할 때 사용된다. (22a)는 (22b)보다 더 감정적인 의미가 전해지는데, 이때 *really, always, constantly, dreadfully*와 같은 부사수식어가 추가되어 의미를 더욱 강화시킨다.

(22)   a. This is really costing the taxpayer[7] 10 billion dollars a year.
        b. This costs the taxpayer 10 billion dollars a year.

　두 번째는 어떤 행동에서의 변화(change of state)를 강조하는 의도가 전달된다. 상태 동사의 진행형은 형용사와 함께 쓰여, 주어의 행동이 자신의 평상시의 행동이 아니라는 의미를 표현한다.

(23)   a. You're being very stubborn!
        (시사의미: 무슨 일이 있니? 평상시에는 이렇게 행동하지 않잖아!)
        b. You're very stubborn!
        (시사의미: 아무도 너와 함께 어울리고자 하지 않아.)

　변화의 개념은 (24)처럼 감각적 인지를 표현하는 *feel, hear, smell, taste*와 같은 상태 동사들과 함께 *today, this week*와 같은 시간 부사를 사용하면 의미가 한층 강화된다. (24)의 예문을 단순 현재 시제로 사용하면, 부사 표현 때문에, 역시 변화를 나타내긴 하지만, 변화의 정도나 과정을 표현하지는 못한다.

---

[6] sore loser 진 것을 깨끗이 인정하지 못하는 사람
[7] taxpayer 납세자

(24) a. The Wall Street is smelling the bacon **today**.
b. Autocracy in the Arab world's largest country is looking shaky **this week**.

다음은 변화가 전개되는 측면에 중점을 두는 의미를 표현한다. ***Appear, resemble, seem, believe, know, mean, understand***와 같은 상태 동사들이 진행형으로 표현되면, 화자가 이전에 언급한 변화가 전개되고 있음을 표현한다. 따라서 ***more and more, worse and worse, faster and faster***와 같은 표현과 함께 사용되면 (25)처럼 변화과정의 방향이 표현된다.

(25) a. The baby is resembling his father more and more every day.
b. He's looking worse and worse by the minute.
c. The candidate is sounding less and less sure of himself.
d. With the Internet and satellite TV, people are understanding more and more every day.

네 번째로, 비형식적인 상황에서 정중한 어조를 나타내고자 할 때, 현재 진행형을 사용한다. (26b)처럼 요청과 바람을 표현하는데 단순 현재 시제를 사용하는 대신, (26a)처럼 진행형 상태 동사를 사용하게 되면, 비형식적인 상황에서도 더욱 공손한 어조를 전하게 된다.

(26) a. People are hoping there will be happy news announced soon.
b. People hope there will be happy news announced soon.

마지막으로 *doubt, remember, think* 등의 인지 상태 동사는 현재 진행형을 사용해서 확고한 의견을 회피하거나 부드럽게 만든다. (27)에서 현재 진행형을 사용해서, 청자가 화내는 것을 피하는 효과를 얻고자 한다.

(27) a. Mind you, I'm not doubting your word, but I did get a different version of what happened from Peter.
b. No, I'm sort of thinking that I'd like to try a bit higher level heel, anyway.

5. 과거 진행형(Past Progressive Aspect)

　과거 진행형은 발화 시점 이전에 진행 중인 동작이라는 의미를 표현한다. 과거 진행형은 주로 이 동작이 진행되고 있었던 시간상의 한 지점을 가리키는 시간표현과 함께 사용된다. (28a)는 진행되고 있는 시점, (28b)는 종료되는 시점, (28c)는 진행되고 있던 기간을 추가로 명시한다.

(28)　　a. I was watching the football game **at eight o'clock**.
　　　　b. She was writing the essay **until midnight**.
　　　　c. This workshop was running yesterday **from one to five o'clock**.

6. 미래 진행형(Future Progressive Aspect)

　미래 진행형의 의미는 미래에 진행되고 있을 동작을 가리킨다. 동작이 시작하거나 진행되고 있을 시간, 예정되어 있는 시간의 길이를 나타내는 시간표현들이 함께 사용된다.

(29)　　He will be waiting for your staff at the airport at ten o'clock tomorrow.

7. 현재 완료형(Present Perfect Aspect)

　전형적으로 완료상이라는 이론적 개념은 완료된 동작을 표현하는 것이다. 완료된 동작이라는 것은 한 동작이 완성되는데 걸리는 일정한 시간과 그 과정이 다 지나서 끝나는 것을 의미한다. 완료형(perfect aspects)은 전통적으로 많은 의미를 표현하는 것으로 알려져 있다. 이는 주로 동사의 어휘적 상의 특징으로 나타나는 것인데, 다음에서 차례로 확인해 볼 수 있다.

　현재 완료형은 주로 지속 기간을 명시하는 시간표현들인 *for six years, since 1999, over the last six months* 등과 함께 사용되며, 네 가지의 의미로 구분해 볼 수 있다. 먼저, 과거에 시작해서 현재까지 지속되는 상황을 표현하며, 구체적인 지속 기간은 전치사구 *for, since*를 통해 명시된다.

(30) a. Michael Long has lived in Colorado since 2000.
 b. Schafer has been a teacher in Toronto for the past 22 years.
 c. Russell has loved art since she was 12.
 d. Gabriele, a father of three, has worked for the pope for 9 years.

(30a)-(30c)의 동사는 상태 동사이고 (30d)는 활동 동사이다. 이 **상태동사와 활동 동사는 동작의 지속 기간이 무한한 어휘적 속성을 가지고 있다.** 따라서 (30)은 발화의 순간까지 지속되어 미래까지 지속될 수도 있는 과거의 상태나 활동을 기술하는 문장으로 해석된다. 이때 전치사구들이 지속 기간을 명시한다.

두 번째 의미로, 최근에 완료된 행동을 표현한다. (31a)-(31b)는 달성 동사이고, 현재 완료형으로 나타나면 전체 의미는 이 동작이 발화 순간에 순간적으로 완료된 행동을 묘사한다. (31c)와 (31d)는 완성 동사이고 현재 완료형과 결합된 의미는 최근에 또는 막 행동이 완료되었다는 의미를 나타낸다. 이때 *recently, just*와 같은 표현들이 이 완료된 의미를 강화시켜 준다.

(31) a. The business leaders have reached the same conclusion, which the Congress needs to act.
 b. They have arrived at the palace gates.
 c. Thomas Mallon has recently written a novel about the John F. Kennedy assassination.
 d. One of them has just drawn a line in the sand that they are staring.

세 번째 의미로, 명시되지 않은 시간에 발생해서 현재까지 관련성이 존재하는 동작을 표현한다. 여기에서 현재까지의 관련성이 존재한다는 의미는 '화자가 특정 동작을 주목할 만한 것으로 여기고 있다'는 것이다.

(32) a. He has read all of Shakespeare's plays.
 b. John has written a new novel.
 c. I have already seen that movie.

(32)는 동사들이 완성 동사이다. 현재까지의 관련성이 있거나 주목할 만한 가치가 있다는 사실은 문장의미와 문맥에 의해 결정된다. (32a)는 모든 작품이라는 의미가 이런 의미를 제공하는 문맥이 된다.

마지막으로 일정 기간에 걸쳐 발생해서 발화의 순간에 완성된 동작을 기술한다. (33)의 동사들은 일정한 지속 시간에 걸쳐 나타나는 변화를 담고 있는 동작을 표현하는 활동 동사이다. 이 변화의 의미는 구체적인 지속 기간을 명시하는 시간표현으로 인해 더욱 강화된다. 활동 동사가 현재 완료형과 결합해서 제공하는 의미는 전개되고 있는 변화가 지금 완료되었다는 것을 표현한다. 지속 기간은 각각 전치사구를 통해서 표현되고 있다.

(33)　　　a. The price of a barrel of oil has doubled in the last 12 months.
　　　　　b. The income inequality in the U.S. has grown over the past three decades.
　　　　　c. Public health has improved vastly over the past century.

8. 과거 완료형(Past Perfect Aspect)

과거완료의 기본적인 의미는 과거의 어느 시점이나 다른 사건 이전에 완성된 과거의 동작을 표현하는 것이다. 과거 완료형은 종종 주절과 종속절로 되어있는 문장에 나타나는데, 이때 두 절 모두가 과거 시점에서의 사건들을 표현한다.

(34)　　　a. He had read it over breakfast a couple of hours before her fax arrived.
　　　　　b. Susan had already mailed me a copy of the issue when Hal called her.

이때 문장에서 그 절들이 나타나는 순서는 먼저 발생한 동작이라는 의미는 아니라는 것을 (35)의 예문들을 통해서 확인할 수 있다.

(35)　　　a. When she arrived, Steven had already left the house.
　　　　　b. Steven had already left the house when she arrived.
　　　　　c. By the time she arrived, Steven had already left the house.
　　　　　d. Steven had already left the house by the time she arrived.

Before, after, as soon as와 같은 시간 종속접속사가 있는 종속절은 과거 완료형 대신에 과거 시제를 사용할 수 있다. 종속접속사가 이미 사건의 순서를 마련해주는 의미를 소유하고 있기 때문에, 과거완료와 과거시제가 동일한 의미를 가지게 된다. (36a)와 (36b)는 동일한 의미를 가지는 것으로 인식한다.

(36)   a. Everyone ran on the street and the bars emptied as soon as they **had won**.
        b. Everyone ran on the street and the bars emptied as soon as they **won**.

반면 과거완료만이 가능한 문맥이 있다. (36b)에서 ***as soon as***는 비교적 짧은 지속 기간을 가지는 두 사건 사이의 시간순서를 나타내는 접속사이다. (37)처럼 두 번째 사건에 다소 긴 지속시간이 필요로 한 동사라면, 과거 분사형만이 가능하다. 완성 동사구 *discuss the project*는 긴 지속시간이 필요하므로 과거 분사만이 가능하고, (37b)의 과거형은 불가능하다.

(37)   a. An old boyfriend promised to call as soon as he **had discussed** the project with his therapist.
        b. *An old boyfriend promised to call as soon as he **discussed** the project with his therapist.

만일 두 번째 사건의 지속시간이 다소 짧은 달성 동사구 *close the door*가 나타났을 경우, 종속절은 (38)처럼 과거완료와 과거 시제 모두 가능하다.

(38)   a. Frankie backed out of the driveway as soon as he **had closed** the door behind him.
        b. Frankie backed out of the driveway as soon as he **closed** the door behind him.

9. 미래 완료형(Future Perfect Aspect)

미래 완료형은 어떤 특정한 미래시점 이전에 완료될 동작을 표현하는데 사용된다. 달성 동사들이 특히 미래 완료형에서 많이 사용된다. 달성 동사는 보통 동명사 보충어를 취한다. 왜냐하면, 그 동안 진행하고 있던 동작을 미래의 어느 시점에 완료한다는 의미를 전하게 되기 때문이다.

(39) I will have finished writing the papers before noon.

미래 완료형은 또한 (40)처럼 미래 기간까지 지속되는 상태를 측정하는 문맥에서 사용된다.

(40) This coming January we will have been married for 4 years.

일부 동사(예, *finish*)에서, 미래 완료형은 'will + be + 형용사' 형태로도 동일한 의미를 나타낼 수 있다.

(41) a. He will have finished by six o'clock.
      b. He will be finished by six o'clock.
      c. He will be through/ready by six o'clock.

10. 완료 및 진행상 (Perfect and Progressive)

완료상과 진행상은 함께 사용될 수 있다. 완료형이 가지고 있는 이전(prior)에 발생한 사건이라는 특징과 진행형이 보유하고 있는 미완료성(incompleteness)의 특징이 결합한 시제 형태이다. 예컨대 예문 (42)가 기술하고 있는 기다리는 동작은 지금 이전에 시작되었으며, 그 기다리는 것이 무한정 계속되는 것은 아닐 것이라고 이해할 수 있다.

(42) Because of work scheduling, I have been waiting at his house until he comes home.

먼저, 현재완료진행(Present perfect progressive)은 과거에 발생한 동작이 현재까지 확장되어 있는 활동을 표현한다. (43)처럼 지속 기간을 나타내는 시간표현과 함께 사용될 수 있다.

(43)   a. My father has been going to the same barber for forty years.
       b. Willow has been travelling up the West Coast.
       c. Since the Soviet Union' collapse in 1991, Russia has been adjusting economically and psychologically to the loss of an empire[8].

현재완료진행(present perfect progressive)과 현재완료(present perfect)는 가끔 서로 교차사용이 가능하다. 미묘한 차이점은 현재완료진행은 진행성(ongoingness)의 느낌을 준다. (44a)-(44b)가 모두 동일한 의미를 가지고 있는데, 단 (44a)의 활동동사 ***work***가 (44b)보다 조금 더 지속적이고 진행 중이라는 의미를 더해준다.

(44)   a. Haver has been working at a furniture store for seven years.
       b. Biologist Tom Lovejoy has worked in the Amazon for almost 40 years.

(45)에서는 이 두 시제 간에 교차사용이 불가능하다는 것을 볼 수 있다. (45)의 문장은 (44)에서 시간표현의 전치사구가 생략된 문장이다. (45a)는 여전히 현재 시간까지 업무가 지속되고 있다는 의미를 주는 반면, (45b)는 그 업무가 과거의 어느 시간에 발생했다는 의미만을 준다.

(45)   a. Haver has been working at a furniture store.
       b. Biologist Tom Lovejoy has worked in the Amazon.

(46)은 완성 동사(accomplishment verbs) ***write (a novel)***이 사용된 문장이다. (46a)-(46b)도 (45)과 동일한 의미 차이를 보인다. (46a)는 그녀가 여전히 그 소설을 쓰고 있는 반면, (46b)는 그 소설을 쓰는 것이 완료된 동작이다. 그런데 지속 기간을

---

[8] adjusting economically and psychologically to the loss of an empire 제국의 멸망에 경제적 및 심리적으로 적응하고 있다는 의미

표현하는 전치사 구가 완성 동사와 함께 사용된 경우인 (46d)는 현재 완료형이 비문법적인 문장을 만들어 낸다.

(46) a. Charles Moore has been writing Margaret Thatcher's biography.
 b. Charles Moore has written Margaret Thatcher's biography.
 c. Charles Moore has been writing Margaret Thatcher's biography for more than 5 years.
 d. *Charles Moore has written Margaret Thatcher's biography for more than 5 years.

(47)은 write가 활동 동사로 사용된 문맥이다. *Margaret Thatcher's biography* 대신에 *children's books*로 대체한 문맥인데, 이때 (47a)-(47b)는 (46a)-(46b)와 동일한 의미 차이를 가지고 온다. 그런데 (47d)는 지속 기간을 나타내는 전치사구와 함께 현재 완료형이 사용되는 문맥이다. 이는 현재완료진행형인 (47c)와 동일한 의미를 소유하고 있기 때문이다.

(47) a. Tookie Williams has been writing children's books in prison.
 b. Tookie Williams has written children's books in prison.
 c. Tookie Williams has been writing children's books in prison for more than 10 years.
 d. Tookie Williams has written children's books in prison for more than 10 years.

따라서 (46)과 (47)의 예문을 통해서, 동사의 어휘상(lexical aspect)과 문장의 다른 어휘요소들과 결합하게 되면, 현재 완료형은 현재완료진행형과 동일한 의미를 나타내는 상황도 있고, 그렇지 않을 가능성도 있다는 것을 알 수 있다.

현재완료진행형이 지속 기간을 나타내기 때문에, *how long*으로 시작하는 질문에는 현재완료보다는 현재완료진행형이 선호된다. 그런데 여기서 주의할 점은 상태동사(*believe, know, possess, understand, want*)의 경우에는 진행형은 (49)의 비문법적인 문장을 만들어낸다는 것이다.

(48) a. ?How long have you studied?
b. How long have you been studying?
c. ?How long has it rained?
d. How long has it been raining?
(49) a. How long have you known him?
b. *How long have you been knowing him?

두 번째로, 과거완료진행형을 살펴보자. 과거완료진행형은 과거에 또 다른 과거 동작과 관련된 시점에 진행 중인 동작을 표현한다. 다른 과거동작은 *when*으로 표현되기도 한다.

(50) a. We had been studying Shakespeare's "Hamlet" in English class.
b. Barry had been drinking when a light broke out in the yard.

세 번째로, 미래완료진행형은 미래의 구체적인 시간까지 지속하게 될 동작을 표현한다. 이 동작의 지속 기간은 보통 *for*와 같은 시간표현으로 명시된다.

(51) a. His younger brother had been travelling on the Continent for more than a year.
b. He mentioned that his wife had been complaining of chest pains over the last couple of years.

11. 단순상, 완료상, 어휘상의 결합

시간대별로 특정한 어휘상을 가진 동사들이 완료상에서 어떤 전형적인 의미를 표현하는지를 검토해보자. 단, 신중해야 할 점은 전형적인 의미만을 살펴보는 것일 뿐이라는 것이다. 어휘상은 지금까지 검토해 본 것처럼, 문맥에 따라 상당히 다른 어휘상의 특징을 보인다. 변하지 않는 어휘상의 전형적인 의미가 있는 것은 아니라는 것에 주의하자.

예문 (52a)의 완성 동사와 (52b)의 달성 동사는 완료상과 잘 어울려서 완성된 이전의 사건임을 알려준다. 반면에 예문 (53)의 활동 동사의 완료 형태는 발화시점에 끝난 상태(53a)이거나 또는 끝나지 않을 수 있는 상태(53b)임을 알려준다.

(52) a. I have written a lot about this topic elsewhere.
 b. At the same time, the king and his new enemy have reached the fence.
(53) a. They have owned homes before.
 b. My family has owned a shop in Hilo since the 1920s.

활동 동사는 진행형과 빈번하게 사용되어 예문 (54a)에서 그 동작이 지속시간(duration)을 가지고 있다는 사실을 더욱 강조하게 된다. 반면 (54b)의 완성 동사가 진행형으로 사용되면, 아직 완성되지는 않긴 했지만 종료시점에 다다르고 있다는 진행상황을 강조하게 된다. 달성 동사는 (54c)에서 반복(iteration)의 의미를 표현하거나 또는 (54d)의 동작의 시작이나 초기단계임(inception)을 명시하게 된다. 예문 (54f)의 달성 동사는 한 순간의 시간을 연장시킴으로써, 달성과 관련된 동작을 강조하고 있다.

(54) a. They are washing dishes.
 b. The neighbors are building their own bridge.
 c. The kids are kicking the tires.
 d. Now our society is realizing that a college degree is really essential in terms of getting anywhere in your career.
 e. Military cargo planes[9] are landing at San Jose.

활동 동사가 완료 진행형으로 실현되면 동작이 과거에 시작되어 현재까지 지속 기간을 유지하고 있다는 것을 의미한다. 예문 (55a)는 기다리는 활동 동사가 과거 어느 시점에 시작해서, 현재까지 일년 이상 지속되고 있다는 것을 암시하고 있다. 완성 동사의 경우 완료 진행형은 동작이 일정 시간동안 지속되고 있는 것이 아직도 완료되지 않았다는 것을 표현한다. 예문 (55b)는 공부하고 있는 내용을 약 이십년

---

[9] military cargo plane: 군화물 수송기

동안 지속적으로 하고 있으며 아직도 끝나지 않았다는 정보를 제시한다. 달성 동사는 완료 진행형을 잘 발견할 수가 없지만 반복적인 의미를 표현할 때 가끔 사용된다. 예문 (55c)는 중학교 시절 이후 지속적으로 남자들과의 경쟁에서 반복적으로 승리를 하고 있는 상황을 묘사하고 있다.

(55)   a. At least they have been waiting for more than a year.
       b. I have been studying West African percussion for about 20 years.
       c. I have been winning men over since junior high school.

12. 시제와 상(Aspect)의 비교 및 대조

시제와 상이 다양한 방식으로 결합되었을 때 나타나는 의미차이를 비교함으로써 시제체계를 이해해 본다. 단, 이 의미차이는 전형적(typical)으로 포착되는 의미이므로, 시제와 상이 결합된 모든 문장이 이런 의미를 보인다고 말할 수는 없다.

1) 현재형과 현재 진행형

현재 진행형은 진행이라는 동작의 제한된 측면을 나타내는 반면, 현재형은 지속기간이 긴 상태를 나타낸다. 예문 (56a)는 말하는 순간 엄마가 아빠 셔츠를 입고 있는 상황을 보고 있는 것이며, 예문 (56b)는 엄마가 늘 습관적으로 아빠 셔츠를 입는 것에 대해 말하는 것이다.

(56)   a. Mommy, why are you wearing Daddy's shirt?
       b. Mommy, why do you wear Daddy's shirt?

현재 진행형은 또한 구체적인(또는 임박해 있는) 사건을 언급할 때 사용하는 반면, 현재형은 비교적 일반적인 사건을 언급하기도 한다. 예문 (57a)는 크리스마스 시즌인데, 다가오는 크리스마스 날에 뭘 할 것인지를 묻는 반면, 예문 (57b)는 일반적인 휴일로써 크리스마스 날에는 뭐 하는지를 묻는 것이다.

(57)   a. What are you doing for Christmas?
           b. What do you do for Christmas?

현재 진행형은 활동(activity) 동작을 나타내는 반면, 현재형은 상태를 나타내기도 한다. 예문 (58a)는 생각하고 있는 활동을 묘사하고 있으며, (58b)는 생각하고 있는 상태를 기술하고 있다.

(58)   a. She cannot accept the fact that your father **is thinking** about marrying Molly.
           b. Everyone **thinks** I'm a mathematical genius.

2) 현재완료형과 현재완료 진행형

현재완료 진행형은 현재완료형과 비교해 볼 때 활동상태(activity)를 강조한다. 예문 (59a)는 규칙적으로 환자를 방문하고 있는 활동에 초점을 두고 있으며, (59b)는 지금이 아니라 이전에 방문했던 경험을 기술하고 있다.

(59)   a. A young woman **has been visiting** this patient on a regular basis.
           b. I **have visited** the church many times.

현재완료 진행형은 또한 앞으로도 동작이 계속 진행될 것이라는 것을 시사하는 반면, 현재완료형은 동작이 계속될 가능성만을 암시한다. 예문 (60a)는 여러해 동안 이 일을 해 오고 있기 때문에 앞으로도 다른 것을 할 생각이 없음을 시사하며, (60b)는 지금까지 이 일을 했었기 때문에 다른 일을 해 볼까 생각하는 시점에 있다는 것을 읽을 수 있다.

(60)   a. I **have been teaching** at the university for several years now.
           b. I **have taught** at the university for several years.

3) 과거형과 현재완료형

과거형과 현재완료형은 사건이 발생한 시간이 다르다고 말할 수는 없다. 그렇다면 예문 (61)은 어떤 차이가 있을지를 생각해보면, (61a)의 현재완료형은 사건이 발생한 시간 보다는 현재의 시각에서 사건을 바라보는 화자의 태도에 중점을 두고 있다고 할 수 있다. 반면 (61b)의 과거형은 발화시점과 어느 정도의 시간상의 거리감(remoteness)이 있는 사건의 발생 시간에 중점을 두고 있다. 따라서 과거형은 사건이 발생한 과거의 시간을 표현하는 시간부사(*yesterday* 등)와 함께 쓰이면 더욱 명료한 의미를 전달하게 된다.

(61) a. Jessica has joined an aerobics class.
      b. Jessica joined an aerobics class.

또한 예문 (62)의 경우, 과거형은 완료된 동작시간을 나타내는 반면, 현재완료형은 미완료된 동작시간을 나타낼 수 있다. (62a)는 여전히 호프만이 투싼에서 살고 있는 반면, (62b)는 방금 떠났거나 더 이상 살고 있지 않다는 것을 시사한다.

(62) a. Jonathan Hoffman has lived in Tucson all his life.
      b. Jonathan Hoffman lived in Tucson all his life.

■ 연습문제 9.1

다음 문장이 문법적인지 비문법적인지를 말하시오. 비문법적이라면, 그 이유를 설명하시오.

1. I am usually spending time with my friends on Friday nights.
2. When we were reaching the top of the stairs, images of the tropics came to a thudding halt.
3. I will be discussing the distribution and redistribution of values on Friday.
4. She was working at a drugstore since last January.
5. Water is expanding as it warms, contributing to rising seas, and melting glaciers lead to higher sea levels, too.

6. She was always complaining about her job as an elementary school teacher.
7. She takes a literature course in college next fall.
8. He has just written his first novel called "Between the Bridge and the River."
9. Public health has improved vastly over the past century.
10. We have talked about all these famous people last Tuesday.
11. She already cooked the steak when we came back home.
12. He would have made that call even if he needed Munroe's help.
13. He basically did not get any special preferential treatment on Monday.
14. They will have been married for over 30 years this December.
15. Several Windows remote-control programs will be available by the time you read this.
16. An old boyfriend beamed at Nancy's request over dinner, and promised to call as soon as he discussed the project with his therapist.
17. Free chips, salsa, and refried beans appeared on their table as soon as they sat down.
18. He has been studying the effects of smoking on health for over one hour when he decided to take a short nap.
19. I have been reading their Twitters in the break. It's very good, but there are a couple of points that need to be clarified.
20. The Kratts have been studying since Chris and Martin were in college, so it's time to stop and do something else.
21. Cheryl has been working on that paper since January.
22. He will be traveling for about 23 hours when he lands in Moscow tomorrow morning.

■ 연습문제 9.2

다음 각 문장의 의미상의 차이점을 설명하시오.

1. a. Your friends are about to get off the plane.
   b. Your friends are going to get off the plane.
2. a. The plane is landing at Incheon International Airport.
   b. The plane will land at Incheon International Airport.
3. a. They snored and talked in his sleep all night long
   b. They were snoring and talking in his sleep all night long.
4. a. They are very polite.
   b. They are being very polite.
5. a. They will discuss the wisdom of Obama's tax cut for the next three years.
   b. They will be discussing the wisdom of Obama's tax cut for the next three years.
6. a. How long have they been waiting for him?
   b. How long did they wait for him?
7. a. How long had they been living in Seoul?
   b. How long has they been living in Seoul?
8. a. He has been working for this company for a little over two months.
   b. He has worked for this company for a little over two months.
9. a. The couple has built a red house on the middle of town.
   b. The couple has been building a red house on the middle of town.

제10장 다어 동사 Multiword Verbs

일반적으로 하나의 동작은 하나의 동사를 통해 표현되지만, 몇몇 동작은 하나 이상의 단어로 표현되는데, 이를 다어 동사구라 하며, 구동사(phrasal verbs), 전치사 동사(prepositional verbs), 전치사성 구동사(phrasal prepositional verbs)로 세분된다.

10.1 구동사 (Phrasal Verbs)

구동사는 동사와 불변화사(particle)로 이루어진다. '불변화사(particle)'라는 용어는 다른 문맥에서는 전치사나 부사로 기능을 하지만 구동사의 일부일 때는 전치사나 부사의 기능을 하지 않는 표현을 지칭한다. 이렇게 구성된 구동사의 의미는 개별 단어 의미가 결합되어 만들어진 의미를 갖지 않는다. 구동사 *rule out*(제거하다)은 *rule* 의미와 *out* 의미를 결합해서 만들어지는 것은 아니다.

기본적으로 구동사도 하나의 동작을 가리키는 표현이므로 어휘적 중의성을 가진 다의어(polysemous) 속성을 가지고 있다. 이 특징은 다음 *set up* 표현이 적어도 다섯 가지의 의미로 사용되는 것을 통해 확인할 수 있다.

a. The break from work really **set** me **up** for the new year.
b. They **set up** a new machine.
c. Harvey has **set up** a meeting for Friday.
d. One of the key people who chose to **set** the company **up** in that way.
e. Today maybe they'll be able to **set** the level **up**.

구동사는 두 가지 유형으로 세분되는데, 하나는 (1a)의 타동사형 구동사이고, 다른 하나는 (1b)의 자동사형 구동사이다.

(1)   a. Maggie **looked up** the recipes online.
       b. Maggie **sat up**.

1. 타동사형 구동사 (Transitive Phrasal Verbs)

이 유형은 불변화사가 어느 위치에 나타나는지에 따라 세 가지 유형으로 구분된다. 먼저, 분리(separable) 타동사형 구동사가 있는데, 불변화사가 동사와 분리되어 목적어 다음 위치에 나타난 유형이다. (2)의 *look up*이 분리형 타동사 구동사이다. 이 유형에 속하는 것으로 *get back, pick up, put on, look up, make up, take off, take on, turn off* 등이 있다.

단, 목적어가 대명사나 지시대명사일 경우, 불변화사는 (2c)처럼 분리가 의무적이다.

(2)   a. Maggie **looked** the recipes **up** online.
       b. John **looked** it **up**.
       c. *John **looked up** it.

반면 (3)처럼 *some, other* 같은 비한정 대명사나 *a few, several*과 같은 양화사는 분리가 의무적이지는 않다.

(3)   a. I picked **up** some/a few there.
       b. I picked some/ a few **up** there.

만일 목적어 명사구가 길 경우, 불변화사 분리가 불가능하다. (4)처럼 목적어 명사구가 지나치게 길어서, 동사와 불변화사가 너무 멀리 떨어지게 되면 (4b)처럼 어색한 문장을 만들어 내게 된다.

(4)   a. Chandra **looked up** directions to the mansion in the park.
        b. #Chandra **looked** directions to the mansion in the park **up**.

두 번째 유형으로 비분리형(inseparable) 타동사형 구동사가 있다. 불변화사가 동사와 분리가 전혀 불가능한 유형이다. (5c)의 목적어가 대명사여도 분리가 불가능한 유형이다. 이 유형에 *come by* (acquire), *look into* (investigate), *run into* (encounter) 등이 있다.

(5)   a. Don't **pick on** children who are younger and smaller than they are.
        b. Don't **pick on** him.
        c. *Don't **pick** him **on**.

세 번째 유형으로, 영구분리형(permanently separable) 타동사형 구동사가 있다. 이 유형은 불변화사가 반드시 목적어 다음에 위치해야 하는 유형이다. 예로 *get* (someone) *down*, *let* (someone) *off*, *ask* (someone) *out*, *do* (something) *over*, *see* (something) *through*가 있다.

(6)   a. President Bush was fairly effective in trying **to get** Clinton **down** on the issue of having it both ways.
        b. President Bush was fairly effective in trying **to get** him **down** on the issue of having it both ways.
        c. *President Bush was fairly effective in trying **to get down** him on the issue of having it both ways.

(7)   a. He thought the police were both too powerful and **let** criminals **off** too easily.
        b. He thought the police were both too powerful and **let** them **off** too easily.
        c. *He thought the police were both too powerful and **let off** them too easily.

이 구문 구조와 유사해 보이는 숙어 구문이 있다. (8a)는 '엄청나게 울다(*cry profusely*)', (8b)는 '박장대소하며 웃었다(laugh uproariously)'라는 의미를 표현하는 숙어적 구문이다.

(8) a. My wife **cried** her eyes **out** when she heard how he died.
   b. The audience **laughed** their heads **off** at a production of Noel Coward's Design for Living that I found desperately unfunny.

2. 자동사형 구동사 (Intransitive Phrasal Verbs)

자동사형 구동사도 순수 자동사형 구동사(pure intransitive phrasal verbs)와 능격형 구동사(ergative phrasal verbs)로 양분된다. 먼저, 순수 자동사형 구동사는 (9)처럼 동사와 불변화사 사이에 부사가 삽입될 수 없다.

(9) a. The van **took off** quickly while she was holding on to the door handle.
   b. *The van **took** quickly **off** while she was holding on to the door handle.
(10) a. When I **sat down** very slowly, the younger of the two women glanced at me for a moment.
   b. *When I **sat** very slowly **down**, the younger of the two women glanced at me for a moment.

자동사형 구동사는 전치사구와 함께 나타날 수 있다. (11b)의 전치사구 *to the next subject*은 이 문장에서 목표(goal)의 의미 역할을 그리고 (12b)의 전치사구 *of the hotel*은 출처(source)의 의미 역할을 갖는다. (12c)-(12d)처럼 이 전치사구 다음에 장소나 시간을 나타내는 전치사구들이 추가적으로 나타날 수 있다. 주의 할 점은 장소와 시간을 나타내는 전치사구는 자동사형 구동사의 성분은 아니라는 점이다.

(11) a. I am ready to move on.
   b. I am ready to move on [to the next subject].
(12) a. He has to check out.
   b. He has to check out [of the hotel].
   c. He has to check out [of the hotel] [at 6:50].
   d. He has to check out [of a hotel] [at 6:50] [the next morning].

두 번째 유형으로 능격형 구동사가 있는데, 이 구동사는 주어가 경험하는 동작을 묘사한다. (13)의 *break down, die down, taper off, crop up* 등의 예가 있다. 몇몇 능격형 구동사는 (14)처럼 타동사 구문으로 전환될 수 있다.

(13)   a. After a few minutes, the fire started to **die down**.
        b. The snow is supposed to **taper off** by about today here in New York.
        c. The problems **crop up** where there are conflicts over who's doing what.
(14)   a. The ship **blew up**.   능격형 자동사
        b. They **blew up** the ship.   능격형 타동사
        c. They **blew** the ship **up**.

10.2 전치사성 동사 (Prepositional Verbs)

전치사성 동사는 동사와 전치사로 이루어진 동사구를 지칭한다. *Decide on, stare at, care for, stand for, depend on, apply for* 등이 있다. 전치사적 동사는 타동사 구문이다. (15)-(16)처럼, 동사와 전치사 사이에 목적어가 삽입되어서는 안 된다.

(15)   a. She **applied for** the job of directing family programs.
        b. *She **applied** the job of directing family programs **for**.
(16)   a. I **depended on** him for food and company.
        b. *I **depended** him for food and company **on**.

의미적으로 대부분의 전치사성 동사의 의미는 보통 동사 단독의 의미에서 도출된다. 물론 몇몇 동사들은 그 의미가 동사 단독에서 온 것인지, 아니면 전치사와의 결합으로 도출된 것인지 애매모호할 경우가 있다.

1. 구동사와 전치사 동사 구분법

문장에서 구동사인지 전치사성 동사인지 구분하기가 쉽지 않긴 하지만, 다음 다섯 가지 테스트를 통해 이를 구분해 볼 수 있다. 먼저, 의미 테스트가 있다. 구동사

에서는 전체의 의미가 개별 요소 의미를 합해진 의미에서 도출하는 것이 불가능한 반면, 전치사적 동사의 의미는 개별 동사의 의미에서 도출될 수 있는 특징이 있다.

다음은 불변화사 이동 테스트가 있다. 분리 구동사만이 불변화사 이동이 가능하다. 따라서 동사 다음에 있는 요소가 목적어 다음으로 이동할 수 있으면, 분리형 구동사(separable phrasal verbs)이다.

(17)   a. I am sure Leon Yardley would **back up** that statement.
        b. I am sure Leon Yardley would **back** it **up**.

부사 삽입 테스트 방법을 이용해 보면, 자동사형 구동사는 일반적으로 동사와 불변화사 사이에 부사를 삽입하지 못한다. 타동사형 구동사도 마찬가지이다. 반면 (18c)의 전치사성 동사는 동사와 전치사 사이에 부사를 삽입하는 것이 가능하다.

(18)   a. *When I **turn quickly out** the lights at night, I hear her whisper.
                                                                                    분리 구동사
        b. *He **ran unexpectedly into** an old buddy.
                                                                                     비분리 구동사
        c. Greg **stared intently at** the door there for a while.
                                                                                     전치사성 동사

다음은 관계절 테스트가 있다. 관계 대명사가 전치사의 목적어일 경우, (19)와 (21)처럼 두 가지 관계절 구문이 만들어지는데, 관계절 속에 전치사가 문장 마지막에 위치할 수도 있고 또는 맨 앞에 위치할 수도 있다. (19)의 *for*는 불변화사가 아니라 전치사이고, *wait for*도 전치사성 동사구이다. 두 가지 유형의 관계절이 불가능한 (20)은 구동사이다.

(19)   a. The promotion [**that** she was waiting **for**] was delayed.
        b. The promotion [**for which** she was waiting] was delayed.
(20)   a. The five different hats, [**which** she tried **on**], didn't fit her.   구동사
        b. *The five different hats [**on which** she tried] didn't fit her.

(21)   a. The crucial factor [which the success of any school depends on] is the support of the community.　　　　　　　　　　전치사성 동사
　　　　b. The crucial factor [on which the success of any school depends] is the support of the community.

　　마지막으로 wh-의문문 테스트가 있다. 전치사성 동사구에서 'wh-의문문'은 (22)처럼 두 가지 형태를 만든다. 전치사의 목적어가 의문문을 형성할 경우, (22)와 같이 전치사가 문미에 또는 문두에 나타날 수 있다. 그러나 이 의문문을 형성하는 주절의 동사가 구동사일 경우 (23)과 같이 동사와 불변화사는 분리될 수 없으므로 (23b)처럼 비문이 된다.

(22)   a. **Who** was your father shouting **at** to slow the hell down?
　　　　b. **At whom** was your father shouting to slow the hell down?
(23)   a. **What** are you looking **up**?
　　　　b. *****Up what** are you looking?

　　지금까지 살펴본, 테스트 방법을 기반으로, *run across*의 동사구의 성격을 확인해 보면, (24)의 결과를 얻을 수 있으므로, 구동사라고 할 수 있다.

(24)   a. Veronica **ran across** a story on a military Web site.　비분리 구동사
　　　　b. *Veronica **ran unexpectedly across** a story on a military Web site.
　　　　　　　　　　　　　　　　　　　　　　　　　　　　　　　　부사 삽입
　　　　c. *The story on a military Website **across which** she ran was important?
　　　　　　　　　　　　　　　　　　　　　　　　　　　　　　　　관계절
　　　　d. *****Across what** did she run?　　　　　　　　　　　　*Wh*-의문문

2. 유사 전치사성 동사 구문

　　표면적으로 전치사성 동사처럼 보이는 구문이 두가지 있다. 먼저, '동사+명사구+형용사' 구문이 있다. *Cut, set, wash*의 동사류는 다음에 형용사가 와서, 제 3의 의미를 만들어낸다. 예를 들면, *cut short*는 '삭감하다(curtail)', *set free*는 '해방하다

(liberate)'의 의미를 끌어낸다. 이것은 전치사성 동사와 유사해 보이긴 하지만, 차이점은 동사 다음에 전치사가 아니라 반드시 '형용사'가 위치한다는 것이다. 이들은 (25)-(26)에서 보는 것처럼, 보통 분리적인 특징을 보인다. 물론 (27)과 같은 예외도 있긴 하다.

(25)   a. The Toledo campaign denies that their candidate wants to **set** convicted terrorists[1] **free**.
        b. *The Toledo campaign denies that their candidate wants to **set free** convicted terrorists.

(26)   a. With some difficulty, she managed to **work** the zipper **loose** and open the pouch.
        b. *With some difficulty, she managed to **work loose** the zipper and open the pouch.

(27)   a. Ms. Serwinsky **cut** her vacation **short** to return to the firm.
        b. Ms. Serwinsky **cut short** her vacation to return to the firm.

두 번째 유형으로 '**be**+형용사+전치사' 구문이 있다. 이는 **be**동사가 다양한 형용사와 특정 전치사와 결합하여, 단순 동사와 유사한 의미를 가진 술어를 형성하는 구문이다. 예를 들면, *be able to*가 *can*과 동일한 의미를 가지고, *be afraid of*가 *fear*의 의미를, *be fond of*가 *like*와 동일한 의미를 가진다.

(28)   a. The child's school also needs to **be aware of** the child's allergy.
        b. Biffy **was** excessively **fond of** female fashions.

---

[1] convicted terrorists 기결수

10.3 전치사성 구동사(Phrasal Prepositional Verbs)

이 유형은 '동사+불변화사+전치사'로 이루어지는 구문이다. 모든 전치사성 구동사는 목적어와 함께 나타나므로, 타동사 구문에 해당된다. *Do away with* (something), *look up to* (someone), *put up with* (something), *run up against* (something), *look forward to* (something) 등이 있다.

(29) a. I am **looking forward to** voting for him again very soon.
      b. He **got away with** watching two hours of evening television.
      c. He **got away with** murder.

이 유형은 세 개의 어휘요소가 결합되어, 하나의 술어 의미를 만들어 낸다. *Do away with*는 '없애다(exterminate or abolish)'의 의미를 가진다. 이 세 요소가 결합하여 하나의 새로운 의미를 만들어 내기 때문에 이중 어느 것도 생략할 수 없다.

(30) a. We will never **put up with** the fact that Ukraine is in charge.
      b. *We will never **put up** the fact that Ukraine is in charge.
(31) a. The sooner the two of you **come up with** a plan of action, the better.
      b. *The sooner the two of you **come up** a plan of action, the better.

10.4 자유 결합형 구동사(Free Combinations of Verb + Preposition)

위에 살펴본 세 종류의 구동사 외에, 한 가지 유형을 더 소개한다. 세 종류의 구동사들은 동사 다음에 위치하는 요소가 명확하게 전치사 또는 불변화사의 기능을 한다. 반면 일부 동사 경우에는 전치사 또는 불변화사의 기능이 명확하게 드러나지 않은 경우가 있다. 이를 자유 결합형 구동사라고 하기도 한다. 이 유형의 동사구는 이중적 의미 해석(ambiguity)을 갖는 문장이 된다.

(32a)-(32c)는 모두 동일한 동사구로 되어 있다. 이 동사구가 각기 다른 주어와

결합하여 문장을 형성하고 있는데, 이때 *in*이 세가지 기능을 한다. (32a)는 *in*이 불변화사의 기능을 수행하여 *flew in*이 하나의 구동사('운행했다')를 형성한다. (32b)의 *in*은 전치사 기능을 하고 있어, 전치사적 동사구를 형성하며, 방향('비행기 쪽으로')의 의미를 나타내고 있다. 반면에 (32c)는 거의 모든 동사들에서 볼 수 있는 것으로 동사 다음에 전치사구가 위치해서, 장소의 의미를 나타내고 있다. 승객들이 이동하고 있는 장소가 비행기 안이라는 의미를 얻게 된다.

(32) a. The pilot flew in the plane.
 b. The sparrow flew in the plane.
 c. The passenger flew in the plane.

(33)에서도 역시 이중적 의미 해석을 얻을 수 있다. (33a) 문장은 (32b)-(32c)와 같은 방식의 의미를 얻을 수 있다. 하나는 전치사적 동사구의 의미로 *under*가 동작의 방향을 나타낸다. 우리가 나무 아래에 있는 장소로 향해 걸어갔다는 의미를 나타낼 수 있으며, 다른 한 가지 의미는 일반적인 장소의 의미로 우리가 걷기(운동)를 하고 있는 곳이 나무 아래라는 것이다.

(33a)의 두 가지 의미와는 달리, (33b)는 (32)처럼 세 가지 의미 해석을 얻는다. 하나는 구동사로 *ran down*이 하나의 동사구를 형성하여, 그가 그 길을 비방했거나 안 좋게 평가했다는 의미를 나타낸다. 다른 하나는 전치사적 동사구로 그가 그 길 아래방향으로 달려서 내려갔다는 의미인 반면, 마지막으로 일반 전치사구가 주는 장소의 의미로 그가 그 길 아래에 있는 어느 장소에서 달리기를 했다는 의미를 준다.[2]

---

[2] Radford(1999)에서 제시하고 있는 다음 (34)-(36)의 예문에서도 위에서 살펴본 이중성(ambiguity)의 의미를 얻게 되는 환경이 만들어진다.
 먼저 (34)는 'work + *at*' 다음에 있는 명사구가 달라짐에 따라, 전치사 *at*의 역할이 달라짐으로 인해 이중적 의미가 생성된다. (34a)는 *at*이 구동사로 사용되어 전치사 *at*이 불변화사 기능을 하는 반면, (34b)는 *at*이 전치사 기능을 하고 있다. (35a)에서도 전치사 *at*이 불변화사 기능을 하고 있고, (35b)는 전치사 기능을 하고 있다.

(34) a. Andrew will work at the job.
 b. Andrew will work at the office.
(35) a. Mary laughed at the clown.
 b. Mary laughed at 10 o'clock.

(33) a. We walked under the trees.
      b. He ran down the road.

10.5 불변화사에 나타난 상의(Aspectual) 의미

일부 구동사 유형에는 불변화사(particle)에 동작의 상(aspect)에 대한 의미가 내포되어 있는 유형이 있다. 먼저 동작의 시작 상태를 명시하는 개시의 상을 불변화사 *off*가 전달하는 경우이다.

(34) a. Kirby **set off** for the office before seven A.M.
      b. We were here yesterday as the event **kicked off** for the first day.

다음은 동작이 계속되고 있다는 것을 보여주는 연속 상(aspect)을 나타내는 불변화사로 *on*과 *along*이3 사용된다.

(35) a. **Keep on** until you come to the road.
      b. She **looked along** the railway.

처음과 마지막까지의 동작 지속구간을 나타내는 상(aspect)의 의미를 소유하는 불변화사로 *through*가4 있다.

다음 (36a)의 예문은 전치사 *on*이 전치사 기능을 할 때(보트 위에서 결정하다)와 불변화사 기능을 할 때(그 보트로 결정하다) 중의적 의미가 생길 수 있는 반면, (36b)도 *last night*가 *explain*의 목적어 기능을 할 때(지난 밤의 상황을 설명하다)와 시간을 나타내는 수식어 역할을 할 때(지난 밤에 설명하다)의 중의적 의미가 발생한다.

(36) a. John may decide on the boat.
     b. He couldn't explain last night.

3 carry on, bang on, come along, play along 등이 있다.
4 skim through, sing through, think through 등이 있다.

(36)   I wondered if she was going to **read through** each of the named sandwiches.

마지막으로 동작의 완료(completion)의 의미를 소유하는 불변화사로 *down, off, out, up*이 있다.

(37)   a. I ate up the barbecue.
        b. He closed the box up.
        c. She took a deep breath and **blew out** all the candles.
        d. Crystal **burned** the house **down** last night.

10.6 수여동사로서의 구동사

간접목적어가 형성하는 구문의 기본 구조 중의 하나가 '동사 + 간접목적어 + 직접목적어'이다. 이때 동사가 구동사로 실현될 때, 여전히 동일한 구조가 유지될 것인지 확인해 볼 필요가 있다. 예문 (38)의 구동사 ***pay back***의 경우 간접목적어 구문에서 실현되는 상황을 관찰할 수 있다. 먼저 간접목적어가 전치사구로 실현되는 구조에서 동사와 불변화사가 분리되지 않고 나란히 나타나는 것이 가능한 것이 (a)이다. 동일한 구조상에서 직접목적어를 중심으로 분리되는 것이 (b)이다.

반면 여격 구문에서는 간접목적어를 중심으로 동사와 불변화사가 분리되는 구조가 (c)이며, 문장의 마지막 위치로 분리되어 나타난 것이 (d)이다. 흥미롭게도 여격 구문에서 불변화사가 분리되지 않은 (e)는 (a)-(d)의 경우보다는 좋지 않은 문장으로 간주된다.

(38)   a. Sullivan **paid back** more than $7,000 to the state bank.
        b. Sullivan **paid** more than $7,000 **back** to the state bank.
        c. Sullivan **paid** the state bank **back** more than $7,000.
        d. Sullivan **paid** the state bank more than $7,000 **back**.
        e. ??Sullivan **paid back** the state bank more than $7,000.

■ 연습문제 10.1

다음 동사구들의 유형을 말하시오.

a. She says business has already started to **dry up**.
b. In the adjacent room, he **came upon** two people sleeping in the same bed
c. We didn't know the answer, but we can't **make** one **up** just because we're angry with him.
d. Students require the purchase of books that are not used, and fail to **hand out** a well-developed syllabus.
e. She looked at me and she said, 'We **got away** with the perfect murder'.
f. She had plans to **break up** with Dave.
g. How did she know he wasn't just **stringing** her **along**?
h. Charlie's friends are **getting together** this afternoon to spend a few hours telling him they love him.
i. Watching and listening from another room, the detectives quickly **figured out** that the husband's company was in bankruptcy proceedings.
j. I was just asked to **comment on** that ad that I heard on the air.
k. She was crying and she said that Lance had gone crazy and I needed to **get over** there.
l. As Perry begins a candidate-like tour of the country, he is **catching on** with the Republican base.
m. You can question the tactics but I refuse to let my political critics **get** me **down** in terms of they understand human rights and I don't.
n. My hand pounded on the door before I **was aware of** instructing it to do so.
o. In the late afternoon, he sat alone in one tavern or another and **listened** intently **to** stories of sailors long at sea.
p. The polished chrome finite makes you almost want to **scrub** them **clean** after every job.
q. You have said that your goal is not to **do away with** regulations.
r. When the firestorm **broke out**, the president basically said, we have got to speed up this process.
s. He goes to stand at the opening in the next room, and he **looks down on** the quiet street below.

제11장 간접 목적어 Indirect Objects

목적어 두 개가 있어야 동작을 수행할 수 있는 동사는 주로 대상물을 특정 개체에게 주는 동작에서 발견된다고 하여 수여동사라고도 한다. 동사와 목적어 사이에 받는 개체 하나가 추가되는 구문이며, 이 추가되는 개체를 간접목적어라 하며 특정한 상황에서는 문두에 위치하기도 한다. 간접목적어는 동작의 종류에 따라 다른 문법적 특징을 보인다. 이 장에서는 간접 목적어의 문법적 특성을 살펴본다.

11.1 두 유형의 간접 목적어

영어의 간접목적어 구문은 두 가지 형태의 문장을 형성한다. (a)와 같은 경우를 전치사 유형, (b)와 같은 경우를 대격 유형이라 한다.

　　a. John taught English **to students**.
　　b. John taught **students** English.

1. 전치사 유형 (Prepositional Pattern)

간접 목적어가 전치사와 함께 문미에 위치하는 문장 형태인 예문 (1a)에서, 직접 목적어는 행동을 경험하는 대상이 되고, 간접 목적어는 이 행동이 향하는 사람이 된다. 이것을 의미 역할(thematic roles)로 나타내면, 직접 목적어(*a book*)는 'theme'에 해당하고, 간접 목적어(*John*)는 'goal'의 역할을 한다. 이 전치사 형태를 허용하는 동사를 보통 여격 동사(dative verbs)라고 한다.

(1)   a. We gave a **laptop computer** to <u>everyone</u>.
         b. Mary bought a **stereo system** for <u>Lynn's father</u>.
         c. The researcher asked **this question** directly of <u>any of the twelve informants</u>.

전치사는 전형적으로 *to*, *for*, *of* 가 된다. (1a)의 *to*전치사로 실현되는 동사로는 *bring, give, say, sell, send, tell, throw* 등이 있다. (1b)의 *for*전치사 형태로 실현되는 동사는, '*bake, build, buy, cook, do, make, prepare*' 등이 있으며, *for* 여격 동사의 간접 목적어는 동작을 수행함으로써 이익을 얻게 되는 대상이 되므로, 이를 '수혜자(benefactive)' 의미 역할이라 한다. (1b)에서 린의 아버지가 가게에 가서 혼자 스테레오 시스템을 살 수 없기 때문에, 누군가가 린의 아버지를 위해 스테레오 시스템을 살 수 있다는 의미이다. 그 사람이 린의 아버지에게 스테레오 시스템을 주고 싶어서가 아니다. 마지막으로 (1c)처럼 *ask, require* 동사류는 *of* 전치사와 함께 나타난다.

2. 여격 이동 유형(Dative Movement Pattern)

문미에 있던 간접목적어가 자리 이동을 하여 동사와 직접목적어 사이에서 여격 형태로 존재하는 구문을 여격이동 구문이라 한다. 전치사의 도움 없이 자신이 직접 격변화 형태소를 보유함으로써 간접목적어의 의미역할을 수행한다.

따라서 예문 (1)의 전치사 세 가지(*to, for, of*) 모두가 삭제되고, 명사가 가지는 격변화만을 통해 각각의 의미역할을 명시하는 구문이 형성된다. 예문 (2)에서 간접 목적어 *to everyone, for Lynn's father*는 전치사 없이 여격 형태소의 *everyone, Lynn's father*의 명사구로 변화된다.

(2)   a. We gave a laptop computer to everyone.
           → We gave everyone a laptop computer.
         b. Mary bought a stereo system for Lynn's father.
           → Mary bought Lynn's father a stereo system.

11.2 간접목적어의 의미적 특징

전치사구 유형과 여격 유형의 간접 목적어에는 의미적인 제약이 있다. 그 하나는 동작의 행위자인 주어와 수혜 대상인 간접목적어가 모두가 유기체(animate)의 의미 특징을 소유하고 있는 대상물이면, 전치사구 유형과 여격 유형 모두를 자연스럽게 형성할 수 있다. 그렇지 못한 경우는 예문 (3)-(4)처럼 한 가지 유형만을 형성할 수 있게 된다.

(3)   a. Women brought flowers to the graves of Union Soldiers.
       b. *Women brought the graves of Union Soldiers flowers.
(4)   a. *Charles finally told the truth to Congress.
       b. Charles finally told Congress the truth.

만일 주어나 간접목적어가 의미가 확대되어, 은유적 표현으로 사용되는 경우는 이 의미적 제약이 적용되지 않기도 한다. (5)-(6)처럼 주어나 간접 목적어 둘 중에 하나가 무기체(inanimate)임에도 두 가지 유형이 가능하기도 한다.

(5)   a. These agreements give more flexibility in running program to states.
       b. These agreements give states more flexibility in running program.
(6)   a. The constitution does in fact specifically give the power to Congress.
       b. The constitution does in fact specifically give Congress the power.

(6)에서 주어인 *the constitution*이 간접 목적어가 받는 행동을 정말로 수행하고 있는 것이 아니다. 이때의 동사 *give*의 의미는 (7)처럼 *provide*나 *contain*으로 바꿔 쓸 수 있다. (5)-(6)의 경우에는 동사 *give*가 가지고 있는 전형적인 의미가 아니라, 약간 확대되어 다른 의미로 쓰인 경우에는 위의 제약을 준수하지 않는다.

(7)   a. The constitution does in fact specifically provide the power to Congress.
       b. The constitution does in fact specifically contain Congress the power.

동사 의미도 간접 목적어 형태에 영향을 끼칠 수 있다. '엄청난 빚을 지고 있다'는 의미인 동사 *owe*는 여격 형태를 취하기도 하고, (8)의 두 가지 형태로 나타날 수도 있다.

(8) a. These nations owe some $170 billion to foreign creditors.
    b. These nations owe foreign creditors some $170 billion.

그런데 *owe*가 감사 의미를 표현하는 상황에서는 (9)처럼 전치사구 형태만이 가능하다. (9a)는 '내 가족에게 감사한다'는 의미이고, (9b)는 '그의 성공은 어머니 덕택이다'는 의미이다. 모두 감사의 의미이므로 전치사구 형태가 가능하다.

(9) a. I owe a big debt of gratitude to my family.
    b. He owes his success to his mother.

그러나 (9a)는 빚의 의미로 (10a)처럼 여격 형태가 가능할 수 있지만, (9b)는 감사의 의미로는 이상한 상황이 되어버린다.

(10) a. I owe my family a big debt of gratitude.
     b. *He owes his mother his success.

11.3 유형별 전용 동사

먼저, 여격 유형만이 가능한 동사로는 *allow, bet, begrudge, envy, fine, forgive, pardon, spare, wager* 등이 있다.

(11) a. He envied Caroline her peace.
     b. *He envied her peace to Caroline.
     c. We allowed the Moslem majority a great share of power.

    d. *We allowed a great share of power to the Moslem majority.
    e. I certainly don't begrudge him the Nobel Prize.
    f. *I certainly don't begrudge the Nobel Prize to him.

Bill, charge, cost, wish 와 같은 동사들도 여격 형태만 실현된다. 그런데 어떤 상황에서는 전치사구 유형도 가능할 수 있는데, 간접 목적어가 무기체(inanimate)일 때는 전치사구 유형이 실현된다.

(12)   a. The architect charged us a fee of 750 pounds.
        b. *The architect charged a fee of 750 pounds to us.
        c. It's going to cost me over $100,000 to buy new trucks.
        d. *It's going to cost over $100,000 to me to buy new trucks.
        e. I wished her a happy birthday.
        f. *I wished a happy birthday to her.

(13)   a. They charged the calls to their credit-card account.
        b. *They charged their credit-card account the calls.
        c. Please bill that call to my office phone number.
        d. *Please bill my office phone that call.
        e. I charged the expense to my father.
        f. ?I charged my father the expense.

전치사구 유형에서만 나타나는 동사는 *to*전치사구와 *for*전치사구 유형의 간접 목적어를 가진다.

(14)   'To' : *administer, admit, confess, contribute, declare, deliver, demonstrate, describe, donate, explain, introduce, mention, repeat, report, return, reveal, transfer* 등.
        a. Can you describe him to me?
        b. *Can you describe me him?
        c. He frequently donates large sums to charity.
        d. *He frequently donates charity large sums.
        e. He had already transferred ownership of most of the works to a British

foundation.
    f. *He had already transferred a British foundation ownership of most of the works.

(15)   'For': *answer, cash, capture, collate, correct, create, eat, fix, pronounce, repeat, select* 등
    a. I pronounced the words for the teacher.
    b. *I pronounced the teacher the words.
    c. Sara fixed some food for us.
    d. *Sara fixed us some food.

11.4 간접목적어 구문의 형태와 의미

지금까지 살펴본 간접목적어가 형성하는 구문의 동사 유형과 간접목적어 구문의 의미를 이 부분에서 정리하자. 먼저, 간접목적어가 실현되는 형태는 전치사구로 전환할 때를 기준으로 to, for, of 전치사구로 실현되는 유형으로 도표처럼 정리할 수 있다.

이 세 가지 유형 가운데, 간접목적어가 *to*-전치사구로 전환될 수 있는 유형도 내부적으로 세 가지 다른 유형으로 구분할 수 있다. 간접목적어가 *to*-전치사구로 전환 가능한 유형(즉, NP NP/ NP PP[to])과, 전치사구로만 실현되는 유형(즉, NP PP[to]), 전치사구로는 전환될 수 없는 유형(즉, NP NP)이다.

다음은 간접목적어가 *for*-전치사구로 전환될 수 있는 유형으로 *for*-전치사구로 전환 가능한 유형과 전치사구로만 실현되는 유형이 있다. *of*-전치사구의 경우는 전치사구로 실현가능한 유형만이 존재한다.

Pattern	Types	Verbs
PP[*to*]	both	hand, tell, pass, sell, send, get, show, throw, lend, teach, read, offer, fax, write, bring... (Germanic origin)
	NP PP	donate, announce, recommend, reveal, confess, explain, introduce, describe, transmit, report, ... (Latinate origin)
	NP NP	begrudge, bill, cost, charge, bet, excuse, envy, forbid, fine, spare, forgive, allow, permit, wish, ...
PP[*for*]	both	bake, make, build, cook, sew, knit, book, buy, cash, cut, design, write, prepare, leave, mix, order, ...
	NP PP	pronounce, fix, ...
PP[*of*]	both	ask, request, ...

간접목적어 구문을 형성하는 동사들을 의미적인 기준으로 분류하면 다음과 같이 요약할 수 있다. 예컨대, 간접목적어 구문을 형성하는 동사들은 이 구문 내부에서 다음 도표의 열두 가지 정도의 의미 특징을 보인다. 순수하게 주는 동작, 탄성 동작을 통해 주는 동작, 전송 동작을 통해 주는 동작, 등으로 의미해석이 가능하다.

	의미(Meaning)	동사(Verbs)
1	주는 행위 (giving)	give, pass, hand, sell, trade, lend, feed, ...
2	탄성 동작 (ballistic motion)	throw, toss, flip, slap, kick, poke, shoot, blast, ...
3	전송 (sending)	send, mail, ship, ...
4	방향성 동작 (direction)	bring, take, ...
5	미래 수령 (future having)	bequeath, leave, forward, allocate, assign, ...
6	조건형 미래 수령	promise, guarantee, owe, ...
7	미래 수령 허용	permit, allow, ...
8	메시지 소통 (communication)	say, assert, claim, doubt, ...
9	제조(creating)	bake, make, build, cook, sew, knit, toss, fix, pour, ...
10	획득(obtaining)	get, buy, find, steal, order, win, earn, grab, ...
11	손실(loss)	cost, ...
12	거절(refuse)	refuse, deny, ...

(16) a. Joe **gave** Sally the ball.
   b. Joe **promised** Bob a car.
   c. Joe **baked** Bob a cake.
   d. Joe **permitted** Chris an apple.
   e. He **guaranteed** Houston a Super Bowl if we built Bud Adams a new stadium.
   f. They are **refusing** Jacob an appropriate education because they are offering an alternative that they believe is a more appropriate placement.
   g. A bad presentation could **cost** Susan a job.

11.5 담화상에서 간접 목적어

실제 담화상에서 어떤 형태의 간접 목적어를 선택하는지는 두 가지 정보구조 원리로 설명할 수 있다. 하나는 "Given-New Contract"(구-신 약속)인데, 이는 담화상에서 구정보(given or old information)가 신 정보(new information) 앞에 나타난다는 것이다. 만일 직접 목적어가 이전 문장에서 언급된 구정보라면, 모국어 화자는 (17b)보다는 (17a)의 전치사 형태를 선택하려는 경향을 보이는데, 이는 구정보가 앞에 나타나려는 경향에 기인하는 것이다.

(17) I have two pistols here, a Colt 45 and a German Luger. Here are the rules of the duel[1].
   a. *I'm going to give the Colt to Fred and the Luger to Alex.* They will then walk in opposite directions for 20 paces, turn, and wait for my command to fire.
   b. *I'm going to give Fred the Colt and Alex the Luger.* They will then walk in opposite directions for 20 paces, turn, and wait for my command to fire.

만일 간접 목적어가 이전 문장에 언급된 것이었다면, (18b)보다는 (18a)의 여격 형태를 선택한다. 이 선택이 구정보를 신정보 앞에 놓게 한다.

---

[1] duel 결투

(18) Susan: You know, I can't figure out what to get John for his birthday. Any ideas?
Ann: a. *Give him a CD*. You know how much he likes music.
　　 b. *Give a CD to him*. You know how much he likes music.

다음 원리로 말미 무게(end weight)를 들 수 있다. 즉, 복잡하거나 무거운 명사구는 절의 마지막에 나타나야 한다는 의미이다. 말을 하는 사람은 보통 청자가 들은 정보를 단기간 기억이 어렵게 만드는 위치를 피하려는 경향이 있다는 것이다. 이로 인해 긴 정보는 기억이 거의 필요 없도록 마지막 부분에 발화하려 한다. 따라서 (19b)보다는 (19a)의 여격 형태가 길고 무거운 직접 목적어를 문장의 마지막에 두려는 현상이 발생한다는 것을 유추할 수 있다.

(19) a. Abby gave the kids foot-long frankfurters that had been roasted over an open hickory fire.
　　 b. #Abby gave foot-long frankfurters that had been roasted over an open hickory fire to the kids.

이 원리로 긴 직접 목적어가 문장의 마지막에 위치하게 되며, 두 가지 의미가 생성되는 것을 방지할 수 있게 된다. (20a)를 (20c)처럼 직접 목적어를 길게 만들었더니, 두 가지 의미가 도출되었다. (20c)의 전치사구 *for his mother*가 관계절의 일부인지, 아니면 동사 *bought*의 간접 목적어인지 불분명하다. 이를 방지하려면 (20d)의 여격 형태의 간접 목적어로 실현되면 된다.

(20) a. The man bought a rocking chair for his mother.
　　 b. The man bought his mother a rocking chair.
　　 c. The man bought a lovely old rocking chair that Frank had spent all summer restoring for his mother.
　　 d. The man bought his mother a lovely old rocking chair that Frank had spent all summer restoring.

다음은, 말미 무게와 전치사구 형태를 생각해 보자. (21a)는 여격 형태를 만들 수가 없는데 (21c)의 길고 무거운 직접 목적어를 사용한다면, 전치사구 형태는 좋지 않은 문장을 만들어 낼 수 있다. 이로 인해 (21d)와 같은 방식으로 전치사구 형태를 유지하는 경우도 있다.

(21) a. John demonstrated the procedure to Alan.
b. *John demonstrated Alan the procedure.
c. ?John demonstrated the method for fixing a carburetor that Harry's father had recently taught him **to Alan**.
d. John demonstrated **to Alan** the method for fixing a carburetor that Harry's father had recently taught him.

11.6 담화상에서 소유(Possession)의 의미

수여동사가 형성하는 구문은 간접목적어가 직접목적어를 소유(possession)하는 의미적 관계를 형성한다. 이 소유관계에 어느 만큼의 정도(degree) 차이가 발견된다. 이 의미적 관계를 인지하는데 도움이 되도록 동사 *give*에서 나타나는 다음의 예문을 읽어보자.

(22) a. Harvey gave his wife a son.
b. Harvey gave his wife a computer.
c. Harvey gave his wife the computer (for writing a book).
d. Harvey gave his wife the d**ishes (to clean)**.

(22a)의 간접목적어 *his wife*가 직접목적어 *a son*을 소유하고 있는 상황인데, 이 때 소유관계는 떼어놓는 것이 불가능한 정도와 관련성을 가지고 있다. (22b)는 *his wife*에서 *a computer*를 분리시키는 것이 가능한 정도의 관계가 포착된다. (22c)는 *his wife*가 *the computer*를 사용 가능(소유 통제)한데 단 책을 쓰는 동안만 해당되는

문맥이다. (22d)는 *his wife*와 *the dishes*의 관계는 세척하는 문맥에서 형성되는 경우에 해당한다.

■ 연습문제 11.1

다음 문장에 여격 이동규칙이 적용될 수 있는지를 확인해 보시오.

a. Currently, the commission will only draw the lines for the state legislative and Board of Equalization districts.

b. "Check it out, bro," Sergio said the morning after he revealed the secret to me.

c. The Kings dribbled down and passed the ball to one of their key players.

d. While he still says he supports Bush, he contributed $ 1,000 to Bush's rival John McCain.

e. Mr. Stone has suggested a visit to the research department to Ralph.

f. He would recite their names for me.

g. The current House Republican bill would grant a four-month extension to the two-year limit to pregnant mothers who have a child after leaving AFDC.

제12장 수동태 Passive Sentences

12.1 수동태 문장 형성

수동태와 능동태 문장의 관련성은 세 단계로 구분해 볼 수 있다. 아래 (1)의 내포절을 보면, 먼저 능동태의 목적어 명사구가 수동태의 주어 위치로 이동한다. 다음 단계는 주어 명사구를 문장의 마지막 자리로 이동시키고 전치사 *by*를 그 앞에 삽입한다. 마지막으로 동사를 과거 분사 형태로 바꾸고 *be*동사를 그 앞에 삽입시킨다.

(1)   a. The scholars demonstrate that Africans invented mathematics.
       b. The scholars demonstrate that mathematics was invented by Africans.

수동태 문장에서 시제에 대해 다섯 가지 상황을 고려해 볼 수 있다. 먼저 능동태의 단순 과거 및 현재 시제의 경우, (2)처럼 수동태는 *be*동사가 과거 분사형 동사 앞에 삽입되어, 현재나 과거 시제형으로 실현된다.

(2)   a. Some companies fired employees without just cause.
       b. Employees were fired without just cause by some companies.

다음은 능동태 동사가 진행형일 때, *being*이 *be*동사와 과거 분사 사이에 삽입된다. 이때 과거나 현재 시제에 따라 적합한 *be*동사 형태로 실현된다.

(3) a. Some companies are firing employees without just cause.
b. Employees are being fired without just cause by some companies.
c. Some companies were firing employees without just cause
d. Employees were being fired without just cause by some companies.

만일 능동태의 동사가 완료형이면, *been*이 *have*와 과거 분사 사이에 삽입된다.

(4) a. Some companies have fired employees without just cause.
b. Employees have been fired without just cause by some companies.
c. Some companies had fired employees without just cause
d. Employees had been fired without just cause by some companies.

수동태에서 잘 나타나진 않지만, 완료 진행형은 *being*이 과거 분사 앞에 삽입된다. 조동사가 있는 문장은 (5b)와 (5d)처럼 조동사는 *be*동사 앞에 위치한다.

(5) a. Some companies should fire employees without just cause.
b. Employees should be fired without just cause by some companies.
c. Some companies will fire employees without just cause
d. Employees will be fired without just cause by some companies.

1. 수동태의 주어

대부분의 수동태 주어는 행위자(agent)의 의미 역할을 가지는데, 수동태는 theme이나 행동의 경험자가 실현된다. 문법 기능면에서, 수동태는 능동태의 구성 성분 하나를 주어 위치로 상승시키는 역할을 한다고 말한다. 수동태의 주어 위치로 상승될 가능성이 있는 구성 성분을 네 가지로 구분해 볼 수 있다.

먼저 능동태의 직접 목적어가 능동태의 주어가 된다. 주어 위치로 상승되는 것이 대부분 이 직접 목적어이다. 다음은 간접 목적어가 가능하다. (6)의 능동태의 간접 목적어가 수동태의 주어 자리로 상승되는데, 이때 주어는 목표(goal)의 의미 역할을 갖게 된다.

(6)	a. He gave me power of attorney.
	b. Power of attorney was given me by him.

다음은 (7)의 전치사의 목적어가 주어 위치로 상승될 수 있다.

(7)	a. The homeless people slept in those sleeping bags under the trees.
	b. Those sleeping bags under the trees were slept in by the homeless people.

마지막으로 (8)의 *that*절 전체가 수동태의 주어 위치로 상승되기도 한다.

(8)	a. The fisherman recognized that a tsunami was coming.
	b. That a tsunami was coming was recognized by the fisherman.

2. 두 가지 유형의 수동태

위에서 본 수동태 문장은 행위자가 *by*전치사구로 실현되었으나, 대다수의 수동태 문장이 그런 것은 아니다. (9)의 문장이 가장 보편적으로 나타나는 형태이다.

(9)	a. The missiles used in this attack were manufactured by the North Koreans, not the Russians.
	b. The missiles used in this attack were manufactured.

먼저 (9b)의 행위자 *by*전치사구가 없는(agentless passives) 수동태가 있다. 영어 모국어 화자들은 왜 이런 형태의 수동태를 사용하는 걸까? 수동태 문장이라는 것이 행위자를 주어 위치에서 덜 눈에 띄는 위치로 이동하고자 하는 화자의 의도가 반영된 것이다. 따라서 행위자에 대한 정보가 필요치 않을 땐, 행위자 없는 수동태를 사용하는 것이 한 가지 방법이 된다. 구체적인 상황을 살펴보자.

먼저, 행위자를 사용하지 않는 명백한 이유는 그 행위자가 누구인지를 알고자 하지 않는다는 것이다. 이런 상황에서는 (10)에 *by someone*이나 *by a thief*를 삽입하는 것은 의미 없는 일이 된다.

(10)   A vacuum cleaner was stolen from a residence.

행위자가 누구인지를 밝히고 싶지 않을 때에도 사용된다. (11)의 화자는 비난받는 것을 피하기 위해 행위자 없는 수동태를 사용한다.

(11)   Modifications to item wording were made based on their feedback.

행위자를 더 이상 언급할 필요가 없는 경우에도 사용된다. (12a)의 화자는 농부가 추수한다는 것을 청자가 이미 추론할 수 있다고 생각한다. (12b)도 빠진 행위자가 교육자나 교사일 것이라는 것을 독자는 알고 있을 것이라고 생각하는 것이다. (12c)도 행위자가 일반 사람들이므로, 굳이 언급할 필요가 없는 상황이다.

(12)   a. A hundred thousand tons of lobster are harvested from Atlantic water each year.
       b. A specific review systems are used to identify empirically supported treatments.
       c. It is known that the cow was sold to a farmer in Tulliby Lake, Alberta[1].

마지막으로, 화자가 보도되고 있는 행동에 더욱 관심이 있는 경우에도 사용된다.

(13)   The green energy loans were given to friends of Obama.

두 번째 유형의 수동태로, 행위자 실현(the agent by phrases) 형태가 있다. 마찬가지로 화자가 짧은 형태의 수동태 말고, 긴 형태의 수동태를 선택하는지 생각해보자. 행위자 *by*전치사구를 사용하는 이유는 어떤 면에서는 중요한 새로운 정보를 제시하고자 하는 것이다. (14c)는 Andre Agassi와 같은 최고의 테니스 선수를 이기는 사람이 최고의 자리에 오르지 못했다는 사실이 중요하다. 그래서 저자는 *by*구를 이용해서 이 정보를 제공하게 된다. (14b)는 *by*구로 언급될 정도로 행위자가 유명

---

[1] Tulliby Lake is a hamlet in central Alberta, Canada within the County of Vermilion River

하다는 사실의 중요성을 부여할 수 있을 것이다.

(14)   a. In the French Open[2], Agassi beat Sampras, but he was later beaten by a young man from Singapore who was ranked 102 in the world.
             b. This bed was slept in by George Washington, our first president!
             c. This kinds of houses lived in by members of Boston's upper middle class in the 1870s..

12.2 수동태 제약

1. 상태동사 (Stative Verbs)

능동태를 수동태 문장으로 전환하는데 많은 제약이 있다. 먼저 특정 상태동사(*contain, cost, equal, fit, lack, last, resemble* 등)는 수동태 문장이 불가능한 제약을 들 수 있다. 이를 통해 수동태를 만들기 위해서는 동사가 어떤 식으로든 목적어에 영향을 줄 수 있어야 한다는 점을 유추할 수 있다.

(15)   a. He very much resembles a friend of mine.
             b. *A friend of mine is very much resembled by him.

2. 다어 동사 제약 (Multiword Verbs)

다어 동사(multiword verbs)에 주어지는 제약이 있다. 목적어가 있는 타동사라고 해서, 반드시 모두 수동태 문장을 만들 수 있는 것은 아니다. 목적어가 있는 타동사에도 일정한 수동태에 대한 제약이 있다. (16)의 분리타동사형 구동사(separable transitive phrasal verbs) 문장은 일반적으로 수동태로 전환될 수 있다.

---

[2] 경기 이름에 사용된 'Open'은 골프, 테니스, 배드민턴 등에서, 프로 선수와 아마추어 선수가 모두 참가할 수 있는 경기를 의미

(16)   a. At the meeting, the attorneys brought up good points today.
       b. At the meeting, good points were brought up.

반면, 비분리 타동사형 구동사(transitive phrasal verbs)의 대부분은 수동태가 불가능하다.

(17)   a. My 18-year-old daughter fell for her gym teacher.
       b. *Her gym teacher was fallen for (by my 18-year-old daughter).
       c. Lenny first came across the term "remittance man".
       d. *The term "remittance man" first was come across (by Lenny).

이들 가운데 ask (someone) out, let (someone) off와 같은 구동사는 수동태가 가능한 반면, get (someone) down, see (something) through 등은 수동태가 불가능하다.

(18)   a. All this guilt is getting me down.
       b. *I am being gotten down by all this guilt.
       c. He saw everything through a prism of optimism and goodwill.
       d. ?Everything was seen through a prism of optimism and goodwill by him.

대부분의 전치사구 동사(prepositional verbs)는 수동태에 나타날 수 있는데, 몇몇 예외가 있다. *Abide by, adjust to, agree with, bank on, run for*와 같은 동사들이 이에 해당한다.

(19)   a. Karen Handel ran for governor of Georgia.
       b. *Governor of Georgia was run for by Karen Handel.
       c. A lot of people haven't adjusted to the change.
       d. ?The change haven't been adjusted by a lot of people.

마지막으로, *look forward to*와 같은 구동사들은 수동태가 가능한 반면, *break up with, close in on, come down with, cut down on, end up with, get along with,* *get down to, go in for, put up with*와 같은 구동사들은 불가능하다.

(20)   a. A lot of friends got along with my parents.
         b. *My parents were gotten along with by a lot of friends.
         c. She could put up with tiresome visitors for two or three days.
         d. ?Tiresome visitors were put up with for two or three days by her.

3. *For* 간접 목적어 동사 (*For* Dative Verbs)

간접 목적어가 있는 문장은 일반적으로 수동태가 가능하다. 그런데 *for*간접 목적어 동사(*bake, catch, find* 등)는 수동태가 허용되지 않는다. (21)의 동사 *find*는 (a)에서는 전치사구 형태로 실현된 간접 목적어를, (b)에서는 여격 형태의 간접 목적어를 가진다. 이 문장을 수동태 형태로 바꾸어보면, 직접 목적어가 수동태로 실현되는 (c)는 가능한 반면, (d)의 간접 목적어가 수동태로 나타나는 문장은 비문법적인 문장이 된다.

(21)   a. Cole Miller found a room for the girl and her father at the Ronald McDonald House.
         b. Cole Miller found the girl and her father a room at the Ronald McDonald House.
         c. A room was found for the girl and her father at the Ronald McDonald House by Cole Miller.
         d. *The girl and her father were found a room at the Ronald McDonald House by Cole Miller.

12.3   수동태 유사구문

수동태 구문은 "*be*동사 + 동사의 과거 분사형"으로 이루어진 문장이므로, 형태상 유사한 다른 구문들을 찾아 볼 수 있다. 먼저, (22)의 "*be*동사 + 과거 분사형 형용사" 구조의 문장이 있다. 이 구조의 문장은 주어가 어떤 상태이거나 어느 장소에 있다는 의미를 표현한다. 이를 상태수동태(stative passives)라 하기도 한다.

(22)　　This school is located in a small town.

(22)가 수동태인지 아닌지를 확인할 수 있는 한 가지 방법은 이 문장은 수동태 문장으로 변경할 수 없다는 점을 들 수 있다. 굳이 만들어 본다면, (23)처럼 만들 수는 있겠으나, 이 문장은 (22)와 동일한 상황을 기술하는 문장은 아니다.

(23)　　People want to locate the place of this school in a small town.

또 하나의 방법으로 형용사는 *very*나 *too* 또는 정도 부사(*a little, somewhat, quite*)의 수식을 받는다는 점을 이용하는 것이다. 과거 분사형 형용사만이 이들의 수식을 받을 수 있다.

유사수동태 구문으로 인해, 가끔 (24a)처럼 두 가지 의미를 가지는 문장이 있다. *closed*가 형용사로 사용된 경우, 10시에 그 식당은 문을 열지 않는다는 의미를, 그리고 동사의 과거 분사 형태로 사용된 경우 어떤 사람이 10시에 그 식당 문을 닫는다는 의미를 나타낸다. 이런 두 가지 의미는 보다 명확한 문맥에서는 해소된다. (24b)에서는 형용사로, (24c)는 수동태 문장의 의미를 준다.

(24)　　a. The restaurant **was closed** at 10 o'clock.
　　　　b. The window in the front door of the house **was smashed**.
　　　　c. His face **was smashed** deep into the snow by his father's weight.

12.4 *Get* 수동태 (Get Passives)

1. *Get* 수동태의 특징

수동태는 *be*동사가 가장 전형적인 형태이긴 하지만, *get*동사 역시 사용된다.

(25) a. Frankie got caught in a tree.
b. Frankie is getting caught in a tree.
c. Frankie has gotten caught in a tree.
d. Frankie will get caught in a tree.
e. By this time tomorrow, Frankie will have gotten caught in a tree.

먼저, *get* 수동태는 *be* 수동태보다 비형식적인 것으로 간주되고, 구어체에서 자주 발견된다. 이 수동태는 (26)처럼 주어에 영향을 주는 사건을 언급하는데 주로 사용된다.

(26) a. Her husband got thrown from a horse in a race.
b. The little girl got locked inside a washing machine.
c. Davis got divorced from her first husband.

또한, *get* 수동태는 (27a)-(27c)처럼, 역 추론이 불가능한 사건이나 (27d)처럼 주어에 이익을 주는 행동을 표현한다.

(27) a. Sam got examined by a doctor.
b. We got approved by federal officials to be able to go forward.
c. My brother got recruited to Texas from here.
d. Maria got appointed to state auditor.

반면, *get* 수동태는 인지 동사(*comprehend, know, understand* 등)에서는 나타나지 않는다.

(28) a. The area was known by residents as simply "the Northeast".
      b. *The area got known by residents as simply "the Northeast".

마지막으로 get 수동태는 일반적으로 be 수동태와 동일한 의미를 나타내는데, 사람 주어가 실현된 get 수동태는 그 주어가 동사의 동작에 어느 정도 책임이 있다는 것을 의미한다.

(29) a. I got invited to tryouts for USA Basketball.
      b. I was invited to tryouts for USA Basketball.

(29a)는 주어가 초청장을 확보하기 위한 어떤 행동에 책임을 졌다는 것을 암시하는 의미가 있다. 따라서 (30)처럼 행동에 대한 주어의 의사를 표현하는 *deliberately, on purpose* 같은 부사구를 첨가하는 것이 가능하다.

(30) a. John deliberately got fired from the winter school.
      b. Sally got arrested on purpose.

2. 유사 *Get* 수동태

앞서 be 수동태에서도 유사 수동태구문을 확인해 보았는데, get 수동태도 외형적인 면에서 유사하게 생긴 구문이 있다.

먼저, 'get + 형용사' 형태가 있다. (31)에서 get 다음에 나온 *complicated*는 과거분사형 동사가 아니라, 형용사이다. 이때 동사 *get*은 어떤 상태로 변화하고 있다('becoming or coming into a state')는 의미를 전달하고 있다. (31a)의 의미는 (31b)로 바꿔 쓸 수 있다.

(31) a. Life is getting complicated in the gulf.
      b. Life is becoming complicated in the gulf.

Get-수동태 문장과 유사 *get*-수동태 문장을 구분하는데 도움을 주는 테스트 방법

이 있다. 먼저, *get*이 *become*의 의미를 가지고 있는 문장은 동일한 의미를 지닌 능동태 문장으로 전환하는 것이 불가능하다. (32a)와 (32b)는 동일한 의미를 가지고 있지 않다.

(32) a. His son got elected to the United States Senate in the interim.
      b. Someone elected his son to the United States Senate in the interim.

다음은 *get*이 *become*의 의미를 가지고 있는 문장에서 분사형은 *becoming*과 관련된 표현들(*gradually, increasingly, less, more* 등)이 앞에 추가될 수 있다. 이 수식어는 형용사를 수식하는 부사이다. 이런 표현이 추가될 수 있다는 것은 수동태 문장으로 전환이 불가능하다는 것을 의미한다.

(33) a. He felt that his regime was getting changed.
      b. He felt that his regime was getting more and more changed.
      c. I'll be getting promoted soon.
      d. *I'll be getting more and more promoted soon.

(33a)는 부사구가 과거 분사 앞에 추가되어도 문법적인 문장이 되므로, 수동태가 아니라고 판단할 수 있다. 반면, (33c)는 부사구가 추가되어 비문법적인 문장이 되었으므로, 수동태 문장으로 판단된다.

그런데 어떤 경우에는 이 둘 사이에 두 가지 의미 해석이 나타날 때도 있다. They got distracted 문장은 *distracted*가 (34a)처럼 형용사의 의미로도 사용될 수 있고, (34b)처럼 과거 분사형 동사의 의미로도 사용될 수 있다.

(34) a. They got very distracted with the idea of getting this car out of the ditch.
      b. They got distracted by an old shoe or toy.

*Get*이 *angry, anxious, busy, chilly, cold, hungry, old* 등과 같은 형용사와도 함께 쓰인다. 이 경우 *get*은 *become*의 의미를 전달한다.

12.5 기타 수동태 구문

영어에는 수동태 구문의 형태를 갖추지 않고서도 수동태 구문과 동일한 의미를 전하는 구문이 있다. 먼저, *get*과 *have*동사가 보충어절(clause as a complement)을 취하는 경우를 들 수 있다. 이때, 두 동사는 모두 사역의 의미를 나타낸다.

(35)   a. We had [a doctor pull a tooth once].   능동
        b. We had [a tooth pull by a doctor].   수동
(36)   a. The River people got [someone to cut their hair in the city].   능동
        b. The River people got [their hair cut by someone in the city].   수동

(35a)와 (36a)의 괄호 속에 있는 요소들이 의미 변화 없이 수동태로 전환될 수 있는데, 각각 (35b)와 (36b)이다. 여기에 동사 *get*과 *have*는 서로 교환 가능하다. 만일 문장의 주어와 수동화된 요소의 주어가 사람일 경우, *get*과 *have*의 의미가 달라질 수 있다.

(37a)-(37b)를 비교해 보자. (37a)는 엘런이 뭔가를 하는 바람에 스턴이 실직하게 되었다. 그래서 엘런이 스턴을 해고하는 임무를 누군가에게 위임했을 수 있거나, 또는 엘런이 단순히 어떤 식으로 행동해서 스턴이 실직하게 되는 결과를 초래했을 수도 있다. 반면, (37b)에서는 엘런이 스턴을 해고하는 임무를 어떤 사람에게 위임했다는 의미로만 해석될 수 있다.

(37)   a. Shortly after she started working there, Ellen got Stan fired.
        b. Shortly after she started working there, Ellen had Stan fired.

다음 구문유형은 우연 수동태(happenstance passives)라 불리는 유형이 있다.

(38)   a. My partner had his office broken into last week.
        b. I got my pocket picked in Penn Station.

이 문장에서 주어인 *my partner*와 *I*가 어떤 사건을 경험하는데, 이것은 *have*와 *get*동사 다음에서(*his office broken into, my pocket picked*) 명시된다. 우연 수동태 (happenstance passives)는 보통 주어가 의도적으로 일으킨 것이 아니라 닥쳐온 불운한 사건을 기술한 것이다. 이 우연 수동태는 *be* 수동태로 바꿔쓰기가 가능하므로 (39a)와 (39b)는 (38)과 동일한 의미를 표현한다.

(39) a. My partner's office was broken into.
   b. My pocket was picked in Penn Station.

우연 수동태는 보통 '*have*(*got*) + NP + 과거 분사형' 형태로 실현된다. 이때 행위자를 나타내는 명사구는 (38)처럼 실현되지 않을 수도 있고, 또는 (40)처럼 실현될 수도 있다.

(40) a. I got my pocket picked by someone who sounds a lot like the man you're describing.
   b. I had/got my car towed away by the police.

이들 문장과 (41)의 사역문 *get*(*have*) 동사 구문은 구분하기 쉽지 않다. 이 문장은 경찰이 불법적으로 주차된 자동차를 견인하기 때문에 우연 수동태로 해석될 수도 있다. 또는, 화자가 경찰에서 자동차를 견인하도록 요구했을 수도 있다. 후자의 경우, 이 문장은 사역 구문으로 분류될 수 있다.

(41) I had/got my car towed away by the police.

마지막 유형으로, 동사 **need, require, want**가 수동의 의미를 표현하는 구문을 들 수 있다. 이 구문에서는 (42)처럼 현재 분사(present participle)형[3]과 함께 나타난다.

---

[3] 동사 *need* 다음에 있는 *updating*의 형태가 현재 분사라는 의견과 동명사라는 의견이 있다. 저자는 동명사라는 것에 동의한다. 물론 더 깊은 연구가 있어야겠지만 *updating* 앞에 주어가 올 수 있는데 이때 소유격 형태(예컨대, *his updating*)로 실현된다는 점에 그 근거를 둔다.

(42)　　a. The science curriculum needs updating frequently to stress the best objectives.
　　　　b. The science curriculum needs to be updated frequently to stress the best objectives.

위 두 문장은 다른 구조를 나타내지만, 동일한 의미를 표현하는 문장이다. 특히 (42a)는 숨겨진 수동태(concealed passives)라고도 불린다. 형태는 현재 분사형이지만, 의미는 (b)의 'to be updated'라는 수동의 의미를 숨기고 있다는 것이다. 이 숨겨진 수동태에서 주어는 실제로는 현재분사형인 *updating*의 (의미상의) 목적어이다.

■ 연습문제 12.1

각 문장이 수동태인지 또는 술어적 형용사 문장인지 또는 두 가지 해석이 모두 가능한 문장인지를 판단하시오.

1. a. Another 10 percent of the population is gathered around the new elite.
   b. Another 10 percent of the grape harvest is gathered in small baskets in late August.
2. a. The boxes are stacked on top of the bench in that corner.
   b. The boxes are assembled on top of the bench in that corner.
3. a. Those birds are found in warm climates.
   b. Those birds are found by a special electronic homing device.
4. a. The shutters on the window were closed before the storm began.
   b. The shutters were closed as soon as the storm began.

■ 연습문제 12.2

다음 문장 (1)과 (2)를 비교하시오.

(1) a. John was said to have solved all of the questions.
　　b. John was told to solve all of the questions.
(2) a. The earthquake was said to have hit the city.
　　b. *The earthquake was told to hit the city. (The sentence with an asterisk '*' is unacceptable.)

(1)에 있는 두 문장은 동사 다음에 있는 명사구를 주어 자리로 이동한 것이다. 따라서 이때 주어는 to-부정사의 주어와 의미적으로 동일하다. 그런데 (2)에 있는 문장은 그렇지 않다. (2a)에 있는 주어는 'say' 동사가 선택한 것이 아닌 반면, (2b)는 'tell' 동사의 선택을 받은 것이어야 한다. 이런 점에서 (1)과 (2)는 차이점이 있다. 다음 문장들은 이 두 가지 유형 가운데 어느 것에 속하는지를 말하시오.

a. You're getting all worked up in a hurry.
b. He was getting more and more steamed.
c. He couldn't stand to be stuck in traffic, so he took a shortcut through the cones and he got stuck in wet cement.
d. Your coworker got promoted to director of her group after just six months on the job.
e. As I think many people know, I got extremely frustrated at this meeting.
f. Dorrance and Palladino got hungry and decided to order food and have it delivered to the sideline.
g. I got in trouble a lot at one time, I got reprimanded for rolling my eyes in a meeting.
h. Two years ago, John had his tax return audited by the Revenue Service.
i. Al had his tax return prepared by a certified public accountant.
j. We don't need cars sitting on the side of the road because we can't get them serviced.
k. I've had my house completely destroyed by that huge fire.
l. If your house needs painting, use the gentler, greener low VOC paint readily available today.

제13장 부정문 Negation

부정문은 크게 문부정(sentential or verbal negation)과 구성소 부정(constituent negation)으로 구분된다. 문부정은 동사에 **not**을 추가하여 긍정문 전체를 부정하는 반면, 구성소 부정은 *nobody, nothing, no, none, neither*같은 부정어 어휘(negative word)나 *un-, non-, -dis, -less*과 같은 부정어 접사(negative affix)를 사용하여 부정하는데, 문장 전체를 부정하지는 않는다. 이 두 부정문에는 의미적인 차이점이 있다. (1b)의 반대 상황을 생각해 보면, *He was happy*를 떠올리게 된다. 반면 (1a)의 반대 상황을 고려해보면, *He was happy*만을 떠올리지는 않고, *He was neutral*한 상황도 떠올릴 수 있는 차이점이 있다.

(1) a. He was unhappy.   b. He was not happy.

구조적으로 나타나는 차이점은 동사부정에는 *do*조동사(dummy auxiliary *do*)와 함께 사용될 수 있지만, 동사외 구성소(nonverbal[1]) 부정은 사용될 수 없는 점이다.

---

[1] 영어의 verbal negation과 nonverbal negation에 해당하는 표준이 되는 적절한 용어가 없어서, 편의를 위하여 verbal negation은 동사 부정, nonverbal negation은 동사외 구성소 부정이라 칭한다.

13.1 동사 부정(Verbal Negation)[2]

1. 동사 부정 유형

동사 부정은 다음의 여섯 종류 구문에서 나타난다. 먼저, 하나 이상의 조동사가 있는 구문에서 *not*이 첫 번째 조동사(the first auxiliary) 다음에 나타난다.

(2)   a. The sanctions are not working the way they were intended.
          The sanctions aren't working the way they were intended.
    b. She has not been trying.
          He hasn't been trying.
    c. She could not always afford a babysitter.
          She couldn't always afford a babysitter

다음은 계사 *be*(copular *be*)가 있는 문장에서 *not*이 뒤에 나타난다.

(3)   a. I was not in Britain at the time.   I wasn't in Britain at the time.
    b. There is not any water in it.   There isn't any water in it.
    c. The flowers were not in class.   The flowers weren't in class.

조동사나 계사 *be*동사가 없는 구문에서는 조동사 *do*를 추가한 후 *not*이 첨가된다.

(4)   a. He did not provide a path to citizenship.
          He didn't provide a path to citizenship.
    b. He does not provide a path to citizenship.
          He doesn't provide a path to citizenship.
    c. The biologic mother does not know my identity.
          The biologic mother doesn't know my identity.

'*Yes/no* 의문문'에서 조동사가 *not*과 축약형태로 나타난다.

---

[2] 동사부정 또는 문장부정이라고도 한다.

(5) a. Isn't she coming?
  b. Haven't they got enough problems there already?
  c. Shouldn't you have gone further?
  d. Didn't you just love the Waltons[3]?

부가 의문문에서도 발견되는데, 긍정문에서 부가 의문문은 축약된 부정 부가 의문문의 형태로 나타난다.

(6) a. She likes tennis doesn't she?
  b. She can play the piano, can't she?
  c. He is helping them, isn't he?
  d. She's a professor, isn't she?

마지막으로 wh-의문문에서, **not**은 'wh-의문사' 다음에 조동사와 축약되어 나타날 수 있으며, 축약되지 않으면, **not**은 주어 다음에 위치하게 된다.

(7) a. What haven't you met?
  a'. What have you not met?
  b. Why didn't you do it months ago?
  b'. What did you not do it months ago?

2. 부정극어와 동사부정 (Negative Polarity Items and Verbal Negation)

영어 어휘 중에 부정문과 긍정문에 민감하게 반응하는 표현들이 있다. 부정문에 쉽게 나타나는 단어들이 있는 반면, 긍정문에만 쉽게 나타나는 표현들이 있다. 이런 표현들을 극어(Polarity Items)[4]라고 하며, (8)처럼 부정 극어(Negative Polarity Items)와 긍정 극어(Positive Polarity Items)가 있다.

---

[3] 'the Waltons'는 미국의 TV드라마를 지칭. 1972년 9월 시작으로 9개의 시즌으로 방영. 이야기의 주요 장소가 버지니아 제퍼슨 카운티에 있는 산속 마을인 Walton's Mountain을 배경으로 하는데, 이 산이 실제로 있는 것은 아니고, 허구로 설정한 곳.
[4] 극어 또는 극성어라고도 한다.

(8) a. Robin opened <u>some</u> champagne.
  b. *Robin didn't open <u>some</u> champagne.
  c. *Robin opened <u>any</u> champagne.
  d. Robin didn't open <u>any</u> champagne

영어의 부정극어 표현은 (9)-(10)에서 확인할 수 있다.

(9) a. *any, anybody, any longer/more, anyone, anything, anywhere*
  b. *at all, either, ever, long, much, till/until, whatever, yet*
  c. *dare, need, bother, budge, can bear, can stand, give a dam, have a clue, lift a finger, move a muscle, see a thing*

(10) a. I don't ride my motorbike much <u>anymore/any longer</u>.
  b. She hasn't <u>yet</u> set a date for her marriage.
  c. My hairstyle hasn't changed <u>much</u> since I was five.
  d. I didn't enjoy it <u>at all</u>.
  e. I don't like that idea <u>a bit</u>.
  f. Most of the papers didn't even <u>bother</u> reporting it.

따라서 *some*이 부정문에 전혀 나타날 수 없는 것은 아니지만, 이 제약에 근거해 일반적으로 긍정문에서만 나타난다고 할 수 있다. 다음 (11)-(12)의 표현에서 이 제약을 확인할 수 있다.

(11) a. *somebody, someone, something, somewhere, somewhat, somehow*
  b. *still, already, once*
(12) a. He went to fetch <u>some</u> books.
  b. <u>Somebody</u> should have told me.

3. 비한정 동사 부정(Nonfinite Verbal Negation)

동사 부정의 또 다른 형태는 비한정 동사에서 발견되는데, 이것을 이차 동사 부정(secondary verb negation)이라고 한다. 이것은 (13)의, '*to*-부정사(infinitives)', 원형 부정사(bare infinitives), 현재 분사(present participle), 과거 분사(past participle)

에서 발견할 수 있다.

(13)   a. You've asked us <u>not to use</u> your name.
        b. My mother became determined <u>not to be left</u> out.
        c. She suggested that you <u>not ask</u> him some specific questions about his past.
        d. I know how you hate <u>not answering</u> a door or a ringing telephone.
        e. You've asked us <u>to not use</u> your name.
        f. My mother became determined <u>to not be left</u> out.

많은 영어화자들은 비한정 동사를 부정할 때, ***not***의 위치를 (13e)와 (13f)처럼 ***to***와 동사사이에 두기도 한다.

4. 부정어 상승(Negative Raising)

동사부정 구문에 부정어 상승(Negative Raising)이라는 현상이 있다. 이 현상은 (14)-(16)처럼, 종속절에 있는 동사부정 ***not***표현이 주절의 동사를 부정하는 위치로 이동하는 것을 말한다. 단, 이때 의미의 변화가 전혀 나타나지 않아야 한다.

부정어 상승 현상은 세 가지 조건하에서만 나타나는데, 한 가지는 (14)처럼, 주절 동사가 의견을 표현(*think, believe, anticipate, expect, imagine, suppose* 등)하는 동사여야 하고, 동시에 종속절에는 서법 조동사(*should, could, will* 등)가 나타나야 한다. 두 번째로 (15)처럼, 주절의 동사가 *appear, seem* 등의 동사일 때도 가능하다. 마지막으로 (16)처럼 주절에 '***be*** + 가능성 형용사'가 실현될 때도 가능하다.

(14)   a. He always imagined that he would not buy a house in Omaha.
        b. He did not always imagined that he would buy a house in Omaha.
(15)   a. It appears that family factors are not more salient for females at this age than for males.
        b. It doesn't appear that family factors are more salient for females at this age than for males.
(16)   a. It is likely that the job will not go to someone with better connections.
        b. It isn't likely that the job will go to someone with better connections.

(14)-(16)의 부정어 상승에도 불구하고, 의미에는 전혀 변화가 없는 문장들임에 반해, (17)은 세 가지 조건을 만족하지 못하므로 부정어 상승현상과는 상관이 없는, 전혀 다른 의미를 전달하는 문장이 된다.

(17)   a. He forgot that Bob Smith **wasn't** his real name.
        b. He **didn't forget** that Bob Smith was his real name.

5. 다중 동사 부정문 (Multiple Negation)

하나의 절에 동사 부정어 *not*이 둘 이상 발생하는 문장도 있는데, 이를 다중 부정문(Multiple Negation)이라 한다. (18a)는 *not*이 두 번 나타났는데, 하나는 *could* 다음에, 다른 하나는 *respond* 앞에 나타났다. 이로 인해 이 문장의 의미는 긍정문의 의미를 준다. 화자가 자신이 할 수 없는 어떤 일이 있었고, 그것은 반응하지 않는 것이었다는 것을 말하고 있다. 결국 반응했다는 의미를 전달하고 있는 것이다.

(18)   a. I couldn't not respond.
        b. Don't not go because of me. (=You shouldn't decide not to go because of me)
        c. I didn't not pay attention. (=I paid attention)
        d. She won't not tell the truth. (=She will tell the truth)
        e. You can't not go with them. (=You must go with them)

6. 부정의 범위 (Scope of Negation)

부정의 범위란 한 문장에서 부정되는 부분 또는 영역을 말한다. (19)의 동사 하나만 있는 긍정문을 부정할 때는 첫 번째 조동사 다음에 *not*을 추가하면, 전체 문장의 의미를 변화시키게 되어, 이런 경우 부정의 범위는 문장 전체라고 말한다.

(19)   a. James respected his father.
        b. James didn't respect his father.

(20)처럼 종속절이 있어서 동사가 두 개 있는 문장의 경우, 부정의 범위가 전체 문장일 수도 있고, 종속절에 제한될 경우도 있다. (20a)는 부정의 범위가 전체 문장이 되는 반면, (20b)는 종속절로 제한된다.

(20)   a. James didn't say that he respected his father.
            b. James said that he didn't respect his father.

(21)에서는 부정의 범위가 (21a)는 명사구에 제한되어, 그를 믿었던 사람의 숫자가 다소 작다는 의미를 전하고 반면, (21b)은 전체 문장이 된다.

(21)   a. Not many people left flowers in the winter.
            b. Many people didn't leave flowers in the winter.

마찬가지로, *deliberately, expressly, intentionally, knowingly, on purpose, purposely, willfully*와 같은 부사가 추가된 문장의 경우, 이 부사가 *not*의 앞에 위치하느냐, 뒤에 위치하느냐에 따라 부정의 범위가 달라진다. (22a)는 *not*의 범위가 부사에는 미치지 못하는 반면, (22b)는 부사에도 미치고 있다.

(22)   a. Heisenberg intentionally did not build the bomb.
            b. Heisenberg didn't intentionally build the bomb.

따라서, (22a)의 의미는 *Heisenberg*이 그 폭탄을 만들지 않은 것은 일부러 한 일이었다'는 것이고, (22b)는 *Heisenberg*이 그 폭탄을 만드는 것이 일부러 행동한 일이 아니었다'는 것이다.

13.2 동사외 구성소 부정(Nonverbal Negation)

1. 동사외 구성소 부정 표시자

동사외 구성소 부정은 특정 부정어 어휘나 부정어 접사로 실현되는 경우로 (23)의 *no, nobody, nothing, no place, nor, none, no one, nowhere, neither, never* 등이 있다.

(23) a. <u>Nobody</u> wants to be on the list of the FBI.
　　　b. <u>Neither</u> man <u>nor</u> machine has been seen since that night.
　　　c. <u>No</u> dose adjustment is needed.
　　　d. I have <u>never</u> lost the weight I put on in my teens.

이런 부정어 어휘들이 있는 문장들은 (24)처럼 동사부정이 나타나는 문장으로 바꿔볼 수 있다. 이때 동사부정문에는 긍정극어(positive polarity items)가 부정극어(negative polarity items)로 대체되어야 한다.

(24) a. <u>No</u> dose adjustment is needed.
　　　a'. <u>Any</u> dose adjustment is not needed.
　　　b. He had <u>no</u> intention of paying the cash.
　　　b'. He didn't have <u>any</u> intention of paying the cash.
　　　c. Paul is <u>never</u> appeared.
　　　c'. Paul isn't <u>ever</u> appeared.

동사외 구성소 부정문을 만드는 부정표현으로 *few, little, rarely, seldom, barely, hardly, scarcely* 등도 들 수 있는데, 이들은 부정하는 내용을 제로상태까지 완전히 부정하는 것이 아니라 제로에 가까운 정도만을 부정하는 표현들이다.

(25) a. <u>Few</u> of members planned to vote for him.
　　　b. They battled against other Indian tribes, but <u>rarely</u> fought with the whites.

c. Most of the others were so young they had <u>hardly</u> any experience.
d. He could <u>scarcely</u> breathe.

(25a)에서 *few of members*는 *none of members*와 의미에서 상당히 가까운데, *none*은 절대적으로 제로상태를 가리키는 반면, *few*는 제로에 가까운 상태를 가리킨다. 이런 표현들도 부정문을 형성하므로, 예를 들면 부가 의문문에서 *Few of them realized it was a hoax, did them?*이라고 표현한다.

2. 동사외 구성소 부정 표시자 *not* (As a Nonverbal Negator)

동사 이외의 품사 앞에 ***not***이 나타나서 동사외 성분 부정문(nonverbal negation)을 형성하는 경우가 있다. 이런 품사로는 양화사(quantifiers), 형용사(adjectives), 부사(adverbs)가 해당된다. 이때 ***not***이 어느 요소 앞에 오느냐에 따라, 의미가 달라진다.

먼저, ***not***이 양화사(*all, every, many, much* 등) 앞에 나타나는 경우를 보면, 이 결과로 나타나는 의미는 ***some, or a limited amount of***의 의미를 가져온다.

(26) a. **Not all** of her cost-cutting efforts have proved successful.
     (=some of her cost-cutting efforts have proved successful)
   b. **Not every** course is offered in every quarter.
     (=Some courses are offered in every quarter)
   c. When it comes to poverty, **not much** has changed since Martin Luther King's day. (=Something have changed)
   d. **Not even** Marily Monroe brought the attention here that I've brought.

다음, ***not***이 '양화사 + 명사' 앞에 나오는 경우를 보면, (27)처럼 *not* 다음에 나오는 표현에 미치지 못하는 명사의 숫자를 가리킨다.

(27) a. I've been here almost 20 minutes, and <u>not one customer</u> has entered in that time. (=no customers)
   b. This is only the first step <u>not 5 minutes</u> ago (=less than 5 minutes ago)

다음으로 부정접사를 가지고 있으며 주로 정도(gradable)를 표현하는 형용사 앞에 ***not***이 나타나서 *somewhat*이나 *to a certain degree*의 의미를 가지게 되는 경우이다.

(28) a. It is not uncommon for presidents to reward major supporters in this way. (=It is somewhat common)
 b. It is not uncharacteristic of places such as the gymnasium, stadium, or church, especially when unoccupied. (=It is somewhat characteristic of places)

마지막으로 (29a)처럼 부정어 ***not***이 부사와 함께 사용되는 경우인데, 이때 (29b)와 (29c)처럼 부정 부사구(negative adverbial phrase)가 문두에 위치하고 있을 때, '주어와 조동사 도치(subject-aux inversion)' 현상이 나타난다.

(29) a. It's not often that an elderly European writer can pack a room at an American college campus.
 b. Never in my entire life have I been rewarded with such appreciative smiles.
 c. Not often have their authors shown real interest in the origins of highway culture in American life.

3. 부정과 도치 (Negative Inversion)

전치사 성격을 가지고 있는 표현이 문두에 나타날 때, 주어와 조동사의 도치가 이루어지면 문두에 있는 전치사 성격의 표현은 조동사의 범위 밖에 놓여서 또 다른 명제의 의미를 나타내게 된다고 알려져 있다. 예문 (30a)는 그가 부정적인 결과를 언급한 장소는 어디에도 없다는 의미이다. 즉, 그 어느 곳에서도 그는 부정적 결과를 언급하지 않았다는 것을 시사한다. 예문 (30b)도 당신이 의사의 개인적 사무실로 걸어 갈 수 있는 경우는 아무 것도 없다는 의미이다. 즉, 어떤 경우에도 당신은 의사의 사적인 사무실로 걸어갈 수 없다는 뜻이다. (30c)도 동일한 방식으로 해석된다.

(30) a. Nowhere does he mention any negative consequences.
b. in no case can you walk into a private doctor's office.
c. Not even in this town does that get me arrested

이런 의미를 일반적인 (도치가 되지 않은 문장의) 전치사구와 비교해 보면, 의미 차이가 보다 명확해 질 수 있다. 예문 (31a)는 전치사구가 조동사 *would*의 영역 내부에 있어서, Harvey가 행복해지려면 일이 없어야 한다는 의미이다. 반면 (31b)는 어떤 일로도 Harvey를 행복하게 할 수는 없을 것이라는 의미이다. 예문 (31c)의 경우에도, Dana가 의상을 걸치지 않아야, 자태가 멋있어 보일 것이라는 의미인 반면 (31d)는 어떠한 의상으로도 Dana가 멋있어 보일 수는 없을 것이라는 의미이다.

따라서 주어와 조동사가 도치된 구문에서 문두에 위치한 부정어 표현은 주어와 조동사가 도치되지 않은 구문과는 상당히 많은 의미적 차이를 보인다는 것을 알 수 있다.

(31) a. With no job, Harvey would be happy.
b. With no job would Harvey be happy.
c. With no clothes, Dana will look good.
d. With no clothes will Dana look good.

4. 이중 부정어 (Double Negatives)

영국 영어와 미국 영어의 방언으로, 소위 이중 부정문(double negative sentences)이 흔하게 보인다. 한 문장이 이중 부정문이 되려면, 하나 이상의 부정 어휘를 가지고 있거나, *not*과 더불어 하나 이상의 부정 어휘 (주로 nonverbal negation)를 포함하고 있어야 한다. 주의할 점은 이중 부정어(double negatives)는 다중 동사 부정문(multiple negation)과 다르다는 것이다. 다중 동사 부정문은 동사 부정어 *not*이 두 번 이상 나타나는 경우이다.

(32) a. You've never seen nothing like it.
b. I can't get no satisfaction.
c. I told her not to say nothing to nobody.

13.3 의미 변화(Shift in Meaning)

일반적으로 어떤 것을 부정하면, 그 명제(proposition) 또는 문장의 기본적인 의미는 부정문 속에 유지된다. 예컨대, '유안이가 달렸다'는 문장을 부정하면, '유안이가 달리지 않았다'가 될 수 있다. 이때 부정문 속에, 명제인 '유안이가 달렸다'라는 의미는 유지된 상태에서, 부정의 의미가 추가되었다고 할 수 있다.

그런데 영어는 그렇지 않은 경우가 몇 가지 있다. 그 중 하나가 서법조동사 부정문이다. 예문 (33)은 평서문이다. 이때 서법조동사는 의무를 나타내지만, 부정문의 형태를 한 예문 (34)는 의무를 나타내지 않는다. 예문 (33a)는 의무를 표현하는 반면 예문 (34a)는 금지를 나타낸다. 반면 서법조동사 형태가 아닌 예문 (33b)의 경우에 의무를 나타내며, 부정문으로 전환된 예문 (34b)에서도 그대로 의무의 의미가 유지된다.

(33)   a. IRIS process **must** be transparent. (obligation)

        b. IRIS process **has to** be transparent. (obligation)

(34)   a. We **must not** be afraid to be free. (prohibition)

        b. We **don't have to** be afraid to be free. (no obligation)

두 번째는 접사부정문과 비접사부정문은 일반적으로 의미의 변화를 나타내지 않는다. 그런데 정도를 나타내는 부사류가 추가되면 의미의 변화가 생성된다. 예문 (35)는 동일한 의미를 나타낸다. 반면 예문 (36a)와 (36b)는 동일한 의미가 아니다.

(35)   a. Joy disliked children.

        b. Joy did not like children.

(36)   a. Joy truly disliked children.

        b. Joy did not truly like children.

이런 종류의 의미 변화는 문장 부정문과 성분 부정문에서도 찾아볼 수 있다. 예문 (37a)와 (37b)에서는 전치사구 성분소 부정과 문장 부정 사이에는 유사점을 발견할 수 없다. 또한 (38a)-(38b)도 마찬가지로 의미차이가 발생할 수 있는데, 성분 부정인 예문 (38a)는 그녀가 군인이지만, 군인다운 군인은 아니라는 의미가 있을 수 있으며, 추가적으로 그녀가 군인이 아닌데 군인인 척 한다는 의미가 있을 수 있다.

(37)   a. He moved here from New York for no particular reason.
        b. He did not move here from New York for any particular reason.

(38)   a. She's not a soldier.
        b. She's no soldier.

예문 (39)에서도 부정문인 (b)는 의미적 중의성이 있는데, 하나는 모든 손님들이 와인을 안 마셨다는 의미가 있으며, 다른 하나는 모든 손님들이 와인을 마신 것은 아니라는 의미가 있다. 후자는 몇 명은 마셨고, 몇 명은 안마셨다는 의미가 될 수 있다.

(39)   a. All the guests drank wine.
        b. All the guest didn't drink wine.

마지막으로 의미 변화는 긍정 비교문과 부정 비교문에서도 관측된다. 예문 (40a)는 '그가 에바보다 나이가 더 먹었다'는 정보 외에는 알 수 없다. 둘의 나이가 어느 정도가 되는지를 전혀 알 수 없다. 반면 부정문의 형태를 한 (40b)에서는 기본적으로 두 사람 모두 어리다는 것을 전제로 하고 있다.

(40)   a. He is older than Eva. (positive comparative)
        b. He is not as young as Eva. (negative equative)

■ 연습문제 13.1

다음 문장의 차이점을 설명하시오.

    a. *I think that anyone ever reads this magazine.
    a'. I doubt that anyone ever reads this magazine.
    b. This book is ever given to few readers
    b'. Few readers are ever given this book.

■ 연습문제 13.2

다음 줄 친 표현이 가능한 이유를 설명하시오.

    a. If **any** of you did not get a questionnaire, Fred will send one to you.
    b. Whether **anyone** will read Joe's article is unclear.
    c. John tried to leave the house without disturbing **any** of his neighbors.
    d. Few people believe that Joe's investigation will result in **any** indictments.
    e. Only once did Clara detect **any** sign of life.

■ 연습문제 13.3

다음 문장의 의미 차이를 말하시오.

    a. Popeye didn't eat some of his spinach.
    b. Popeye didn't eat all of his spinach.

■ 연습문제 13.4

다음 문장이 문법적인지를 말하시오. 비문법적이면 잘못된 것을 말하고 수정하시오.

a. He visits his daughters too much.　b. They went to her house, didn't they?

c. They have read the novel yet.　d. Who isn't going to the shopping mall?

e. There aren't some strawberries in this plate.

■ 연습문제 13.5

1. 다음 문장은 동사외 구성소 부정문이다. 동사부정문으로 변경해 보시오.

   a. He had told neither the boss nor her secretary.

   b. We have nowhere to hide.

   c. They were impressed by none of the candidates.

   d. I saw no one on the road.

   e. We're taking neither of them with us.

2. 각 문장이 문법적인지를 말하시오. 비문법적이라면 무엇이 잘못되었는지를 설명하고 수정하시오.

   a. They promised us to not call.

   b. John expected her not to show up.

   c. They suggested not selling it.

   d. You can't not take the exam.

   e. The boy stood on the bus thinking not about his destination.

3. 다음 각 문장의 의미상의 차이점을 설명하시오.

   3.1 a. She expressly did not withhold information from the police.

   　　b. She didn't expressly withhold information from the police.

   3.2 a. Susan didn't deliberately delete all of her email messages.

b. Susan deliberately didn't delete all her email messages.

4. 다음 각 문장이 동일한 의미를 가지고 있는지를 설명하시오.

 4.1 a. They think that they will not have to delay the workshop.

   b. They don't think that they will have to delay the workshop.

 4.2 a. John understood that they didn't want to go there.

   b. John didn't understand that they wanted to go there.

 4.3 a. They don't expect that Mary will automatically accept everything that they propose.

   b. They expect that Mary won't automatically accept everything that they propose.

제14장 명령문 Imperatives

14.1 명령문의 형태

1. 기본 형태

명령문은 명령, 지시, 요청을 하는데 사용된다. 명령문의 형태는 (1)처럼 세 가지 면에서 평서문과 차이가 있다. 먼저, 주어가 명시되지 않는다. 명령문의 동사 형태는 반드시 원형동사여야 한다. 물론 (2a)와 같이 진행형의 동사 형태가 *be*동사와 함께 사용될 수도 있다.[1] 의미는 (2b)나 (2c)와 유사하다.

		평서문(declarative sentence)	명령문(imperative sentence)
(1)	a.	You take them to school and bring them back.	Take them to school and bring them back.
	b.	You stand up.	Stand up.
	c.	You aren't rude.	Don't be rude.
(2)	a.	Be locking the door before you leave.	
	b.	You had better be locking the door before you leave.	
	c.	I expect you to be locking the door before you leave.	

마지막으로 (3)처럼 부정하는 방식에서 명령문은 평서문과 다르다. 평서문에서 어떤 동사이든 상관없이, 명령문에서는 *do*와 *not*을 함께 결합하여 축약형 형태로

---

[1] 추가 예문: a. Don't be playing there. Be playing here.
　　　　　　 b. Be interviewing six other people for this position.
　　　　　　 c. You showed him your letter. Be handing it over now.

부정명령문을 형성한다.

| | 평서문(declarative sentence) | 명령문(imperative sentence) |
(3) a. You aren't lazy. Don't be lazy.
    b. You don't eat it. Don't eat it.
       You don't eat it, do you?

2. 강조 명령문 형태

명령문은 강조하기 위해 (4b)의 *do*동사를 추가한다. 이는 화자의 지시, 명령, 요청이 긴급하다는 의도를 전달하는 방법이 된다. 또한 부가 의문문(tag questions)을 형성하는 방식은 (4c)-(4d)처럼 두 번째 절(tag clause)에 *will*이나 *would*를 첨가하게 된다. 이 둘의 차이점은 *will*은 긴급한 의도를 전달하는 반면, *would*는 비형식적으로 공손한 요청(polite request)의 의미를 가지고 있다. 그리고 문장의 마지막에 느낌표나 물음표를 사용한다.

(4) a. Stand up
    b. Do stand up!
    c. Stand up, will you?
    d. Get them out of trouble, would you?

3. 명령문 대명사 형태

일반적으로 명령문은 주어 *you*가 생략된 것이다. 근거는 여러 곳에서 발견되는데, 특히 대명사가 문장에 추가되었을 때 명확하게 확인할 수 있다. 특히, 재귀 대명사가 실현되어야 하는 상황에서는 (5)와 같이 *yourself*만이 가능하다.

(5) a. Protect yourself!
    b. *Protect myself!
    c. *Protect herself!
    d. *Protect ourselves!
    e. *Protect themselves!

특정 그룹의 사람들 모두에게 어떤 지시를 할 때, (6)의 *someone, somebody, nobody* 같은 부정대명사가 주어로 나타난다.

(6)   a. Why is it this way? Someone tell me what mistakes I've made!
       b. Somebody call 911!
       c. Nobody move until we see the green suitcase!

4. 호격 명령문 (Vocative Imperatives)

명령문에 호격을 사용하는 이유는 특정한 사람 또는 단체에게 뭔가를 하라고 지시하기 위한 것이다. 명령문에서 호격은 문두에 사용되거나 문미에 사용되기도 한다.

(7)   a. John, you go back to his place!
       b. Dear, look what's happening here!
       c. Look what's happening here, dear!

5. *I need you* 명령문

약간 부드러운 형태의 명령문이 있는데, *I need you*로 시작하는 문장이다. 이 명령문은 공공 서비스 업무에서 많이 사용되는 표현이다. 처음 보는 사람에게 직접적으로 명령하는 것이 아니라, 부드럽게 특정 업무를 수행하는데 필요한 정보를 주는 한 종류의 명령문 형태이다.

(8)   a. I need you to get home as quickly as possible.
       b. I need you to check the table and make sure everyone has drinks.
       c. I need you to send a message.

6. *Let's* 명령문

*Let's*로 시작하는 명령문은 화자와 청자가 함께 특정한 행동을 하자고 제안하기 위해

사용하는 명령문의 한 형태로 간주된다. (9a)의 의미는 (9b)로 바꿔 쓰기 할 수 있다.

(9) a. Let's stay here until I find another apartment.
     b. I propose that you and I stay here until I find another apartment.

*Let's*명령문은 종종 부가 의문문과 함께 사용된다. 이때 영국 영어에서는 *shall we* 형태가 일반적인 반면, 미국 영어에서는 *OK*를 사용한다. 이 명령문 형태의 부정형은 *let's* 다음에 *not*을 삽입한다.

(10) a. OK, let's learn to juggle, shall we?
     b. Let's just take a deep breath, OK?
     c. Let's not be serious, please?
     d. Let's not forget our fellow creatures, shall we?

7. 부정 명령문 (Negative Imperatives)

영어의 부정 명령문은 크게 세 가지 유형이 있다. 조동사 *do*와 부정어 *not*을 축약한 유형과 축약하지 않은 유형이 있으며, 축약된 형태에 주어가 삭제되지 않은 유형이 있다. 반면 주어가 존재하면서 축약하지 않은 형태인 **Do not you forget*!은 사용하지 않는다.

 ○ Don't forget!   (축약형 부정문: 주어 부재형)
 ○ Do not forget!   (비축약형 부정문: 주어 부재형)
 ○ Don't you forget!   (축약형 부정문: 주어 보유형)

14.2 명령문의 의미

1. 지시 및 요구 (Commands, Orders, and Demands)

지시 및 요구의 의미를 가진 명령문은, 일반적으로 화자가 특정한 사람에게 자신이 한 말을 실행하기를 기대하는 것이다. 만일 화자가 말하는 것을 하지 않을 경우, 어떤 종류의 보복이 취해질 수 있게 될 때, 사용하는 형태이다.

(11)   a. Get rid of them!
        b. Right face! Forward, march!
        c. Keep us in your prayers!
        d. Let the kids play in the tot's playground!

2. 요청 (Requests)

청자가 요청대로 순응하리라고 기대한 것은 아닐 때 사용하는 형태인데, 이는 화자가 도움을 요청하기 때문에 *please, will you/would you*의 표현이 추가되는 명령문 형태이다.

(12)   a. Please help me solve this mystery.
        b. Stop worrying, will you?
        c. Kindly keep out of our way until the supply ship arrives.

3. 충고 및 경고 (Advice, Recommendations, Warnings)

화자가 청자의 이익이 될 만한 어떤 것을 하라고 청자에게 주의를 주는 데 사용하는 명령문 형태이다. 이 충고나 경고를 받아들일 지를 결정하는 것은 충고나 경고를 받는 사람에 달려있다.

(13)   a. Keep you warm and dry when the weather turns nasty.
        b. Remember, stay with CNN, your hurricane headquarters.
        c. Watch your head as we pass through this doorway.

4. 지시 (Instructions and Expository Directives)

이 형태의 명령문은 청자가 어떤 목표를 달성하게 하게끔 하려는데 목적이 있다.

(14) a. Remove the baking sheet and allow the loaf to cool at least 20 minutes.
b. Take a left when you leave this chamber.
c. Compare example (4a) with (4b)

5. 초청 (invitations)

사람을 초청하는 기능으로 명령문을 사용할 수도 있다. 그 초청은 청자와 화자 모두에게 이익이 될 수도 있다. 물론 화자도 청자가 초청에 절대적으로 응하리라고 생각하지는 않는다.

(15) a. Drop by a sports bar called Who-Dat Heaven.
b. Have another piece of cake.
c. Feel free to email him with questions and complaints.

6. 허락 (permission)

화자는 어떤 행동을 수행하도록 허락할 때에도 명령문을 사용한다. 허락이라는 것은 화자가 원하는 어떤 것이 아닐 수도 있고 단지 그것을 허락할 힘을 가지고 있다는 것을 표시한다.

(16) a. OK. Go ahead and get her out of the bathtub.
b. Take as much time as you need to tell that story.
c. Come in.

7. 용인 (acceptance)

화자가 절대적으로 원하는 것은 아니지만 막을 힘이 없는 어떤 것을 받아들일 때, 이 명령문의 형태를 사용한다.

(17) a. Since you feel so strongly about it, go ahead and tell him.
    b. Hey, it's your money. Invest it any way you like.

8. 소망 (wishes)

때때로 소망을 나타낼 때, 명령문을 이용하기도 한다. 이때 *may*와 같은 조동사도 함께 사용하기도 한다.

(18) a. May our lives be blessings to each other.
    b. Have a drink during this commercial break.

9. 조건절 의미 명령문

형태는 명령문의 형태를 하지만 조건절의 의미를 가지는 문장 구조가 있다.

(19) a. Do that and everybody actually says OK! (=If you do that, everybody actually will say OK)
    b. Touch that knob and the telly[2] goes wrong. (=If you touch that knob, the telly will go wrong)

14.3 주어 실현 명령문

일반적으로 명령문은 이인칭(second person) 주어를 가지고 있는 것을 전제로 한다. 그런데 화자가 명령하고 있는 대상이 이인칭임을 전제로 함에도 불구하고 이인칭 주어를 보유하게 되는 상황이 있다.

하나는 주어 *you*가 대조적인 의미를 가지게 되는 경우이다. 주어 *You*는 예문 (20)처럼 두 개 이상의 역할이 다른 행위자에게 부여될 때, 대조를 표시하게 된다.

---

[2] 'telly'는 'television'을 지칭

(20) a. You be Keon, and I'll be Mahovlich[3].
      b. You take the chicken, and I'll take the egg.

또한 특정한 어떤 사람에 대해 이야기하고 있다는 것을 명확하게 전달하고자 할 때, 비강세형의 주어 you를 사용할 수 있다.

(21) a. You move!
      b. You take care!

다음은 호격(vocative)을 동반하여 명료하지 못한 명령을 피하기 위해 호격(vocative)을 동반하여 주어를 유지할 수 있다.

(22) a. You take it easy, boy!
      b. Mr. Harvey, you sit over there!

마지막으로, 특정한 대상이 아니라 다수를 지칭하는 상황의 명령문이 있다. 명령이 현재 존재하고 있는 그룹을 대상으로 하고 있으며 그 가운데 일부 또는 전부가 될 수 있다. 이때 명령의 대상을 보다 명료하게 지칭하기 위해 주어가 보유된다. 예문 (23a)는 현재 여기에 있는 여러분들 가운데 어느 하나를 지칭한다. 예문 (23b)는 현재 여기에 있는 여러분들을 모두를 대상으로 어떤 행동을 하는 사람이 없어야 한다는 요구를 전달한다.

(23) a. Somebody close the window! (= one of you here)
      b. Don't anybody tell John! (=none of you here)

---

[3] 'Keon'과 'Mhovlich'는 하키선수 이름에서 따옴

제15장 의문문 Questions

영어에서 의문문은 크게 네 가지 유형으로 구분될 수 있다. '예/아니오 의문문(yes/no questions)', '부가 의문문(tag questions)', 'wh-의문문(wh-questions)', '유사 의문문'. 분류의 기준은 화자가 무엇이 궁금하느냐에 있다. 동작을 했는지가 궁금할 수도 있고, 또는 동작을 수행하는데 참여하는 개체들이 궁금할 수도 있다. 따라서 이들 기준에 집중해서 하나씩 살펴보는 것이 의문문을 이해하는데 도움이 된다.

15.1 예/아니오 의문문(Yes/No Questions)

1. 주어 조동사 도치

이 유형의 의문문은 표현 그대로 '예' 또는 '아니오'로 대답할 수 있는 유형이다. 평서문에 조동사 *have*나 *be*가 있거나, *may, could* 등의 서법 조동사, 또는 *be*동사가 있다면, 예/아니오 의문문에서 주어와 조동사의 도치(subject-auxiliary inversion) 현상이 일어난다.

(1) be동사
    a. The center is flexible.
    b. Is the center flexible?
(2) 서법 조동사 could + 동사
    a. We could pick the best writers.
    b. Could we pick the best writers?

(3) 조동사 is + 동사(현재 분사형)
    a. He is waiting for a road sign.
    b. Is he waiting for a road sign?

(4) 조동사 has + 동사(과거 분사형)
    a. Lisa Cohen has written the most authoritative book.
    b. Has Lisa Cohen written the most authoritative book?

(5) 서법 조동사 should + 조동사 have + 동사(과거 분사형)
    a. You should have seen her face.
    b. Should you have seen her face?

(6) 서법 조동사 could + 조동사 have + 조동사 been + 동사(과거 분사형)
    a. We could have been writing about all this about a sitting cabinet member.
    b. Could we have been writing about all this about a sitting cabinet member?

조동사 종류가 없는 서술문의 경우에는 대신에 조동사 *do*를 문장에 삽입한다. 이를 '*do*-삽입(*do*-insertion)'이라 한다.

(7) a. She walks every day.
    b. Does she walk every day?

영국 영어에서 서술문의 동사가 *have*인 경우에는 (8)처럼 주어-조동사 도치현상이 일어난다.

(8) a. She has a computer.
    b. Has she a computer?   영국 영어
    c. Does she have a computer?   미국 영어

2. 부정형 예/아니오 의문문 (Negative Yes/No Questions)

부정 예/아니오 의문문은 문두 위치에 동사구 요소와 부정어 *not*을 축약시켜 형성되는 문장이다.

(9) a. Have you visited there before?   Haven't you visited there before?
     b. Will you visit your grandmother?   Won't you visit your grandmother?
     c. Were they polite?   Weren't they polite?

부정 의문문을 사용하는 화자의 의도는, 화자의 머리 속에 미리 갖고 있는 청자의 응답에 대한 생각이나 기대감이 있는데, 이를 확인하고자 하는 것이다. (10a)에서 화자는 Marsha가 말을 했을 것이라고 미리 머리 속에 생각하고 있고, 이 기대감을 확인(to confirm)하고 싶어서 묻고 있다.

(10) a. Didn't Marsha tell you that I was coming?
     b. Can't you ever give me a simple answer?
     c. Haven't you called her?

다음 의도로, 부정 의문문은 화자가 '화난 상태'나 '실망감'을 표현한다. 화자가 미리 예상했던 기대감이나 바람이 만족되지 않은 상황에서 사용된다. (10b)에서 화자는 간단한 대답을 원했으나 이를 주지 않아서 화가 났음을 표현하는 반면, (10c)는 그녀가 전화했으리라는 기대감을 가졌으나 그렇지 못한 상황에 사용되는 의문문이다.

부정 의문문에는 (11)처럼 부정극어가 사용되어야 하지만, 긍정 극어를 사용하는 경우가 있다. 이는 부정 의문문임에도 불구하고 화자가 긍정적인 대답을 기대하고 있는 상황에서 사용되는 의문문이다. (11a)에서 긍정극어 *somebody*가 사용되었는데, 화자가 누군가가 오후에 자신을 방문할 사람이 있다는 기대감을 가지고 있어서, 이에 대한 대답도 '방문한 누군가가 있다'는 긍정적인 대답을 기대하고 묻는 의문문이다. (11b)도 마찬가지로, *already*가 긍정 극어로, 그 남자가 그것을 보냈으리라는 확신을 가지고 '보냈다'는 긍정적인 대답을 기대하고 이를 확인하고자 묻는 의문문이다.

(11) a. Didn't somebody visit me this afternoon?
     b. Hasn't he already sent that?

3. 축약형 예/아니오 의문문 (Reduced Yes/No Questions)

예/아니오 의문문은 축약 형태로 삭제형 예/아니오 의문문과 서술형 예/아니오 의문문이 있다.

1) 삭제형 예/아니오 의문문 (Elliptical Yes/No Questions)

이 유형은 조동사와 *be*동사를 삭제시켜 만들어진 의문문이다. (12)는 각각 (13)의 삭제형 예/아니오 의문문의 형태로 변환시킬 수 있다.

(12)   a. Has he built a platform at the company for generations of success?
        b. Do you understand how to play the game?
        c. Is he returning home?
        d. Are you a nurse prescriber?

(13)   a. He built a platform at the company for generations of success?
        b. You understand how to play the game?
        c. He returning home?
        d. You a nurse prescriber?

2) 서술형 예/아니오 의문문 (Declarative Yes/No Questions)

이 의문문은 서술문의 형태를 하면서 의문문의 억양만을 갖고 있는 의문문이다. (14)의 삭제형 예/아니오 의문문과 구분하기가 쉽지는 않다.

	의문문	서술형 의문문
(14)	a. Do you play tennis?	You play tennis?
	b. Have you already read that book?	You've already read that book?

이 서술형 의문문은 세 가지 기능을 수행한다. 하나는 (15)처럼 정보를 체크하는 것이다.

(15)   A: They said they would return that book before lunch.
        B: You've already talked to them?

다음은 (16)처럼 화자의 정보를 확인하고자 하는 목적으로 이미 들었던 문장의 일부분이나 전부를 되풀이하는 기능이 있다.

(16)　　A: My bicycle was stolen from a residence.
　　　　B: Your bicycle was stolen? I couldn't believe it.

마지막 기능은 (17)처럼 방금 들었던 것에 대한 놀라움이나 화가 나는 감정을 전하고자 하는 것이다.

(17)　　A: I scratched your car.
　　　　B: You scratched my car?

이상에서 기술한 기능은 보통 서술형 의문문에서는 두 가지 또는 세 가지가 동시에 나타나는 경우도 많다.

15.2 부가 의문문(Tag Questions)

부가 의문문은 두 개의 절로 이루어지는데, 처음 절은 완전한 서술문이고, 다음 절에 꼬리 형태로 축약된 의문문이 추가되는 형태이다. 평서문과 의문문이 결합된 형태라고 하겠다. 이 부가 의문문에는 두 가지 유형이 있다. 반대극 부가 의문문(opposite polarity tag questions)과 동일극 부가 의문문(same polarity tag questions)이다.

1. 반대극 부가 의문문(Opposite Polarity Tag Questions)

이 의문문은 서술절이 긍정문이면 다음의 의문절은 부정문의 형태를 취하는 문장이다. 반대의 경우도 가능하다.

(18) a. You are going.
   You are going, aren't you ~~going~~?
   b. He is a vegetarian chef.
   He is a vegetarian chef, isn't he ~~a vegetarian chef~~?
   c. Mouton will come back.
   Mouton will come back, won't he ~~come back~~?

2. 동일극 부가 의문문 (Same Polarity Tag Questions)

이 유형은 평서문과 의문문의 극성이 동일하게 나타난다. 이 의문문의 기능을 살펴보면, 먼저 제촉할 목적이 있을 때 사용된다. 이 경우 공손한 표현도 사용할 수 있다.

(19) a. Hurry up, *will you*!   제촉을 나타내는 강조명령문
   b. Pass me a glass of water, *would you*?   공손한 요청
   c. Open the widow, *will you*?   공손한 요청
   d. Let's check it later, *shall we*?   제안

이 의문문은 꼬리절에 *know, remember, see, understand* 등의 특정한 동사가 나타나는 경우도 있다. (20)의 부가 의문문의 꼬리 부분은 각각 *You remember that, don't you?, You know that, don't you?, You see that, don't you?*의 축약된 형태가 실현되어 있다. 이 의문문은 기억유도, 훈계, 지시, 요청 등의 기능을 수행한다.

(20) a. I am still in New York, remember?   기억유도
   b. I want the whole thing, you know?   기억유도/훈계
   c. I paid for it, so don't worry, see?   지시/대답요청

3. 감탄문의 형태를 한 부가 의문문

부가 의문문은 가끔 감탄문으로 사용된다. 이 형태는 청자로부터 동의를 구하고자 할 목적으로 꼬리에 부가되는데, 이때 꼬리절은 의무적이지는 않다.

(21) a. Oh! That's a fantastic car, isn't it! (=What a fantastic car that is!)
b. Is it a great idea, or what!

15.3 Wh- 의문문 (Wh-Questions)

이 의문문은 의문을 표현하는 단어들(who, whom, whose, what, which, when, where, why, how)로 형성된다.

1. Wh- 의문문 형성

이 의문문은 화자가 서술문에서 명사에 대한 정보를 얻고자 할 때 사용하는 형태이다. 한 문장에서 명사가 나타나는 위치는 주어 자리, 목적어자리, 전치사 다음이다. 적어도 이 세 위치의 표현은 wh-의문문을 만들 수 있는 출처가 된다.

(22a)는 (23a)-(23b)의 'Wh-의문문'을 만들 수 있는 반면, (23b)의 전치사 다음에 있는 명사는 (24)처럼 두 가지 유형의 의문문을 형성할 수 있다. 전치사를 문미에 홀로 두는 의문문과, 명사와 함께 문두로 이동하는 의문문이 있다. 전자를 '좌초된(stranding) Wh-의문문'이라 하고, 후자를 'Pied-piping Wh-의문문'이라 부른다.

(22) a. **The boy** lost **his bicycle**.
b. They went to the musical concert with **someone**.
(23) a. **Who** lost his bicycle?
b. **What** did the boy lost?
(24) a. **Who** did they go to the musical concert **with**?
b. **With whom** did they go to the musical concert?

다음은 'How +형용사/부사' 'Wh-의문문'의 형태가 있다. 이 유형은 'How'가 형용사와 부사와 결합하여 how many, how long, how often 등으로 시작하는 의문문을 형성한다.

(25) a. How long have you had the cough?
    b. How many years have you been at this particular school?

마지막 형태의 'Wh-의문문'은 내포된 형태의 의문문이다. 이 내포문 'Wh-의문문'은 위에 언급된 'Wh-의문문'과는 달리, 주어 조동사 도치현상이 일어나지 않는다.

(26) a. We asked study participants **how many bottles of water they consumed each day**.
    b. I think you know **what time it is**.
    c. I don't know **where it came from**.

2. Wh-의문문의 유형

이 의문문은 질문자에게 정보를 제공할 목적에 따라 정보 의문문(information questions), 반복 요청 의문문(repeat please questions), 정교 요청 의문문(elaborate please questions)으로 분류된다.

먼저 정보 의문문은 이전에 언급된 적이 없는 정보를 묻고자 할 때 사용하는 의문문이다. 예/아니오 의문문과는 달리, 'wh-정보 의문문'은 하나의 전제를 하고 있는 의문문이다. (27)처럼, 의문문 'What did you do'라는 질문을 할 때, 이미 화자는 'you did in fact do something'이라는 정보를 알고 당연한 것으로 전제하고 있다.

	의문문	화자가 전제로 하는 정보
(27)	a. How did you do it?	You did it somehow.
	b. Where did you go?	You went somewhere.
	c. Whose book was stolen?	Someone's book was stolen.
	d. Who is doing it?	Someone is doing it.
	e. What have you done?	You have done something.

반복 요청 의문문은 화자가 자신이 들은 정보를 제대로 듣지 못했거나 이해하지 못했을 경우 또는 받아들이기 어려울 때 종종 사용된다. 이 의문문은 재확인하는

기능을 수행한다. (28)은 오늘 오후에 들어왔다는 정보는 아는데, 정확하게 몇 시인지를 반복해서 묻는 형태이다. 반복 요청 의문문은 (29)의 A1형태 또는 A2형태로 물을 수 있다.

(28) A: When did she come back home this afternoon?
      B: At 7 o'clock.
(29) A1: When did they get in?
      A2: They got in when?

정교 요청 의문문은 이미 어떤 것을 들었지만, 그것에 대한 정보를 좀 더 얻고자 할 때 사용하는 형태이다. (30)에서 B가 컴퓨터를 수리하려 하고 있고 *John*이 봐주러 오는 전문가이다. A가 B에게 *John*이 오늘 오후에 들러서 봐줄 것이라고 말했다. 그런데 B는 컴퓨터 봐주러 오기로 한 조금 더 상세한 시간에 대해 정확한 정보를 얻고자 정교 요청 의문문을 사용한다.

(30) A: John will come by this afternoon and have a look at your computer.
      B: When will he come by?

15.4 기타 유형의 의문문들

예/아니오 의문문과 *wh*-의문문을 기능면에서 조금 더 세부적으로 구분해 볼 수 있다.

1. 선택 의문문 (Alternative Questions)

선택 의문문은 적어도 두 가지의 대답 후보 가운데 하나를 선택하도록 유도하는 의문문이다. (31a)와 (31b)처럼 두 가지 선택 후보를 주는 경우와 (31c)처럼 두 가지 이상의 선택 후보를 제시하는 경우도 있다. 또한 (31d)-(31g)처럼 *or* 다음에 부정문이 실현되는 다양한 경우를 확인할 수 있다.

(31) a. Would you like a tea or coffee?
　　　b. Are you walking or taking the train?
　　　c. Which color would you like? Pink, yellow, or blue?
　　　d. Are you coming or not?
　　　e. Are you coming or aren't you?
　　　f. Do you want me or do you not want me?
　　　g. Do you like it or don't you?

2. 메아리 의문문 (Eco Questions)

　이 의문문은 방금 말했던 것의 전부나 일부를 반복하는 형태이다. 이 의문문의 기능은 (32)처럼 이전에 언급한 것을 재확인하려는 것이나 또는 (33)처럼 이전 언급한 것을 명료하게 재요청하는 것이다.

(32) A: I will send it to Josh right now.
　　　B: You will send it to Josh right now?
(33) A: Take a look at another ad.
　　　B: At what?

3. 감탄 의문문 (Exclamatory Questions)

　이 의문문은 화자가 그렇게 믿고 있다는 것을 강력하게 주장하는 감탄문의 형태의 문장이다. 이 의문문은 예/아니오 의문문의 형태로만 나타난다.

(34) a. Isn't he big!
　　　b. Am I ever starved!

4. 수사 의문문 (Rhetorical Questions)

　이 의문문은 화자의 의견을 표현하고자 하는 의도로 사용되는 의문문이다. 기본적으로 그 기능은 대답을 듣고자 하는 의문문이 아니다.

(35)   A: Guess what? Joe divorced his wife.
       B: Who cares? (= I don't care)

5. 제시형 의문문 (Display Questions)

이 의문문은 지식을 전달하는 선생님이 교실과 같은 환경에서 주로 사용하게 되는 의문문으로, *wh*-가 문두에 나타나지는 않는 형태의 의문문이다. 선생님이 어떤 사항에 대한 지식을 학생들에게 제공할 때, 학생들에게 하게 되는 질문의 한 형태이기 때문에 제시형 의문문이라 한다.

(36)   a. So this picture is about what?
       b. And the water is formed how?
       c. So this chapter deals with what important issue?

■ 연습문제 15.1

다음 의문문의 유형을 말하시오.

   a. Haven't you visited there before?
   b. You understand how to play the game?
   c. Your bicycle was stolen? I couldn't believe it.
   d. Pass me a glass of water, would you?
   e. When will he come by?
   f. Do you want me or do you not want me?
   g. You will send it to Josh right now?
   h. And the water is formed how?

제16장 허사 Expletives

이 장에서는 영어 허사로서의 *it*과 *there*의 역할을 다룬다. 이들은 선행하는 표현을 대신하는 대용어(anaphor)의 역할을 하며, 또한 선행 문장 내에 명확하게 지시하는 대상물이 없어도 사용된다. 이 부분에서는 후자의 역할을 중점적으로 살펴본다.

16.1 비지시형 *IT*

일반적으로 *it*은 대명사로, (1a)처럼 문장 내부 또는 이전 문장에 있는 어떤 표현을 지시한다. 반면 예문 (1b)는 선행하는 지시 표현이 없는 문맥에서 사용되었으며 이것이 비지시 주어(nonreferential subject)의 기능이다. (1a)에서 *it*은 앞서 나온 명사구 *a flat stone*을 지시하는 대명사의 기능을 수행하고 있는 반면, (1b)는 지시하는 것이 없으며, 의미도 없지만 문장의 주어 자리를 차지하고 있다.

(1)　　a. She could compel him to support **the child** after **it** was born.
　　　　b. **It**'s getting dark. Let's go inside.

이 비지시형 허사 *it*이 일반 명사구 주어와 동일한 특징을 소유하고 있는지를 확인해 볼 필요가 있다. 먼저 (2a)의 의문문에서 주어 조동사 도치(subject-aux inversion)를 해야 하고, (2b)의 부가 의문문에서 다시 주어로 나타난다. (2c)-(2d)처럼 주어와 동사의 일치 현상이 나타난다.

(2) a. Is it snowing?
b. It was snowing earlier, wasn't it?
c. It's been snowing all day.
d. It's a snowy day.
e. *It are snowing.

허사 *it*이 사용되는 문맥은 (3)처럼 정리된다.

(3) a. It's sunny and breezy today.   날씨
b. It's over 80 degrees outside.   온도
c. It's seven o'clock in the morning.   시간
d. It was a Monday, so she was at home.   요일
e. It's a long time since she left.   경과된 시간
f. It's 2 miles to the beach.   거리
g. It was cozy in the car.   환경

비지시 허사 *it*을 사용하여 특별한 의미를 제공하는 구문이 있다. 하나는 (4)의 분열구문(cleft sentences)이고, 다른 하나는 (5)의 외치주어 구문(extraposed subject clauses)이다.

(4) a. **It** was Benjamin Franklin **who** first defined man as the tool-using animal.
b. **It** was three weeks later **that** he heard the news.

외치주어 구문에서 *amazing, interesting, remarkable, unusual*과 같은 형용사는 (5a)의 구문을 형성하고, *annoy, astound, depress, disturb, upset*과 같은 타동사들은 (5c)의 구문에서 나타난다. 이런 외치주어 구문은 의미를 고려하여 (6)과 같이 바꿔 쓰기(paraphrase)를 할 수 있다.

(5) a. It is particularly interesting that she claims not to know him.
b. It's unusual that she should think like that.

   c. It annoys me that people forget to say thank you.
   d. It would be a shame to miss this show.
(6) a. What is particularly interesting is that she claims not to know him.
   b. What annoys me is that people forget to say thank you.

16.2 비지시형 *THERE*

1. 비지시 *THERE*의 일반적 특징

 다음 (7a)의 *there*는 *Paris*를 지시할 수 있어 지시적 기능을 수행하며, (7b)는 화자가 지시하는 장소를 가리키고 있어 지시적 기능인 반면, (7c)는 주어 위치에 있지만, 이전에 언급된 특별한 지시 대상이 없기 때문에 비지시적이다.

(7) a. It was **there** that he was arrested in September.
   b. Put your hands down **there**!
   c. **There** are roadworks between Camblesforth and Carlton.

 주어 자리에 존재하는 *there*가 주어 기능을 수행한다고 말할 수 있는 것은 예문 (8)을 통해서 확인할 수 있다. (a)의 의문문에서 주어 조동사 도치가 발생하고, (b)의 부가 의문문에서 주어로 나타나며, (c)의 *be*동사의 경우 축약도 나타난다.

(8) a. Are there a lot of stray animals around here?
   b. There was a fire, wasn't there?
   c. There's the statue I was telling you about.

 비지시 *there*는 (9)처럼 *be*동사와의 축약 현상이 빈번하게 나타나는 특징을 가지고 있다. 반면 (10)의 의문문의 대답으로는 축약형이 사용되지 못한다.

(9) a. There's only four days left.
b. There're lots of restaurants around the corner.
(10) a. Is there an easy way to eat seeded grapes? Yes, there is/ *Yes, there's.
b. Are there any places to rent boats? Yes, there are/ *Yes, there's.

서법 조동사도 비지시 *there*와 함께 사용될 수 있는데, 이들 간에도 (11)처럼 축약 현상이 역시 나타나는 특징이 있다.

(11) a. There'll be happy news announced soon. *will*
b. There'd be eight when it was done. *would*
c. There's been a big development in the
Republican race for president. *has*
d. There've been many disagreements over
ethics the last two years. *have*
e. There'd been a police chase that ended with an SUV
crushed against the pavement steps of a row house. *Had*

2. 주어-동사 일치 현상

비지시 *there*가 ***be***동사와 함께 사용될 때, 주어-동사 일치(subject-verb agreement) 규칙을 준수하는데, 세 가지 양상으로 나타난다.

먼저, 주어-동사 일치로, (12)의 ***be***동사는 앞에 있는 *there*가 아니라, 다음에 나온 명사구와 일치해야 한다.

(12) a. There are two ways of detecting phishing Web sites.
b. *There is two ways of detecting phishing Web sites.

다음은, ***be***동사 다음에 나온 명사구와 일치할 때, (13)처럼 ***be***동사 바로 다음에 위치하는 명사구와만 일치한다. (13a)-(13b)에서, *is*동사 다음에 명사구가 세 개가 연이어 나왔지만, 복수형으로 실현된 것이 아니라, 바로 다음에 나온 *shock, debris*와 일치하고 있다. (13c)-(13d)의 *were*도 역시 자연스럽게 다음에 복수 명사가 위치하고 있음을 알 수 있다.

(13) a. **There is** shock, grief and often an initial resentment of the teller.
   b. If **there is** debris, dust or dirt on the lens, blow it off with a puffer.
   c. **There is** a boy and three girls on the Republic side.
   d. **There were** sisters, Margaret and Roumania Peters[1].
   e. **There were** platforms, chairs and keys, and they were passing thing around.

There 구문의 주어-동사 일치 현상에서, ***be***동사 바로 다음의 측량, 시간, 화폐 등의 단위개념을 가진 (14)의 명사구는 단수로 실현된다.

(14) a. **There was** fifty pounds of meat in there-we ate cold cuts for weeks.
   b. **There was** 30 dollars on the table.
   c. **There's** only 10 minutes left.

마지막으로 (15)처럼, 화자가 지시하는 명사구 *hash browns*가 형태는 복수이지만, 하나의 음식을 가리킬 때는 단수로 실현되는 상황도 발견된다.

(15) He served a number of delicious dishes. **There was** hash browns.

3. *THERE* 구문의 구조와 의미적 특징

비지시 *there* 구문은 (16b)와 (17b)의 비한정 명사구(indefinite NP) 주어로 된 문장으로 바꿔 쓸 수 있다. 이 바꿔 쓰기가 늘 규칙적으로 적용되는 것은 아니다. (18)의 경우는 비문법적인 문장을 만들어 내기도 한다.

(16) a. There is a man heading to our house all the way from the northern border of Florida.
   b. A man is heading to our house all the way from the northern border of Florida.

---

[1] 1900년대 초에 태어난 테니스 선수 자매

(17) a. There are problems in school principals' education and appointments.
　　　b. Problems are in school principals' education and appointments.
(18) a. There was an accident on the ground at the Detroit Airport today.
　　　b. *An accident was on the ground at the Detroit Airport today.
　　　c. There are several possibilities for the witness's reaction.
　　　d. *Several possibilities are for the witness's reaction.

다음으로, 비지시 *there* 구문은 (19)처럼 ***be***동사를 대체할 수 있는 동사 유형이 있다.

(19) a. In the second half of the second year there occurred the most unusual event of his entire life.
　　　b. Deep within his breast there smoldered an unquenchable[2] desire.
　　　c. There comes a time when you just decide how you're going to change.

이 동사종류를 세 가지로 분류할 수 있는데, 하나는 존재나 위치를 기술하는 동사로 *dwell, exist, live, remain, stand* 등이 있고, 다음은 동작이나 방향 동사로 *approach, come, fly, gallop, go, run, walk* 등이 있으며, 마지막으로 발생이나 실현 동사로 *appear, arise, begin, develop, emerge, ensue, happen, occur, seem*이 있다. 이 동사들은 (20)-(21)처럼, 부사류나 절과 함께 나타나기도 하는데, 이때 문두보다는 문미에 위치하는 것을 더 선호하는 경향이 있으며, 특히 구어체에서 문미를 선호한다.

(20) a. On his face **there appeared** no sign at all of this discovery.
　　　b. **There appeared** a group of people illuminated by torches.
(21) a. Within each of us **there dwells** a mighty and raging fury.
　　　b. **There dwells** a mighty and raging fury within each of us.

다음 (22)의 구문은 학술 환경에서 선호하는 구문 형태인, 반면 (23)의 *break*,

---

[2] Smoulder: 나타내다, Unquenchable 억누를 수 없는

change, decrease, die, disappear, increase 의 능격동사(ergative verbs) 대부분은 비지시 *there*와는 함께 나타나지 않는다.

(22) a. There remain a number of persons of interest.
b. There seem/appear to be contradictions in the news.
(23) a. *Over the past 10 years, there have died a number of famous authors.
b. *soon afterward, there broke a large stained glass window in the cathedral[3].
c. *One day there disappeared a workman in the stockyard[4].

다음은 비지시 *there* 구문이 숙어 용도로 사용되는 것을 볼 수 있는데, 형태는 '*there + no + -ing*'이며, 의미는 어떤 것이 불가능하다(something is impossible)는 것을 표현한다.

(24) a. There's no telling how many more people are still out there.
b. There's no getting out of a Black Hole.
c. There's no denying the serious nature of the 2010 oil spill.

마지막으로 *there* 구문이 가지고 있는 의미화용적 역할을 살펴보자. *There* 구문을 사용해서 새로운 지시 대상을 담화 속으로 끌어들여 (25a)처럼 새로운 주제가 되도록 하는 기능이 있다. 이를 Presentational Use라고 한다.

(25) a. And it's a huge problem for us. **There** are several possibilities for the current solution. To basically break those stands of the University, that go across the fault, into two, so that, you know...
b. **There** were two empty coffee cups on the table.
c. **There** is a unicorn in your garage.
d. **There** lived a beautiful princess named Leila whom everybody would want to marry.

---

[3] Cathedral 대성당
[4] Stockyard 가축사육장

두 번째로 (25b)의 의미적 주어와 그 장소를 소개하는 기능이 있다. 이를 Locative Use라 한다. 다음은 어떤 대상물의 존재(existence)를 강력하게 주장하는 (25c)의 기능이 있다. 이를 Ontological Use라고 한다. 이때는 동사를 *exist*로 대체 가능한 문맥이다. 마지막으로 이야기책 속에서 (25d)의 *there*를 사용하여 새로운 요소를 이야기 속에 소개하면서 동시에 이야기 속의 배경 장면을 묘사하는 기능을 한다. 이를 Narrative Use라고 한다.

■ 연습문제 16.1

다음 문장이 문법적인지를 말하고, 만일 비문법적이라면 무엇이 잘못되었는지를 설명하시오.

   a. I mean, is there any gas left in his candidacy? No, there isn't.
   b. Well, yeah, there is quite a lot of regulations.
   c. There is a number of things that give me pleasure
   d. There was fifty pounds of meat in there -- we ate cold cuts for weeks.
   e. When I was young I had a lot of hair and I was a good looking kid, but there was a dozen guys like us.

■ 연습문제 16.2 [5]

Tom: There will be a big tennis match taking place, won't there?
Mary: Yes, there is going to be a semi-final for the Continental Grand Prize.
Tom: Who do you think is going to win?
Mary: Susan is likely to win, I guess.
John: What makes you think so?
Mary: The fact is, Susan has practiced very hard and with great passion. She is really

---

[5] 2012년도 임용고시 영어전공 문제

strong, so she will be tough to defeat.
John: I know it is tough that other players defeat her. But they have to beat her to make it into the final.
Tom: Do you really believe Susan to be so strong?
Mary: Yes, I am her fan. I want her to win and somehow I feel like it's going to happen.
Tom: Do you know where the final will be?
Mary: Yes. In the Central Stadium is a tennis court. That's where the match will be taking place next Friday afternoon. Let me show you on this map. You see, the stadium is behind City Hall. Here is the tennis court.
Tom: Oh, I see.

1. 위 대화를 읽고 'here' 와 'there'에 주목하면서 다음 (2b)가 왜 비문법적인지를 설명하시오.

(1) a. There will be a big tennis match on Friday afternoon.

　　 b. Here will be a big tennis match on Friday afternoon.

(2) a. There will be a big tennis match on Friday afternoon, won't there?

　　 b. *Here will be a big tennis match on Friday afternoon, won't here?

제17장 관계절 Relative Clauses

17.1 형태와 기능

관계절은 명사구를 수식하는 의존절(dependent clause)이다. 관계절은 (1)처럼 관계 대명사로 시작되는 하나의 절로 형용사와 같이 명사에 대한 정보를 추가해주는 형용사적 역할을 수행한다.

영어 관계절은 기능에 따라 제한(restrictive) 관계절과 비제한(nonrestrictive) 관계절로 양분된다. (1a)의 제한 관계절 *who lives in Seattle*은 시애틀에 있는 누이를 명시함으로써, *my sister*의 범위를 좁혀주는 기능을 한다. 화자가 한 명 이상의 누이가 있는데, 시애틀에 있는 한 누이만이 언어학자라고 말하고 있다. 관계절에 추가한 정보로 어떤 누이인지를 정확하게 확인해 준다.

(1)   a. My sister who lives in Seattle is a linguist.
           b. My sister, who lives in Seattle, is a linguist.

(1b)는 비제한 관계절인데, 이 절도 역시 명사에 대한 정보를 추가해 주는 기능을 한다. 그러나 추가정보와는 상관없이 이미 이 명사는 누구인지가 명확한 상태이므로, 이 대상명사를 확인시켜주는 기능은 없다. 이 비제한 관계절을 달리 표현하면, *Oh, by the way, she lives in Seattle*이라고 할 수 있다. 화자가 이 누이 외에 다른 누이가 있으리라는 의미를 주지는 않는다.

17.2 제한 관계절 (Restrictive Relative Clauses)

제한 관계절이 비제한 관계절 보다 훨씬 많이 사용된다. 영어의 제한 관계절은 관계 대명사의 문법 기능에 따라, 여섯 가지 유형으로 세분된다.

1. 주어 관계절 (Subject Relative Clauses)

이 유형은 관계 대명사가 관계절의 주어이다. (2a)-(2b)처럼, 관계 대명사 *who*, *that*은 사람명사구를 대신하고, (2c)처럼 *that, which*는 무생물 명사구를 대신하는데, 적어도 미국 영어에서는 *which*보다는 *that*을 선호하는 경향이 있다.

(2) a. The students [**who** scored 65 percent or above] are deemed to be proficient.
   b. The students [**that** scored 65 percent or above] are deemed to be proficient.
   c. The book [**that/which** introduced the idea] contributed a new word to the English language.

2. 목적어 관계절 (Object Relative Clauses)

이 유형은 관계 대명사가 동사의 목적어를 대신한다. 관계 대명사로는 *who, whom, that*이 사람을 나타내는 명사를 수식하는 목적어 관계절을 형성한다.

(3) a. Steve Hartman has been revisiting some of the people [**whom/that** Charles Kuralt[1] met].
   b. Paul Guillaume should be the author of the book [**which/that** we desire].

3. 간접 목적어 관계절 (Indirect Object Relative Clauses)

이 유형에서 관계 대명사는 전치사 *to*나 *for*에 있는 간접 목적어를 대신한다. 관

---

[1] **Steve Hartman**, CBS News correspondent and columnist for 60 Minutes II. **Charles Kuralt** (September 10, 1934 – July 4, 1997) was an American journalist. He was most widely known for his long career with CBS, and later as the first anchor of *CBS News Sunday Morning*, a position he held for fifteen years.

계 대명사로는 *which, that, who, whom*이 모두 사용된다. 이 유형은 전치사구 때문에, 두 가지 패턴이 형성되는데, 하나는 (4b)처럼 전치사구에서 전치사를 제자리에 그대로 둔 채, 명사구만 관계 대명사가 대신하는 형태이다. 이는 전치사구가 함께 이동하지 않고, 부분 성분인 전치사를 남겨두기 때문에 'Stranding'이라 한다. 또 다른 패턴은 (5)처럼 전치사구 전체를 관계 대명사가 대신한다. 따라서 이를 'Piped piping'이라 한다.

(4)   a. These are the young ladies [**who(m)/that** we gave $50 each to].
       b. These are the young ladies [____ we gave $50 each **to the young ladies**].
(5)   a. The student [*for whom* Alice baked a cake] is my roommate.
       b. The student [____ Alice baked a cake **for the student**] is my roommate.

4. 전치사의 목적어 관계절 (Object of the Preposition)

이 유형은 간접 목적어 관계절과 많이 유사하다. 차이점은, 간접 목적어 관계절은 목표(goal) 의미 역할을 가지는 전치사 *to*와 수혜자(beneficiary) 의미 역할을 가지는 *for*만 해당하는 반면, 전치사의 목적어 관계절은 많은 전치사들이 나타날 수 있다.

이 유형도 두 가지 형태의 관계절이 존재하는데, 하나는 전치사가 좌초된(stranded) (6a)-(6b)의 형태이고, 다른 하나는 전치사가 함께 이동하는 Piped piping 형태로 (6c)와 (6d)이다.

(6)   a. Linda remembered her big comfortable bed [**which/that** two people had never slept **in** together].
       b. Everyone is happy except the people [**who/that** we are shooting **at**].
       c. Linda remembered her big comfortable bed [**in which** two people had never slept together].
       d. Everyone is happy except the people [**at whom** we are shooting].

단, 주의해야 할 점은 (7)처럼 ***manner, way***가 전치사구에 나타날 경우, 전치사는 좌초되면 안되고 반드시 이동해야 한다.

(7)   a. The manner [*in which* a person breaks up with another] shows the character of that person.
        b. *The manner [*which* a person breaks up with another **in**] shows the character of that person.

대부분의 구전치사 동사구(phrasal prepositional verbs)의 경우, (8)처럼 동사 다음에 오는 요소들이 이동하는 것은 허용되지 않는다.

(8)   a. This is not something *which* I **look forward to**.
        b. ?This is not something *to which* I **look forward**.
        c. *This is not something *forward to which* I **look**.

5. 소유 관계절 (Possessive Relative Clauses)

이 유형은 관계 대명사가 소유 의미의 표현을 대신하며, 이 유형에 사용되는 관계 대명사는 *whose*와 *of which*이다. *Whose*관계절에서 소유 관계 대명사는 명사구의 한 부분 요소이므로, 명사구내에서 ***my, your, our*** 등과 같은 소유 관사(possessive determiner)의 역할을 한다. (9a)에서 명사구 *Some of my Texas friends' parents*내부에 소유 관사인 *some of my Texas friends*가 (9b)의 *whose*로 대체된다.

(9)   a. Some of my Texas friends [[Some of my Texas friends'] parents emigrated from Mexico] don't know how to speak in Spanish.
        b. Some of my Texas friends [**whose parents** emigrated from Mexico] don't know how to speak in Spanish.

(10a)가 도출되는 과정을 (10b)-(10c)에서 볼 수 있다. 관계 대명사 *whose*가 있는 명사구는 (10b)의 관계절 속에서 동사의 목적어이고, 이 목적어 명사구 전체가 (10c)처럼 관계절 위치로 이동되었다. 이때, 관계 대명사 *whose*가 관사 부분인 *the* *author's* 부분을 대체하여 (10a)의 문장이 도출된 것이다.

(10)　　a. Dominick Dunne is the only author [**whose books** I read in scenes].
　　　　b. Dominick Dunne is the only author [I read [**the author's books**] in scenes]
　　　　c. Dominick Dunne is the only author [[**the author's books**] I read ___ in scenes]

다음은 ***by which*** 소유 관계절을 살펴보자. 소유의미를 나타내는 방법은 (11a)처럼 소유 관계 대명사 *whose*를 대체하는 것이고, (11b)의 *of which*로 대체하는 것이다. (11)의 명사구를 소유 관계 대명사 문장으로 만들어 보면, (12)와 같은 문장이 될 수 있다.

(11)　　a. a wave of Democratic victories' size
　　　　b. the size of a wave of Democratic victories

(12b)의 관계절 유형은 (13)처럼 세 가지 유형의 관계절 형태를 도출해 낼 수 있다. (13a)는 소유 의미를 나타내는 전치사가 좌초(stranding)되어 만들어진 관계절 형태이고, (13b)는 Piped piping 형태의 관계절이고, (13c)는 소유 명사구 전체가 이동된 형태의 관계절이다.

(12)　　a. It's unlikely that we get a wave of Democratic victories [whose size we saw ___ in 1994].
　　　　b. It's unlikely that we get a wave of Democratic victories [**the size of which** we saw___ in 1994].
(13)　　a. It's unlikely that we get a wave of Democratic victories [**which** we saw **the size of**___ in 1994].
　　　　b. It's unlikely that we get a wave of Democratic victories [**of which** we saw **the size** ___in 1994].
　　　　c. It's unlikely that we get a wave of Democratic victories [**the size of which** we saw ___in 1994].

6. 비교 목적어 관계절(Object of Comparison)

이 유형은 비교문 구조에서 나타나는 관계절이다. 관계 대명사로 대체되는 명사구가 비교 접속사(comparative conjunction) *than* 다음에서 온 것이다. 이때 *than*은 관계 대명사와 함께 관계절의 맨 앞부분으로 이동이 불가능하다. 따라서 (14b) 관계절의 도출과정은 (14c)와 같고, (14d)처럼 *than*이 함께 이동하면 비문법적인 문장을 만들게 된다.

(14) a. The Devil's power [**which/that** God's power was higher than__] was restored.
 b. The girl [**who/that** Joe studied harder than__] got the scholarship.
 c. The girl [Joe studied harder than ~~the girl~~] got the scholarship.
 d. *The girl [**than whom** Joe studied harder__] got the scholarship.

7. *What* 관계절

비표준 구어체 영어에서 가끔 관계 대명사 대신에 *what*을 쓰기도 한다.

(15) a. And you see that truck *what just went by*.
 b. That geezer[2] *what we met down at the bar* is my old Dad.

17.3 제한 관계절의 위치와 축약형

한 문장 내에서 관계절이 나타날 수 있는 위치를 살펴보자.

1. 외치 관계절(Extraposed Relative Clauses)

가끔 영어의 제한 관계절은 수식할 명사구 바로 다음에 나타나지 않을 수도 있다. (16a)에서 관계절 *who has red hair*는 명사구 *a man* 다음에 위치해야 하는데,

---

[2] (특히 좀 이상한) 영감[노인]

문장 맨 뒤로 이동된 형태이고, 반면 (16b)는 *who I hadn't seen for year*관계절이 명사구 *someone* 다음에 위치해야 하는데, 역시 문두로 이동된 형태이다. 이런 형태의 관계절을 외치관계절(extraposed relative clauses)라고 한다.

(16) a. People came in who hadn't noticed the shop was here before.
　　　b. A Massachusetts official yesterday who I talked to said we really don't have to be that frightened.
　　　c. Something happened that I am ashamed of.
　　　d. I carry a card with me that has my old cardiograms on it.

2. 중첩현상 (Stacking)

영어의 제한 관계절은 (17)처럼 하나 이상 나타날 수 있다. 문어체 보다는 구어체에서 많이 발견되는데, 이를 중첩현상(stacking)이라 한다.

(17) a. The people [who take the course][who Dana likes] usually come from local high schools.
　　　b. There's a great expression [that I like] [which applies to Saddam quite well].

3. 주어 관계 대명사의 생략 (Omission of Nonsubject Relative Pronouns)

주어 관계절을 제외한 모든 유형의 관계절은 관계 대명사를 생략할 수 있다.

(18) a. The scores [many students got 65 percent or above] are deemed to be proficient.
　　　b. *The students [scored 65 percent or above] are deemed to be proficient.
(19) a. The girl [Joe studied harder than] got the scholarship.
　　　b. These are the young ladies [we gave $50 each to].
　　　c. *These are the young ladies [to us gave $50 each].
　　　d. It's unlikely that we get a wave of Democratic victories [we saw the size of in 1994].
　　　e. *Last week I met a girl brother works in your dental center.

4. 주어 관계절의 축약 (Reduction in Subject Relative Clauses)

일반적으로 관계 대명사가 주어 관계절에서 생략될 수 없지만, 어떤 주어 관계절에서는 관계 대명사가 생략될 수 있는데, 단 다음의 조건하에서만 가능하다. (20)처럼 관계 대명사 다음에 'be동사 + 현재 완료형(present participle)'이 나타나면 (20b)처럼 생략된 축약형이 가능하다. (21)처럼 '수동태 문장에서 과거 분사형(past participle)'이 되면 역시 (21b)처럼 생략된 축약형이 가능하다. 마지막으로 '형용사 + 전치사구' 형태가 되면, 역시 (22b)처럼 축약형이 가능하다.

(20) a. I look at my wife **who is standing** by my side and realize how lucky I am.
      b. I look at my wife **standing** by my side and realize how lucky I am.

(21) a. There were a lot of Democratic programs **that were passed** by a Democratic majority Congress.
      b. There were a lot of Democratic programs **passed** by a Democratic majority Congress.

(22) a. This result should be unsurprising to readers **who are familiar with** the sociolinguistic literature.
      b. This result should be unsurprising to readers **familiar with** the sociolinguistic literature.

(23) a. Patricia wants a carpenter **who is descended** from Alexander, to be more successful.
      b. Patricia wants a carpenter **descended** from Alexander, to be more successful.

5. 상태동사와 현재 분사형

영어에서 상태동사(cost, equal, measure, resemble, weigh 등)의 현재 분사형은 진행형에서는 사용되지 않는다. 그런데 (24a)처럼 명사구 다음에 상태동사의 현재 분사형이 나타날 수 있는데, 이때 (24b)와 동일한 의미를 나타낸다. 그렇지만 (24c)의 생략된 축약형의 관계절에서 도출된 것은 아니라는 것을 알 수 있다.

(24) a. The woman moved out, and two other men **resembling** Khalifi began staying there.
b. The woman moved out, and two other men **who resemble** Khalifi began staying there.
c. *The woman moved out, and two other men **who are resembling** Khalifi began staying there.

17.4 기타 유형의 제한 관계절

1. 부정사 관계절 (Infinitival Relative Clauses)

이 유형은 명사구 다음 위치에서 명사구를 수식하는 부정어절로 부정사 관계절이라 한다. (25)는 전치사의 목적어 관계절과 유사해 보인다. 왜냐하면 수식을 받는 명사구가 관계절 내부에서 전치사의 목적어에 해당하기 때문이다.

(25) a. We got some business **to attend to**.
b. The author Scott Ginsberg has no problem finding people **to talk to**.
c. John is not an easy person **to live with**.

(25)는 관계 대명사가 없지만, 관계절이라는 것을 추론할 수 있다. (26)처럼 전치사와 그 목적어가 부정사 앞자리로 이동을 할 수 있고, 관계 대명사는 생략될 수 있다. 이렇게 도출된 문장이 (25)이다. 여기서 주의할 점은 관계 대명사만 앞으로 가고, 전치사는 좌초(stranded)된 (27)은 비문법적인 문장이 된다는 것이다.

(26) a. We got some business [to which to attend ____].
b. The author Scott Ginsberg has no problem finding people [to whom to talk ____].
c. John is not an easy person [with whom to live ____].
(27) *We got some business [which to attend to ____].

(28)의 부정사 관계절은 수식받는 명사구가 관계절 동사의 목적어에 해당한다는 점에서 목적어 관계절과 유사하다. (28)의 문장에서 관계절은 'for + 목적어' 형태의 주어가 생략가능하다.

(28)   a. We had a fairy garden set up in a large urn with fairy garden furniture (for kids) **to play with**.
           b. I think that's very hard (for people) **to deal with**.
           c. The problem of race is a typical matter (for scholars) **to wrestle with**.

또한 주어 관계절과 유사한 부정어 관계절도 있다. 관계절의 주어는 자신이 수식하는 명사구가 될 수 있다는 점에서 그렇다. (29a)의 문장은 (29b)와 같이 바꿔 쓸 수 있다.

(29)   a. The Gwinnett[3] asks readers **to respond to a question of public interest**.
           b. The Gwinnett asks readers **which respond to a question of public interest**.

2. 부사 관계절(Adverbial Relative Clauses)

장소(place), 시간(time), 목적(purpose)을 나타내는 명사들은 (30)처럼 전치사 목적어 관계절과 함께 나타날 수 있다. 이 전치사구(전치사 + 관계 대명사)는 각각 ***where, when, why***로 바꿔 쓸 수 있다. 이때 이 단어들은 부사구 기능을 가지고 있기 때문에, 종종 부사 관계절(Adverbial Relative Clauses)이라 하기도 한다.

(30)   a. The research participants were enrolled in the graduate school of the university **at which** the researchers teach.
           b. A shipyard manager earns $28,000 a year **on which** he pays taxes.
           c. All the money could not be spent quickly enough to justify the reasons **for which** it was donated.

---

[3] 그위넷(1735?-77): 영국 태생의 미국 독립 운동 지도자.

*How*도 부사 관계절을 형성할 수 있는데, (30)의 경우와 약간 차이점이 있다. 위에 있는 세 개의 관계 대명사는 자신이 수식하는 명사구 *the day, the reason*을 비교적 자유롭게 생략할 수 있는 반면, *how*는 (31b)처럼 명사구와 관계 대명사 *how*가 함께 사용되는 문장은 허용되지 않는다.

(31)   a. The way in which adults provide support makes a real difference.
            b. *The way how adults provide support makes a real difference.

3. 자유 관계절(Free Relative Clauses)
1) 자유 관계절 유형

이 유형의 관계절은 선행하는 명사구를 가지고 있지 않은 절이다. 선행사가 나타나있지 않은 관계절이다. 자유 관계절에는 두 가지 유형이 있다. 하나는 한정 자유 관계절(definite free relative clauses)인데, 이는 *what, where, when*의 관계 대명사로 시작하는 자유 관계절이다. 이 자유 관계절이 다른 'wh-구문'과 다른 것이 맞는지를 확인할 필요가 있는데, 두 가지 확인 방법이 있다. 하나는 (33)처럼, 주절 동사가 자유 관계절을 목적어로 취하려면 (33b)처럼 무생물 명사구를 목적어로 취할 수 있어야 한다.

(32)   I finally came to understand **what I experienced on the front steps**.
(33)   a. Mark will never forget **what he saw next**.
            b. Mark will never forget **a hamburger/coffee/a piece of pie**.

다른 확인 방법은 (34)처럼 *what*을 *that (thing) which*로 교체할 수 있는지를 확인하는 방법이다. *Where*나 *when*으로 시작되는 자유 관계절의 경우에는 (35b)와 (35d)처럼 각각 장소와 시간을 나타내는 전치사구로 대체 가능하다.

(34)   Mark will never forget that (thing) which he saw next.
(35)   a. You were smart to stay where you broke through.
            b. You were smart to stay **at the Ritz Hotel**

c. That's why you were so upset when you came to the door.
d. That's **then/at that time**.

두 번째 유형의 자유 관계절은 비한정 자유 관계절(indefinite free relative clauses)이다. 이 유형은 *whoever, whatever, whichever, whenever, wherever, however*로 시작되는 관계절로, 이 관계 대명사들을 *if, regardless of*로 바꿔 쓸 수 있는 특징이 있다.

(36) a. He gives them to **whoever hires him**.
b. **If someone hires him**, he gives them to him.
c. I hoped that each one would publish **whatever he had learned**.
d. **Regardless of what he had learned**, I hoped that each one would publish.

2) 자유 관계절과 부사절

시간과 장소를 나타내는 한정 자유 관계절은 시간 및 장소를 나타내는 부사절과 외형적으로 상당히 유사한 구문처럼 보인다. 이들의 차이점을 구분해 보자. 이 두 구문이 유사하게 보이는 근본적인 이유는 제한 자유 관계절과 부사절에서 사용되는 *when*의 어휘적인 특징 때문이다.

(37) a. That's why you were so upset **when you came to the door**. (35c의 반복)
b. My mother hates **when my father snores**.
c. **When she regained consciousness**, she found herself in a hospital bed.

(37a)-(37b)는 한정 자유 관계절이고, (37c)는 부사절이다. 이 두 구문의 문법 구조에 차이점이 있다. 한정 자유 관계절은 전체 문장에서 전치사구인 반면, 부사절은 두 개의 절로 구성된 문장에서 한 개의 (종속)절에 해당한다. 이 차이는 *when*이 만든 것인데, 한정 자유 관계절에서 *when*은 관계사이고, 부사절에서 *when*은 접속사이다.

다음 (38)은 비한정 자유 관계절과 조건 부사절의 의미 해석이 모두 가능한 사례이다. 이 이중적 의미 해석을 확인해 보자. 비한정 자유 관계절 문맥에서는 (39)처럼 의미 바꿔쓰기가 가능한 반면, 조건 부사절의 의미 해석은 (40)처럼 바꿔 쓸 수 있다. 이 둘의 차이점은 (39) 문맥에서는 *my mother*가 행복하게 될 장소를 나타내 주고 있는 반면, (40)은 *my mother*가 만족 또는 행복하게 될 장소에 대해서는 아무런 언급을 하고 있지 않다.

(38)   My mother will be happy wherever I decide to settle.
(39)   a. If I decide to settle at place **x**, my mother will be happy **there**.
       b. If I decide to settle at place **y**, my mother will be happy **there**.
(40)   a. If I decide to settle at place **x**, my mother will be happy.
       b. If I decide to settle at place **y**, my mother will be happy.

17.5 비제한 관계절 (Nonrestricitive Relative Clauses)

비제한 관계절은 제한 관계절과 달리, 명사에 정보를 더해주는 기능을 한다. 비제한 관계절이 가지고 있는 특징을 살펴보자.

첫째로, 비제한 관계절은 (41a)처럼 관계절과 주절사이에 컴마(comma)가 삽입된다.

(41)   a. These black male dancers, **who** regularly performed in teams, were impressive.
       b. These black male dancers **who** regularly performed in teams, were impressive.

두 번째로, 비제한 관계절은 (42a)처럼 고유명사(proper nouns)를 수식할 수 있다.

(42)   a. Wolfgang Bach, who is a petrologist, oversaw the science party.
       b. *Wofgang Bach who is a petrologist, oversaw the science party.

세 번째로, 비제한 관계절은 (43a)처럼 *any, every, no*와 결합된 명사구는 수식하지 못한다.

(43) a. *Any man, who would get in between the Spurlocks and McMahons was a fool.
      b. Any man who would get in between the Spurlocks and McMahons was a fool.

네 번째로, 비제한 관계절은 관계 대명사 *that*과 함께 나타날 수 없다.

(44) a. *You have to look at the plan, that was introduced by the Republican colleagues.
      b. You have to look at the plan that was introduced by the Republican colleagues.

다음으로, 비제한 관계절은 여러 개의 관계절을 함께 사용할 수 없다.

(45) a. *They gave the job to Rob, who is very qualified, who starts next month.
      b. I really like that car that you have that your wife is always zipping around town in.

여섯 번째로 비제한 관계절은 앞에 있는 문장 전체를 수식할 수 있는 반면, 제한 관계절은 명사구만을 수식할 수 있다.

(46) a. The main limitation of the present study is the cross-sectional design, which makes causal inference particularly difficult.
      b. *The main limitation of the present study is the cross-sectional design which makes causal inference particularly difficult.

마지막으로 비제한 관계절에서는 관계 대명사는 생략이 불가능하다.

(47) a. When I arrived, the divers, whom I'd last seen lounging by the docks, were working at two sites.
      b. *When I arrived, the divers, I'd last seen lounging by the docks, were working at two sites.

그런데 (48b) 문장은 (48a)에서 도출된 축약형 비제한 관계 대명사로 간주하는 것이 가능해 보일 수도 있겠으나, 모국어 화자들은 (48b)의 문장에 (48a)의 의미 해석을 주지 않고, (48c)의 의미를 주므로, 관계절로 간주될 수 없다는 것을 알 수 있다.

(48) a. Camille glanced at her sister, who was sitting there.
     b. Camille glanced at her sister, sitting there.
     c. Camille glanced at her sister, while she was sitting there.

■ 연습문제 17.1

다음 문장에 있는 관계절의 유형을 말하시오.

a. This is not something which I look forward to.
b. It is unlikely that we get a wave of Democratic victories of which we saw the size in 1994.
a. A Facebook page has been flooded with messages of hope for the woman who friends describe as a devoted wife and mother.
b. The girl who is smarter than you in most things opens her mouth to correct you, then shuts it again.
c. The teen who invented them in her kitchen is pretty much confident
d. There really are some professors on the radio who people shouldn't listen to
e. The girl who Fred is smarter than won the poetry contest.
f. Bill went out with the girl who I gave his phone number to.
g. The instructor whose daughter is studying at Stanford teaches my class.
h. The hats the colors and sizes of which are decided by the student union are on sale at a bookstore on campus.
i. That's the bookstore where I met her a year ago.

j. The people can sit wherever they want to sit.

k. John is buying what his mother bought yesterday.

l. They always want to stay where we stay.

m. Mary buys whatever her mother wants to buy.

■ 연습문제 17.2

다음 문장이 관계절 외치현상을 보이는지를 확인하시오. 불가능하다면 이유를 설명하시오.

a. A girl who was wearing the red shirts they reported stolen just walked in.

b. A child who must have been about three feet tall broke the window.

c. Anyone who hopes to eat beef is welcome.

d. A woman who was pregnant appeared with her daughter.

e. John met a soldier who she really wants to see at the party.

f. I saw a boy who says he knows you a month ago.

■ 연습문제 17.3

다음 문장에서 부정사 관계절을 다른 형태로 바꿔보시오.

a. The government has to find new land to build on.

b. We are perceived as a good bank in which to put your money.

c. This should have been a happier place for you to come back to.

d. Goldberg will find a place for you to stay.

e. He's creating another lake in which to put all the other islands and lakes and islands.

■ 연습문제 17.4

다음 문장이 문법적인지 비문법적인지를 말하시오. 만일 비문법적이라면 이유를 설명하시오.

a. We sat down with three of them, two of whom are new to politics.

b. Any man, who tried to talk to her would later describe the encounter as an act of torture.

c. Edward who knows a lot about politics, is wasting his time.

d. They agreed to come on the trip with me which made everyone very happy.

e. The writers, whose books have sold well, who they love, are few and far between.

■ 연습문제 17.5 [4]

후치 수식어에서 to-부정사는 관계절이나 동격절로 해석될 수 있다. To-부정사가 관계절로 해석될 때, 수식받는 중심명사(head noun)는 to-부정사의 내부구조에서 관계 대명사에 해당되며, 이 대명사는 대부분 명시되지 않는다. (1a)와 (1b) 문장은 동일한 의미를 기술하고 있다. (1a)에서 Books가 목적어 관계 대명사의 선행사이기 때문에 to-부정사의 내부 구조에서 동사의 목적어로 해석될 수 있다. 수식 받는 중심명사도 비명시적인 관계 대명사에 해당될 수 있으며 동시에 다른 기능도 있는데, (2a)에서는 주어로써, (2b)에서는 전치사의 목적어로써의 기능이 있다. To-부정사가 (2d)에서처럼 동격절로 해석될 때, 중심명사에 해당하는 명시적인 관계 대명사가 to-부정사 내부에 없다. 다음 (3)의 문장을 분석해서 빈 공간에 알맞은 단어를 채우시오.

(1) a. I will buy books to read.

   b. I will buy books which I will read.

(2) a. I need someone to help me with my homework.

   b. Let's think about issues to deal with tomorrow.

---

[4] 2014년 임용고시 영어 전공문제

c. We did not have money to buy food.

　　d. Do you have plans to travel abroad?

(3) (i) The couples found **places** to stay before having dinner.

　　(ii) I am looking for **doctors** to consult regarding my mother's health.

(3') 줄친 (i)과 (ii)에 있는 중심명사는 to-부정사의 내부 구조에서는 ①전치사의 목적어 ②동사의 목적어에 해당한다.

제18장 조건문 Conditional Sentences

영어의 조건문은 조건을 표현하는 종속기능의 조건절과, 조건의 결과를 표현하는 주절로 구성되어 있는 문장을 가리킨다.

18.1 조건문의 형태

조건문의 가장 전형적인 형태는 (1)처럼 두 개의 절로 구성되며, 하나는 종속절이고 다른 하나는 주절이다. 종속절은 *if*나 유사한 단어로 시작하며, '*if*-절'은 조건 명제에 해당하는 의미를 표현하고 주절은 조건이 만족되면 얻게 되는 결과를 명시한다. '만일 x가 발생한다면, 그러면 y가 발생한다'는 의미를 전한다. *if*대신, (2)처럼 *provided (that), as long as, assuming (that)*의 표현들이 동일한 의미를 준다.

(1) [If people want to be regulars at his church], 조건절(조건명제)
 [he will have to pay for the privilege]. 주절(결과명제)
(2) a. As long as people want to be regulars at his church, he will have to pay for the privilege.
 b. People will have to pay for the privilege, provided that he wants to be regulars at his church.

조건문은 현실에서 벌어지는 실제 사건(real events)이나 비현실 사건(unreal events) 모두를 표현할 수 있고, 이들은 각각 현재, 과거, 미래 시제에서 사용된다. 이런 용법에 따라 적어도 여섯 가지 이상의 유형으로 구분될 수 있다.

18.2 현실 조건문 (Real Conditionals)

현실에서 벌어지는 실제 사건을 기술하는 현실 조건문은 조건이 있고, 이로 인해 그 결과가 있게 됨으로써 형성되는 문장이다. 현실 조건문은 조건절과 결과절의 관련 정도 또는 빈도에 따라 총칭 조건문과 상용 조건문으로 구분한다. 또한 *if* 절의 조건이 만족되어야만 결론이 도출되는 추론 조건문 그리고 어떤 것이 미래에 발생할 가능성을 기술하는 경우로 미래 조건문으로 구분한다.

1. 총칭 조건문 (Generic Conditionals)

총칭 조건문은 (3)-(6)처럼 과학적인 진실로 간주되는 사실을 표현한다. 주로 학술 문헌에서 많이 사용된다. 총칭 조건문의 *if*절은 결과절에 기술되는 현상이 발생할 수 있는 일반적 조건들을 명시한다.

(3)   The monitor does not function if the contact strip is not moist.
(4)   If a gas is heated, it expands.
(5)   If the temperature falls below 32 degrees Fahrenheit, water freezes.
(6)   If light is moving in the direction labeled z in the figure, it has two distinct possibilities of polarization.

2. 상용 조건문 (Habitual Conditionals)

상용 조건문은 현재나 과거 속에서 한 조건이 만족되면 나타나는 상용적인 결과를 표현하는 문장이다. (7a)는 조건절과 결과절 모두 현재 시제를 사용해서, 현재 상황을 기술하는 상용 조건문이다. 반면, (7b)는 과거 시제를 사용해서 과거 상황을 기술하는 상용 조건문이고, (7c)는 *if*절은 과거 시제이고 결과절은 서법 조동사 ***would***가 실현되어 과거 상황을 기술하는 상용 조건문의 형태이다.

(7)   a. If she is his bridge partner, they (usually) lose big.
      b. If he had business in Baltimore, he (usually) stayed at the Hyatt.
      c. If he had business in Baltimore, he would (usually) stay at the Hyatt.

상용 조건문은 반복적으로 발생하는 조건과 결과를 기술하는 특징으로 인하여, (8)처럼 whenever로 시작하는 종속절로 바꿔 쓰기를 할 수 있다.

(8)　　a. Whenever she is his bridge partner, they (usually) lose big.
　　　　b. Whenever he had business in Baltimore, he would (always) stay at the Hyatt.

3. 추론 조건문 (Inference Conditionals)

추론 조건문은 if절에 기술된 명제를 기반으로 추론하여, 결과절이 형성되는 조건문의 형태이다. '만일 x라면, 그러면 y가 따라온다(If x, then y follows)'는 의미를 갖는데, 이때 x는 사실일 수도 있고 아닐 수도 있다. 만일 'x가 사실이라면, 그때 y도 그렇다'. 왜냐하면 x에서 논리적으로 그렇게 추론될 수 있기 때문이다.

결과절은 조건이 사실인 경우에도 확실성(certainty) 또는 가능성(possibility)을 기술한다. 따라서 추론 조건문은 서법 조동사 + 시제 + 상(tense-aspect)의 결합을 활용해 강도가 높은 가능성을 기술할 수 있다. (9a)에서 사용법의 동일성 기준의 일치를 이해할 수 있다면, 그때 의미의 유사성도 이해할 수 있는 능력을 갖게 된다고 추론하게 된다. 여기에서 우리가 기준이 동일한 용례를 이해할 수도 있고 이해하지 못할 수도 있지만, 만일 이해할 수 있다면, 그러면 의미의 유사성도 이해하게 된다는 것을 기술하고 있는 것이다.

추론 조건문은 주절과 종속절 모두 서법 조동사 can이 포함되어 있다는 것을 주목하자. (9b)의 추론 조건문은 과거의 상황을 기술한다. 화자는 'Carline이 분명히 Nana에 대해 물어봤을 것'이라는 추론을, '소년들이 다가왔다면'이라는 조건문에서 도출해내고 있다.

(9)　　a. If we can understand the identity of the criteria of sameness of use, then we can understand the sameness of meaning.
　　　　b. If the boys were coming up, Carline apparently asked them Nana.
　　　　c. If the person is not familiar with the text, then it is possible perhaps to have a libretto and translation to one side.

(9c)는 조건절과 주절 모두가 단순 현재 시제이다. 주절의 '가사에 번역본이 있어도 된다'는 추론은 '그 사람이 그 가사에 익숙하지 않다'는 조건하에서 이루어지는 문장이다.

4. 미래 조건문(Future Conditionals)

미래 조건문은 어떤 조건에 대해 예측될 수 있는 미래의 결과를 표현하는 문장이다. 이 조건문은 조금 더 세분될 수 있다. 하나는 미래의 결과를 표현하는 미래 조건문은 (10a)의 계획 또는 (10b)의 수반될 돌발 상황이 될 수 있다. 이때 *if*절은 단순 현재 시제로 사건을 기술하고, 결과절은 '*will, be going to*'로 표현되어 미래 발생할 사건을 표현하게 된다.

(10) a. If you don't know where they are, you will miss them.
　　　b. If the library doesn't have a training officer, this important task is going to be difficult to achieve.

다음으로, 예상되는 결과에 대한 추측(probabilities)은 결과절의 서법 조동사를 통해 표현된다. (11)의 서법 조동사들이 사건의 일어날 가능성의 정도를 표현하게 된다.

(11) a. If the problem persists, you should certainly investigate
　　　　 whether alcohol is the cause.　　　　　　　　　높은 가능성
　　　b. If the problem persists, you may certainly investigate
　　　　 whether alcohol is the cause.　　　　　　　　　가능성
　　　c. If the problem persists, you might certainly investigate
　　　　 whether alcohol is the cause　　　　　　　　　 약한 가능성

몇몇 미래 조건문은 *if*절에 단순 현재 시제로 미래 사건을 표현해서, (12)의 지시(instructions), 의문(questions), 제안(suggestions)을 표현하기도 한다. 특히 영국 영어에서 *if*절에서 현재 시제 대신에 조동사 *should*가 사용된다. (12b)와 (12c)는 동일하게 사용된다.

(12) a. If a train comes, stand flat against the wall.
 b. If you **should** see your doctor, read the following questions. 영국 영어
 c. If you **see** your doctor, read the following questions. 미국 영어

(13a)는 *if* 절이 있고, 주절이 의문문으로 나타난 예문이다. (13b)는 제안문, (13c)는 강력한 권고의 의미를 가진 절이 나타난 경우이다.

(13) a. If the shooting starts, what kind of war do we want to fight?
 b. If break the law, you ought to have to suffer the consequences.
 c. If a country mistreats its citizens, the U.S. should intervene.

18.3 비현실 조건문(Unreal Conditionals)

비현실 조건문(unreal conditionals)은 *if*절의 명제가 가상의 상황이고, 결과절의 명제는 그 가상의 결과를 기술하는 조건 문장을 지칭한다. 이 조건문은 현재, 과거, 미래를 모두 표현할 수 있고, 가상 조건문과 반사실적 조건문으로 양분할 수 있다.

1. 가상 조건문(Hypothetical Conditionals)

가상 조건문은 먼저, 현재와 미래에서 상상 가능한 사건 또는 상태에 대한 추측(speculation)을 표현한다. (14a)는 화자가 미래에 일어날 수도 있는 가상의 상황(즉, 날씨가 맑게 되면)을 상상해서, 화자가 하게 될 행동을 밝히고 있다. (14b)는 화자가 말하고 있는 사람이 미래 언젠가 내 친구에게 말할 것을 알고 있다. 이 말은 그렇게 하게 되면 갖게 되는 가상의 방안이 어려움을 피하는 장점이 될 것이라는 것을 표현하고 있다.

(14) a. If the air cleared, I would pound the pillow or shake the quilt.
 b. If my friend didn't know I knew, then I would tell that friend I knew.

미래에 대한 가상적 조건문의 *if* 절 동사는 보통 단순 과거 시제이지만, (15)처럼 '*should, happened, managed, were + to*-부정사' 형태로도 실현된다. 여기에서 '***If I should*** + 동사' 형태가 미국 영어보다는 영국 영어의 전형적인 형태이고, 결과절은 전형적으로 조동사 ***would***가 선호된다.

(15)   If *I happened to get* enough money, I'd spend a year in Paris and study art.
       were to get/ got/ should get/
       should happen to get/ managed to get

두 번째로, (16)은 현재상태에 대해 추론 또는 사색하는 가상적 조건문이다. 현재 상태에 대한 가상적인 조건문은 명백히 얻지 못하는 조건과 결과를 표현함으로써 현재 상태에 대해 이야기 한다. (16a)에서 '내가 뭘하려고 했었는지를 네가 알았더라면, 네가 그것을 말할 수 있었을 텐데'라는 화자의 유감을 표현하고 있고, (16b)는 화자가 마음이 변하게 되었더라면 수 시간 안에 전화했을 텐데, 전화하지 못했던 것을 말하고 있다. (16c)는 그의 인생을 이해했더라면, Michael에 대한 사랑을 느꼈을 것이라고 말하고 있다. 이때 주목할 것은 현재 상태에 대한 가능성을 표현하는 가상적 조건문에서 *if*절은 전형적으로 상태동사라는 점이다.

(16)   a. If you **knew** what I was going to do, then you **could say** what I was going to do.
       b. If I **changed** my mind, I **could call** back within a couple hours.
       c. If you **understood** the context of his life, you **would feel** only love and compassion for Michael.

가상적 조건문은 (17)의 현재 사건에 대해서도 말할 수 있다. 다저스팀이 이기고 있지 않은 상태에서 진행되고 있는 야구 경기를 관람하는 사람이 말한 문장이다. *if*절이 지금 사실이 아닌 조건을 표현하고 있고, 만일 실현되면, 다음의 주절에 가상의 결과를 기술하게 된다. *If* 절의 동사는 '*were* + 과거 분사' 형태이고, 결과절은 '*would be* + 현재 분사' 형태이다.

(17)　　If the LA Dodgers were winning, I would be enjoying this game a lot more.

2. 반사실적 조건문 (Counterfactual Conditionals)

과거에 대한 반사실적 조건문은 (18)의 달성되지 않은 과거 사건에 대해 이야기한다. (18)도 실제 사건과 관련되는 것들을 기술한다. (18a)는 화자가 쇼핑몰에 있었던 상태였다. 아래 두 문장 모두 긍정문의 형태를 하고 있는데, 의미적으로는 부정의 진술을 시사하고 있고, 부정 진술은 긍정의 진술을 암시하게 되는 조건문 형태이다.

(18)　　a. If I **had seen** you coming at the mall, I **would have gone** the other way.
　　　　b. If you **had called** me sooner, it **would have been** easier.

반사실적 조건문의 시제 순서는 '*if* + 과거 분사, ***would*** + ***have*** + 과거 분사'의 형태를 취하게 된다. 결과절에서 *would* 이외에 (19)의 *could, might*도 사용될 수 있다.

(19)　　a. If You had met them first, we **might** have been attracted to them.
　　　　b. If you had accepted my brother's proposal, he **could** not have been tempted by Maria.

3. 다른 형태의 비현실 조건문

위에서 살펴본 비현실 조건문의 의미를 가진 조건문으로 두 가지 형태가 있는데, 하나는 if절에 과거 완료 대신에 결과절의 형태에서나 볼 수 있는 '*would have* + 과거 분사' 형태를 한 조건문이 있다. 물론 이 형태의 조건문은 구어체에서만 가능하고 문어체에서는 비문법적인 문장으로 간주된다.

(20)　　a. *If **you would've had** the guts to get on the plane, my father would have made room for you.
　　　　b. *If it **would've been** a real fight, the referee would've stopped it.
　　　　c. *If I **would've had** a concealed gun, you could have prevented this horrible crime.

또 다른 형태로 *If* 표현 생략과 주어-조동사 도치현상이 나타나는 조건문 형태가 있다. (21)처럼 가상 및 반사실적 조건문장에서 *If* 표현을 생략하는 것이 가능한데, 이때는 반드시 주어와 조동사가 도치되어 나타난다.

(21) a. If I had known you needed help, I'd have come earlier.
 = **Had** I known you needed help, I'd have come earlier.
 b. If I were in your position, I would take similar precautions.
 = **Were** I in your position, I would take similar precautions.
 c. If the couple should need some extra income, Chelena could always start working full-time again.
 = **Should** the couple need some extra income, Chelena could always start working full-time again.

■ 연습문제 18.1

다음 문장에 있는 조건문의 유형을 말하시오.

a. If the library doesn't have a training officer, this important task is going to be difficult to achieve.
b. If the boys were coming up, Carline apparently asked them Nana
c. If she is his bridge partner, they usually lose big
d. If the temperature falls below 32 degrees Fahrenheit, water freezes.
e. If we can eliminate all nonmedical drug use, the deeper social ills will be healed.
f. If he is getting divorced, I can tell you that it wasn't his idea.
g. If it's Sunday, this must be Paris, or Venice, or some other European city.
h. If he finishes fifth every week from here on out, we'll be sitting at the head table.
i. If you touch us, we will kill you.

j. If you have done a pilot study, you hope this is less likely to occur.

k. If I were advising the Supreme Court, I would tell them not to show up.

l. If you knew all the outcomes before you went into it, you could run a perfect campaign

m. If he was running for politics, he would probably have to find a new wife.

n. If she had lived, Sharon would probably have made him a part of her life.

o. If he had listened to the critics, none of it would have happened.

p. If somebody at the table cursed, he would definitely correct it and say that there's a lady sitting here.

q. If the Congress didn't take real action, I would be surprised.

r. If I did it on my own, I would have more trouble.

제19장 주어절 Subject Clauses

이 부분에서는 한 문장의 주어가 될 수 있는 구성성분의 종류를 면밀히 살펴보고, 주어에 있는 요소와 *that*-절과의 상호 관련성을 관측해 본다.

19.1 주어절의 유형

모든 동사는 주어로 명사구(noun phrases)를 허용한다. 그런데 이 주어 자리에 종속절을 허용하는 동사들도 있다.

(1)   a. [That he has become the most controversial coach in the league] amazes him.
       b. *[That John snores] loves Tom.

이들을 주어라고 칭할 근거를 몇 가지 들 수 있다. 먼저 동사 앞에 나타난다는 것이 있고, 동사와 일치현상을 보인다는 점과 부가 의문문에서 이 절을 대명사 *it*으로 대신한다는 점을 들 수 있다. 물론 차이점도 있다. 주어-동사 도치현상이 일어나지 않는다는 것을 들 수 있다. 부정사절, 동명사절, *that*-절, 의문사절이 주어위치에 나타나는 유형의 절이다.

1. 부정사절 (Infinitive Clauses)

부정사절은 비한정 동사(nonfinite verbs)인 부정사형(infinitive verb form)이 형성하는 절이다. 부정사절은 (2a)처럼 부정사형 동사 앞에 주어를 명시할 수 있는데,

그 형태는 '*for* + 명사구'로 실현되며, 이때 *for*는 보통의 전치사와는 기능면에서 다르기 때문에, '보문자(complementizer)'라고 한다. 일반적으로 (2b)처럼 주어가 명시되지 않는 경우가 많은데, 이때는 주어가 일반적인 사람들(people in general)을 지칭하게 된다.

(2)   a. **For foreigners to go there** requires documentation.
       b. **To deny science** is foolish.

특정한 동사, 형용사, 명사가 부정사절을 주어로 허용하는데, 동사로는 *amuse, cause, delight, occur* 등이 있고, *easy, difficult, foolish, good, impossible*와 같은 형용사도 be동사와 함께 결합하여 부정사절을 주어로 허용한다. 또한 *error, mistake, offense, task*와 같은 명사들도 be동사와 함께 결합하여 부정사절을 허용한다.

(3)   a. **To make such a noise** would amuse her.
       b. **To learn a new language** is not easy.
       c. **To find the answers** is the real task of a lifetime.

2. 동명사절 (Gerund Clauses)

비한정 동사인 현재 분사형의 동사를 포함하는 동명사절이 주어 자리에 나타날 수 있다. 이때 이 동명사절의 주어는 명사의 소유격이 실현된다.

(4)   a. **Bill's eager attempt to solve the problem** proved fruitless.
       b. **Mary's unstinting support of John** helped him through the crisis.
       c. **Throwing the dice** requires as much practice as talent.

3. *That*-절

한정 동사를 가지는 *that*-절도 역시 주어 자리에 위치할 수 있다. 이때 *that*도 독립된 절을 이끄는 보문자의 역할을 한다. 이 형태의 절을 허용하는 동사로는 *amaze, bother, deter, illustrate, indicate, surprise* 등이 있고, be동사와 더불어 형용사

apparent, clear, disconcerting, evident, important, remarkable, 명사 *accident, asset, factor, miracle, result (of), source (of)*와 같은 요소들도 'that-절'을 주어로 허용한다.

(5) a. That he continues to visit her regularly after all these years amazes me.
 b. That John won the race surprised me.
 c. That a man inhabited it wasn't obvious.

4. 의문사절 (Interrogative Clauses)

의문사절도 주어 자리에 나타날 수 있는데, 이를 허용하는 동사로는 *bother, concern, depend on, determine, interest, matter* 등이 있다. 또한 be동사와 더불어 형용사인 *arguable, certain, clear, debatable, important, obvious, relevant, significant* 등이 있고, 명사인 *concern, issue, matter, problem* 등이 있다.

(6) a. **Whether these minor differences can be considered negligible** depends on the nature of the study.
 b. **Whether she meant to harm it** was not important.
 c. **Whether her intent had been to terrorize her victim into moving** didn't matter.

19.2 담화상에서 주어절 (Subject Clauses in Discourse)

주어 위치의 절은 구어체에서보다는 문어체에서 주로 사용된다. 주어절은 전형적으로 구정보 위치인 문두에 나타나서, 이미 언급되었던 것이고 앞선 담화에서 명확하게 주장했던 명사구를 포함한다.

(7) If the head of the most corrupt and malign administration in our history is suffered to remain in office, however crippled, it will be a clear sign that American morality, including but not limited to our political morality, is in free fall. It is

time to reckon the costs to America, so far, of this squalid and probably criminal administration. **That the president has committed "high crimes and misdemeanors" is indisputable** but not the worst of the wounds he has inflicted upon his office and the nation.

(7)의 주어절은 이전 단락과 부드럽게 연결시킴과 동시에 주제를 전환하는 역할을 한다. 저자가 주어절을 선택할 때는 담화상의 문장이 구정보(old information)이고, 다음에 신정보를 잇게 만드는 연계 역할을 하기 위한 전략으로 간주될 수 있다.

19.3 주어절의 이동 (Movement of Subject Clauses)

19.1과 19.2에서 살펴본 주어 유형의 특징은 간단한 명사구가 아니라 절의 형태를 하고 있기 때문에 무겁다는 것이다. 이로 인해 가끔 이 주어절이 문장 뒤로 이동하여 새로운 문장 형태를 만들며, 새로운 종류의 문장구조를 형성하는데, 이것이 외치 구문(extraposition)이다.

외치 구문은 주어 위치에 있는 절을 문장의 마지막 위치로 이동시키고, 비어있는 주어 자리는 *it*으로 대체함으로써 형성되는 구문이다. 이 경우 *it*은 지시체가 있는 대명사가 아니라, 자리만 메워주는 역할만을 하는 허사(dummy)라고 한다. 이 외치 구문을 형성하는 주어절로 부정사절, 동명사절, *that*-절, 의문사절의 네 가지 유형이 있다. 이들의 특징을 살펴보자.

먼저 부정사절 주어의 경우 이 외치현상이 가능한데, 이를 허용하는 동사로는 *amuse, bother, delight, disturb, embarrass, please* 등이 있다. 형용사로는 *difficult, easy, foolish, good, impossible* 등이 있다.

(8)　　a. **For you to drink the beer** would **bother** me.
　　　　b. It would bother me **for you to drink the beer**.
(9)　　a. **To obtain adult stem cells from human skin** is **easy**.
　　　　b. It is easy **to obtain adult stem cells from human skin**.

주어 자리에 나타난 동명사절은 예문 (10)에서 알 수 있듯이, 기본적으로 외치현상이 불가능하다. 단 예외가 있는데, (11)의 경우는 외치가 가능한데, 이는 관용어 표현(즉, *no use ~ing*)으로 많이 사용하는 패턴에서 나타나는 것으로 보인다.

(10)   a. Building the robot is easy.
        b. *It is easy building the robot.
        c. Herb's winning the gold medal came as a complete surprise to his coach.
        d. *It came as a complete surprise to his coach herb's winning the gold medal.
(11)   a. Arguing the point would be no use.
        b. It would be no use arguing the point.

세 번째로 *That*절이 외치되는 경우는 *amaze, bother, surprise* 같은 동사, *apparent, clear, evident, important* 같은 형용사가 있다.

(12)   a. **That he hasn't phoned** worries me.
        b. It worries me **that he hasn't phoned**.
(13)   a. **That she was really upset** is now apparent from her face.
        b. It is now apparent from her face **that she was really upset**.

마지막으로, 예문 (14)와 같이 의문사절은 *clear, important, obvious*와 같은 형용사가 외치를 허용한다. 그런데 (15)처럼 예외적으로 타동사가 의문사절을 주어로 허용할 경우, 외치현상이 어색한 문장이 있다.

(14)   a. Why she told him is not clear.
        b. It is not clear why she told him.
        c. What they want us to do is not important.
        d. It is not important what they want us to do.
(15)   a. Whether I will come or not depends on your advice.
        b. ?It will depend on your advice whether I will come or not.

또한 몇몇 자동사, *appear, come about, develop, happen, seem, transpire, turn out* 등은 외치된 *that*절만 허용하고, 주어 자리에 *that*절을 허용하지 않는 경우도 있다.

(16) a. It turns out **that her illness is not serious**.
b. ***That her illness is not serious** turns out.
(17) a. It appears **that some missiles have been moved**.
b. ***That some missiles have been moved** appears.

이상에서 살펴본 것처럼, 몇몇 형용사나 동사들은 외치절이나 주어절을 취하기도 하고, 둘 중에 하나만 취할 수도 있다. 일반적으로 외치 구문이 주어절보다 더 빈번하게 사용된다. 이유는 외치 구문이 길고 무거운 구성 성분을 문장 뒤로 이동시켜서 청자가 문장을 이해하는데 더욱 용이하게 만들어 주기 때문이다.

반면, 주어절을 허용하는 요인을 생각해 보면, 먼저 이전의 담화를 연결하고자 하려는 의도와 새로운 주제로 전환하려는 바람으로 사용하게 된다. 또한 주어절을 선호하는 요인은 동사 다음에 오는 주절의 복잡한 구성 성분이기 때문이다.

(18) a. **To include that issue in the forthcoming Student Loans Bill** would make the measure hybrid and deny it any prospect of a swift passage through Parliament.
b. It would make the measure hybrid and deny it any prospect of a swift passage through Parliament **to include that issue in the forthcoming Student Loans Bill**.

19.4 주어 및 목적어 상승 구문 (Raising Sentences)

영어의 주어 자리에 있는 명사구 표현이 주절동사 보다는 *that*-절이나 *to* 부정사 내부에 있는 요소와 밀접한 관련성이 있는 구조가 있다. 즉, 주어의 명사구가 형태상으로만 주절의 주어이며, 의미적으로는 주절의 주어가 아니라 *that*-절이나 *to* 부정사에 있는 요소와 밀접한 관련성이 있는 것이다. 이런 유형으로 두 가지 규칙적인 패턴이 있다. 하나는 주어의 명사구가 *that*-절이나 *to* 부정사 내부의 주어가 상승 이동하여 형성된 구조이며, 다른 하나는 *that*-절이나 *to* 부정사 내부의 목적어가 상승 이동하여 만들어진 구조이다. 전자를 주어상승 구문이라 한다.

1. 주어상승 구문 (Subject-to-Subject Raising)

앞부분에서, 동사 *appear, happen, seem, turn out* 등이 *that*-절과 함께 나타나서 외치 구문을 형성하는 (19)의 경우를 보았다.

(19)   It seems/happens/appears that many students were unsuccessful in diagnosing this type of mistake.

이런 동사 유형이 형성하는 또 다른 구문으로 (20a)의 부정사절이 있으며, 이는 부정사절 속의 주어가 전체 주절의 주어 자리로 이동하는 구문이 있다. (20a)구문이 도출되는 과정은 (20b)-(20c)와 같다. 즉, (20b)의 도치구문에서 출발해서, 외치된 *to*-부정사 절의 주어인 'many students'가 다시 *it*이 있던 주절의 주어 자리로 상승 이동한다. 이것을 주어상승(Subject Raising)이라 한다. 예문 (21)은 *turn out*과 *happen*이 동일한 구조를 형성한 예들이다.

(20)   a. Many students seems to be unsuccessful in diagnosing this type of mistake.
       b. It seems [**many students** to be unsuccessful in diagnosing this type of mistake].
       c. **Many students** seem [___ to be unsuccessful in diagnosing this type of mistake].

(21)   a. It turned out that this was incorrect.
       b. This turned out to be incorrect.
       c. It happened that I had my id in my pocket.
       d. I happened to have my id in my pocket.

주어상승 규칙은 가능성의 정도(degree of possibility)를 표현하는 형용사, 즉 ***certain, likely, unlikely*** 등에 적용된다.

(22)   a. **The economy** is unlikely [to recover in the third or fourth quarter of 1991].
          b. **North Korea's nuclear program** is likely [to be high on a crowded agenda for the career South Korean diplomat].

이런 형용사는 *that*절로 전환하는 것이 가능하지만, 예문 (23)처럼 *that*절 전환이 불가능한 형용사도 있다.

(23)   a. **My father** is sure/apt to be angry with me.
          b. *It is sure/apt that my father will be angry with me.

주어상승 구문은 외치된 *that*절 구문보다 훨씬 더 자주 사용된다. 이의 원인을 추적해 보면, 영어에 존재하는 구-신정보 약속이 주어상승 구문을 선호하게 하는 하나의 요인이 된다는 것이다. 구정보 위치인 주어로 특정 요소를 상승시킴으로써 앞서 있는 대화와 연결시키는 대용어적 연계자 역할을 하는 명사로 만든다. (24)에서 대명사 *it*의 기능을 보면, 선행사 ***a third list of nominees***와의 연계 속성은 (24a)의 외치 구문에서 의 연계자 역할보다, (24b)의 주어상승 문장에서 얻게 되는 연계성이 훨씬 더 직접적이다.

(24)   The first thing he thought of when he woke up was a third list of nominees.
          a. It wasn't likely **that Mr. Karzai would submit it right away.**
          b. **Mr. Karzai wasn't likely to submit it right away.**

주어상승 구문이 외치 구문보다 더 빈번하게 사용되긴 하지만, 몇몇 환경에서는 외치 구문이 선호되는 경우도 있다. 예를 들면, 어떤 사물이나 사람에게 '어떤 인지 내용(a perception)'을 돌리기 위해, (25)처럼 ***seem, appear***와 ***to전치사구***와 ***that***절의 구문이 선호된다.

(25)　　It seemed **to me** that I had seen him before.

또한 (26)처럼 주어가 너무 길거나 무거운 명사구일 때, 외치 구문이 선호된다.

(26)　　It is likely **that the connection between educational difficulties typically experienced by adolescents with high-incidence disabilities and restricted occupational aspirations** may play an important role in understanding our results.

2. 목적어 상승 구문 (Object-to-Subject Raising)

두 번째 유형으로, 문장의 주어 명사구가 *that*-절이나 *to*-부정사 내부의 목적어가 상승 이동하여 만들어진 구조가 목적어 상승 구문이다. 이 구문은 주로 술어가 어떤 것에 대한 개인적인 판단을 표현하는 형용사인 *annoying, boring, challenging, dangerous, difficult, easy, hard, important, interesting, nice, safe* 등이 형성한다.

주어 자리에 있던 부정사절이 이동하여 형성된 외치 구문 내에서, 특정한 요소인 '목적어'가 다시 주어 자리로 이동해 형성되는 구문이 (27b)이다. 이를 *Tough* 구문이라고도 한다.

(27)　　a. It is easy **to program** [this software] for particular needs.
　　　　b. **This software** is easy to program ＿＿＿ for particular needs.

다음은 외치된 구문에 의미상의 주어가 실현된 경우인데, 이 구문에 *tough* 이동 규칙이 적용된 예가 (28b)이다.

(28)　　a. It's easy **for everyone to program** this software for particular needs.
　　　　b. **This software** is easy for everyone to program ＿＿＿ for particular needs.

주절 주어 위치로 이동된 목적어가 (29)처럼 부정사절 내부에 있는 전치사의 목적어에서 온 것일 수 있다.

(29)   a. It's a real joy **to study with John**.
         b. **John** is a real joy **to study with** ___.

이 *Tough* 이동 현상이 모든 부정사 외치 구문에서 나타나는 것은 아니다. 주로 다음 (30)의 명사와 형용사들이 이 구문을 형성한다.

(30)   ease/difficulty 형용사; *dangerous, difficult, easy, fun, hard, impossible, pleasant, simple, tough, wonderful.*
         ease/difficulty 의미를 가진 명사구; *a chore, a cinch, a joy, a pain, a piece of cake, a pleasure, a snap.*

(30)에 나열한 형용사나 명사가 아닌 경우는 (31b)와 (32b)처럼 비문법적인 문장을 만들게 된다.

(31)   a. It is possible to track specific users via the UID of their phone.
         b. *Specific users is possible to trace via the UID of their phone.
(32)   a. It is a real honor to provide this service to women with a crisis in their life.
         b. *This service is a real honor to provide to women with a crisis in their life.

이 *tough* 구문은 구어체뿐만 아니라 문어체에서도 흔하게 발견된다. *Tough* 구문의 주어가 이전에 언급된 것을 지시하는 대명사일 수 있다. 이 경우 구정보를 앞에 언급하고, 신정보를 뒤에 배치하는 전략의 효과를 얻게 된다. (33)에서 ***it***은 *the final exam*을 지시하게 된다.

(33)   A: Do you know when the final exam is?
         B: It's easy to remember. December 25th, Christmas Day.

이 구문은 예문 (34)의 내포된 구조 하에서도 관측된다. (34a)의 *it* 자리에 *to use*의 목적어인 *Web applications*가 상승 이동하여 (34b)의 문장을 형성하고 있다.

(34)   a. The instructor made it easy to use Web applications.
            b. The instructor made Web applications easy to use.

3. 기타 유사 구문

위에 기술한 *tough* 구문이나 주어상승 구문과 유사하게 보이는 구문들을 살펴보자. 다음 (35)은 주어상승 구문인 (36a)와 *tough* 구문인 (36b)와 구조적으로 상당히 유사한 문장처럼 보인다.

(35)   Joan is eager to please.
(36)   a. Joan is certain to please.   주어상승 구문
            b. Joan is easy to please.   *tough* 구문

그러나 (35)가 (36)과 다른 점을 찾아보면, 먼저 *that*-절 외치 구문 형태를 가지지 못한다는 점이다. 따라서 예문 (37)의 주어상승 구문이 될 수 없다.

(37)   *It is eager that Joan will please.
            cf. It is certain that Joan will please.

두 번째 차이점으로, (35)는 (36)처럼 *to*부정사를 보충어로 가지지 못한다. 주어가 부정사절의 목적에서 이동되어 온 것인 반면, (35)는 *Joan*이 *please*의 목적어로 이해되지 못한다. 따라서 (35)는 (38)의 *tough* 구문이 되지 못한다.

(38)   *It is eager to please Joan.
            cf. It is easy to please Joan.

결과적으로 (35)는 (36)과는 다른 구문을 형성한다는 결론에 도달할 수 있고, 그

구문을 분석해 보면, 다음 (39)와 같다. 이 구조는 전형적으로 부정사 보충어절의 주어는 주절의 주어와 동일하다는 영어 화자의 직관을 반영하게 되며, 이런 구문을 허용하는 형용사로는 의지나 능력의 의미를 전하는 ***able, eager, eligible, free, ready, welcome, willing***같은 형용사가 있다.

(39) a. Joan is eager to please.
   b. **Joan** is eager [(**Joan**) to please (someone)].

■ 연습문제 19.1

다음 문장이 외치된 문장으로 변환이 가능한지를 판단하시오. 만일 가능하다면 외치 변환을 하고, 불가능하다면 이유를 설명하시오.

 a. To be one among a hundred is a great honor.
 b. For the prisoners to escape the death penalty when the others had been hanged would be outrageous
 c. Paying off student loans has remarkably improved our financial position.
 d. How they communicated with one another was unknown to us.
 e. That the Senator's suspicions are not groundless surprises many conservatives.

■ 연습문제 19.2

다음 문장이 주어절을 가질 수 있는지를 판단하시오. 만일 가능하다면 주어절이 있는 문장으로 변환하고, 불가능하다면 이유를 설명하시오.

 a. It just so happens that their target is doing a deal with our target.
 b. It's really quite easy to solve cat-related problems in the long term.
 c. It appears that we have not been able to reconcile these opposing biological

and economic forces.

d. It's obvious that assistance is coming by lots of U.N. agencies, lots of countries.

e. It seems that the world doesn't really respect President Obama.

■ 연습문제 19.3

다음 문장의 문장 유형을 말하시오.

a. The boy happens to be the star of Cedar Crest High School's football team.

b. Windows 8 is sure to become a ubiquitous operating system.

c. The pain is really hard to deal with.

d. Such instruction was likely to be effective with the poor writers with disabilities in the present study.

e. The bill is certain to die in the Senate.

f. The political effect is really hard to figure.

g. French toast is really easy to make.

h. The United States Congress is able to pass a repeal and replacement of the "Obama care" law.

■ 연습문제 19.4

다음 문장이 구조상 유사한 지를 말하고, 그에 대한 근거를 설명하시오.

1. a. Anyone with a press license is welcome to participate.

   b. He is willing to negotiate.

2. a. Such a father is sure to regret the use of his money.

   b. she is determined to try to make change.

3. a. The large LCD display is easy to read and understand.

   b. Mr. York is eager to meet you.

4. a. He is not ready to be happy yet.

   b. This is not likely to widely occur.

5. a. Anyone who has ever worked for the federal government is eligible to join.

   b. This bike is ready to go.

■ 연습문제 19.5¹

Tom: There will be a big tennis match taking place, won't there?
Mary: Yes, there is going to be a semi-final for the Continental Grand Prize.
Tom: Who do you think is going to win?
Mary: <u>Susan is likely to win, I guess.</u>
John: What makes you think so?
Mary: The fact is, Susan has practiced very hard and with great passion. She is really strong, so she will be tough to defeat.
John: I know it is tough that other players defeat her. But they have to beat her to make it into the final.
Tom: Do you really believe Susan to be so strong?
Mary: Yes, I am her fan. I want her to win and somehow I feel like it's going to happen.
Tom: Do you know where the final will be?
Mary: Yes. In the Central Stadium is a tennis court. That's where the match will be taking place next Friday afternoon. Let me show you on this map. You see, the stadium is behind City Hall. Here is the tennis court.
Tom: Oh, I see.

1. 위의 대화를 읽고 비문법적인 표현 하나를 찾아서 왜 비문법적인지를 설명하시오.

---

¹ 2012년도 임용고시 영어전공 문제

2. 다음 문장 (1a)와 (2a)를 위 대화의 밑줄 친 자리에 교체하면 좋지 않은 문장이 되는 반면, (1b)와 (2b)는 좋은 문장이 되는 이유를 설명하시오.

(1) a. It is likely that Susan will win, I guess.
    b. Susan is likely to win, I guess.

(2) a. A tennis court is in the Central Stadium.
    b. In the Central Stadium is a tennis court.

■ 연습문제 19.6[2]

다음 문장 가운데 비문인 문장을 고르고 그 이유를 설명하시오.

(a) It is likely Mary to be innocent.
(b) I persuaded him to go to college.
(c) She believes sincerely that he is smart.
(d) I don't know whether John to go to the party.
(e) She seems to me to be intelligent.

---

[2] 2008년도 임용고시 영어전공 문제

제20장 보충어 Complements 유형

이 장에서는 보충어(complement)로 절(clause)이 사용되는 경우들을 살펴본다. 영어에서 절이 보충어로 실현되는 전형적인 구조는 네 가지 유형이 있다.

- 시제가 있는 *that*-보충어절(that-clause with tensed verbs)
- 시제가 없는 *that*-보충어절(that-clause with subjunctive verbs)
- 부정사 보충어(infinitive complements)
- 동명사 보충어(gerund complements)

이 네 가지 유형은 주로 함께 나타날 수 있는 동사 종류가 어느 정도 정해져 있다. 즉, 동사는 함께 나타날 수 있는 보충어 종류에 대해 제약을 가진다. 예를 들어 (1)의 동사 *want*는 부정사 보충어와 함께 나타나지만, 동명사나 *that*절과는 함께 하지 않는다. (2)의 *enjoy*는 동명사 보충어만을, (3)의 *think*는 *that*절과 함께 나타난다.

(1)   a. He has wanted to be president ever since.
       b. *He has wanted being president ever since.
       c. *He has wanted that he would be president ever since.

(2)   a. He enjoyed talking with George Lucas about aircraft.
       b. *He enjoyed to talk with George Lucas about aircraft.
       c. *He enjoyed that he talked with George Lucas about aircraft.

(3)   a. He thinks that Barack Obama is uniquely qualified to speak to this group of people.

b. *He thinks to be uniquely qualified to speak to this group of people.
c. *He thinks being uniquely qualified to speak to this group of people.

20.1　*That* 보충어

많은 동사가 *that*절과 함께 나타나고, *that*절의 동사는 한정 동사(finite verbs)가 나타나며, 보문자(complementizer) *that*은 생략 가능하다.

(4)　　a. Nora thought that he was seventeen years old.
　　　　b. She regretted that she gave up her home.

일반적으로 *that*절은 동사 다음에 바로 나타나는데, 일부 동사들은 (5)처럼 이 사이에 '명사구'나 '*to*+명사구'가 나타날 수 있다.

(5)　　a. The doctor told **me** that I should eat less fat.
　　　　b. Mr. Carstans mentioned **to me** that you were inquiring about an old journal article.

*that*절과 함께 나타나는 동사들을 살펴보면, 먼저 말을 전하는 동사들, ***reply, say, tell*** 등이 있다. 또한 심적 동작(mental acts)을 표현하는 동사들, ***believe, comprehend, feel, find, guess, know, see, think, understand*** 가 있다. 이 가운데 몇몇 동사들은 '사실성 술어(factive predicates)'라 불리는데, 이는 *that*절이 사실이라고 전제하고 있기 때문이다. *bear in mind, comprehend, know, regret, understand* 같은 동사들이 그 예이다. 이런 사실성 술어 동사의 경우 *that*절에서 이 보문자 *that*은 생략이 불가능하다.

---

[1] 목적어를 시제가 있는 *that*절을 허용하는 주요 동사로는 *assume, believe, claim, conclude, decide, discover, explain, expect, feel, find, find out, guess, hear, hope, know, imagine, learn, mean, notice, perceive, point out, promise, prove, realize, say, see, show, suggest, think, understand, wish* 등이 있다.

(6) a. Romney replied that the Massachusetts plan differed in fundamental ways from the federal one.
b. Benton comprehended that he had been gazing at her for a while without realizing it.
c. I regret that I had to choose what I chose.
d. ?Benton comprehended he had been gazing at her for a while without realizing it.
e. ?I regret I had to choose what I chose.

(7)처럼 요청(request)이나 요구(demand)의 동사 유형인 *ask, demand, insist, recommend, require, request, stipulate, suggest*는 *that*절과 함께 나타나는데, 이때 '*that*' 절 속의 동사는 비한정 동사형태(nonfinite verb form)인 원형 부정사(bare infinitive)여야 한다. 이 경우는 비한정 동사형태 가운데, 가정형 동사형태(subjunctive form)라 한다.

(7) a. We recommend that a person **apply** the product to a piece of glass.
b. Soon my mother arrived and insisted that Karolina **stay** for dinner.
c. The company asked that the issue **become** part of the talks when Chinese President Xi Jinping visited the U.S in early April.

이 *that*절에서는 부사 *not*이 상승되는 특징이 있다. (8)처럼 *that*절에 있는 *not*이 주절의 동사에 상승되어도 의미가 변화되지 않고, 동일한 의미를 가진다.

(8) a. I imagined **that you would not be here for Christmas**.
     부정어 상승(negative raising)
b. I **didn't** imagine **that you would be here for Christmas**.

부정어 상승현상이 나타나는 동사는 *anticipate, believe, expect, imagine, suppose, think, appear, seem* 등이 있다.

20.2 부정사 보충어 (Infinitive Complements)

많은 동사들이 부정사절과 함께 나타나는데, 부정사절은 주어가 명시될 수도 있고, 명시되지 않을 수도 있다. 부정사절이 주어를 명시하느냐, 또한 주어가 무엇인가를 기준으로, 부정사절을 네 가지 유형으로 분류한다.

1. *Persuade* 동사 유형

advise, allow, authorize, cause, compel, convince, enable, force, help, order, permit, persuade, tell, urge 같은 동사들이 타동사이므로 명사구 목적어가 있어야 한다. (9a)에 있는 *John*은 동사의 목적어임을 알 수 있는데, 이는 (9b)의 수동태가 그 근거가 될 수 있다. (9c)처럼, *my mother*가 동사의 목적어이기 때문에 부정사의 주어는 표면상으로 명시되지 않은 것으로 판단되지만, 의미적으로는 *my mother*가 되므로 이 상황을 도식화해 보면, (9c)가 된다. 이를 *that*-절로 바꿔쓰기를 해 본 것이 (9d)이다.

(9)   a. Alice persuaded **my mother** [to go shopping for shoes].
           b. **My mother** was persuaded to go shopping for shoes by Alice.
           c. Alice persuaded **my mother** [(**my mother**) to come to the party].
           d. Alice persuaded my mother that she (should) come to the party.

의미에 근거해, 이 동사 종류를 영향(influence) 또는 통제(manipulative) 동사라고 하는데, 주절 주어의 영향력을 통해, 목적어가 부정사절의 동작을 수행하게 되기 때문이다. 일반적으로 생물주어가 영향을 끼치거나 통제를 하지만, 모든 경우에 그런 것은 아니다. (10)에서 무생물 주어도 목적어에 영향을 준다.

(10)   a. **The seriousness of the cases** compelled our team to embark on a study of the symptoms.
            b. **The financial incentives** induced school districts to start providing services to children with learning problems.

부정사절의 명제가 반드시 동작일 필요는 없다. (11)처럼 주어가 목적어에 영향을 끼치게 만든 상태를 표현하는 상태 동사일 수도 있다.

(11)   The setback caused **the reformers to be more orthodox**.

2. *Want* 동사 종류

이 유형의 동사로 ***hope, like, promise, want, arrange, desire, expect, love, need, plan, prefer, refuse, vow, wish, yearn*** 등이 있다. 이 유형은 목적어 명사구가 없을 수도 있다. (12a)처럼, 목적어가 실현되지 않았을 경우, (12b)처럼 주절의 주어와 동일한 명사구가 주어가 되는 의미 해석을 얻을 수 있다. 반면, (13a)처럼 목적어 명사구가 실현되었을 경우는 (13b)처럼 부정사절의 주어가 된다.

(12)   a. Joan wanted/hoped to give the opportunity to stay here to people.
        b. Joan wanted [(**Joan**) to give the opportunity to stay here to people].
(13)   a. Joan wanted **Bill** to give the opportunity to stay here to people.
        b. Joan wanted [**Bill** to give the opportunity to stay here to people].

그렇다면, 여기에서 이 동사 유형의 목적어 자리에 나오는 명사구의 문법적 기능을 살펴볼 필요가 있다. 이를 위해 부정사절 내부의 수동태 구문을 활용해 확인해 볼 수 있다. 먼저 (14)의 부정사절 내부의 목적어인 ***the opportunity***가 주어위치로 이동된다. 만일 ***Bill***이 주절 동사 ***want***의 목적어라면, (14b)의 수동태가 불가능해야 하고, 오히려 (14c)가 문법적이어야 한다.

(14)   a. Joan wanted [**Bill** to give the opportunity to stay here to people].
        b. Joan wanted [the opportunity to be stayed here to people (by **Bill**)].
        c. *Bill was wanted (by Joan) [to give the opportunity to stay here to people].

따라서, ***Persuade*** 유형 동사는 수동태가 주절에 적용되어야 하는 반면, ***Want*** 유형 동사는 수동태가 부정사절 내부에서 적용되어야 하는 차이점을 여기에서 포착할 수 있다.

Want 유형 동사의 또 하나의 특징은 (15)처럼 목적어 앞에 ***for***를 삽입할 수도 있다.

(15)   a. He has arranged for employees to buy stock using company-backed loan.
        b. He planned (for) them to leave Baghdad on Monday.
        c. The director arranged (for) students to pursue class projects, internships, and practicums.[2]

이 유형의 동사 가운데 예외가 있는데, *promise*의 경우에 목적어 명사구 없이 사용될 때, *want*유형처럼 행동한다. (16b)처럼 목적어 명사구가 나타나지 않았을 때는 주절 주어 the center-right party와 동일하다. 반면, (16c)에서 목적어가 실현되었을 경우는 *want*와는 달리 (16d)처럼 부정사절의 주어는 주절 주어와 동일한 것이 된다.

(16)   a. The center-right party[3] had promised to normalize relations with Russia.
        b. The center-right party had promised [(**the center-right party**) to normalize relations with Russia].
        c. The center-right party had promised **voters** to normalize relations with Russia.
        d. The center-right party had promised **voters** [(**the center-right party**) to normalize relations with Russia.

따라서 *want* 동사 유형을 (17)처럼 세 가지 유형으로 세분화할 수 있다. 의미적인 기준으로 볼 때, 이 동사 유형은 약속 동사(**commitment verb**; *agree, decline, promise, refuse*)와 기대 동사(**expectation verb**; *desire, expect, hope, want*)라고 하기도 한다.

---

[2] 실습과목
[3] 중도우파당

(17)　　a. *hope* 유형:　　　NP₁　V　[to V]
　　　　b. *want* 유형:　　　NP₁　V　[NP₂　to V]
　　　　c. *promise* 유형:　NP₁　V　NP₂　[to V]

3. *Believe* 동사 유형

　부정사절과 함께 나타나는 동사로, *assume, acknowledge, believe, consider, find, know, judge, perceive, prove, think, understand* 같은 동사 유형4이 있다. 이 동사 유형도 목적어 명사구를 취한다. 이때 이 목적어 명사구가 (18b)처럼 부정사의 주어라는 것을 의미적으로 알 수 있다. 의미적으로 '엄마가 믿는 것이 아이들이 아니라 아이들이 신이 준 선물이라는 명제'이기 때문이다.

　그런데 (18a)를 수동태로 전환해 보면, (18c)처럼 부정사의 주어인 아인슈타인이 문장의 주어 자리로 이동하게 된다. 이는 주절 동사가 *believe*여야만 가능하다. 이 현상을 설명하기 위하여, 많은 문법학자들은 이를 주어목적어 상승(subject-to-object raising) 규칙이 있는 구문이라 한다. (18c)의 수동태 구문이 형성되기 이전에 (19)와 같이 아이들이(children) 주절 동사의 목적어 자리로 이동한다고 가정하기도 한다. 이론적으로 이렇게 가정할 수 있는 근거는 (20)과 같은 문장 유형 때문이다.

(18)　　a. Mama believed children to be gifts from God.
　　　　b. Mama believed [children to be gifts from God].
　　　　c. Children were believed to be gifts from God (by mama).
(19)　　Mama believed children [＿＿ to be gifts from God].
(20)　　Tom considers himself to be a genius.

　(20)은 의미적으로 볼 때, Tom이 생각하는 것은 그 자신이 아니라 '자신이 천재라는 명제'이다. 그렇다면, *himself*는 부정사절의 주어여야 하는데, 재귀 대명사 형태 *himself*로 실현되어 있다. 이는 자신의 절 내부에 선행사가 존재해야 한다는 것

---

4 이 동사들이 *believe* 동사 유형으로 사용된 예문은 다음이 있다.
　a. I **assume** the artist to be sincere and well-intentional.
　b. We **found** him to be very kind and generous.
　c. He and other experts **knew** them to be false.

을 의미한다. Tom이 선행사가 될 것이고, 자신은 주절 동사 *consider*의 목적어야 한다. 따라서 이 (20)도 주어 목적어 상승규칙이 적용되어야만 형성될 수 있는 구문인 것이다. 이런 구문의 존재가 (19)의 이론적인 가정을 뒷받침해주는 근거가 될 수 있다.

이 부분에서 *believe* 동사 유형과 *persuade* 동사 유형을 구조적 특징을 비교하여 그 차이점을 관찰해 보자. 아래 예문에서 두 번째 술어인 *examine*을 중심으로 수동태 문장으로 전환해 보았을 때 그 차이점이 있다. 주절 동사 *believe*가 형성하는 예문 (a)와 (b)는 두 문장의 의미에는 변화가 없다. 반면, *persuade*가 주절 동사인 예문 (c)와 (d)는 의미 차이가 생긴다. 예문 (c)에서 설득당하는 자는 *an American doctor*이지만, 예문 (d)에서는 *Dana*가 설득당하는 자이다.

    a. Harvey believed <u>an American doctor</u> to examine Dana.
    b. Harvey believed **Dana** to be examined by an American doctor.
    c. Harvey persuaded <u>an American doctor</u> to examine Dana.
    d. Harvey persuaded **Dana** to be examined by an American doctor.

4. *Make* 동사 유형

Have, feel, let, make, watch[5] 동사 유형은 의미적으로 영향동사와 유사해 보인다. 그런데 부정사절이 'to V' 형태가 아니라, 원형 부정사 형태여야 한다는 차이점이 있다. 이를 수동태로 전환해보면 (21c)가 아니라, (21b)가 된다. 목적어 위치에 있는 his students는 원형 부정사의 주어역할을 하고 있음을 알 수 있는데, 그 근거는 (21b)의 수동태가 제공한다.

(21)   a. The math teacher had/let/made [his students learn statistics].
        b. The math teacher had [statistics learned by his students].
        c. ?His students were made to learn statistics by the math teacher.

---

[5] a. He could feel him move past his cell like a wolf.

5. 기타 유사구문

지금까지 기술한 유형 가운데 *believe* 동사 유형과 유사한 구문이 두 가지 있다. 하나는 묘사(description/ classification) 동사 유형이다. ***Accept, characterize, classify, describe, intend, recognize, regard, treat, use*** 동사 유형이 이에 속한다. 이들도 역시 (22)처럼 목적어 명사구를 취하는데, 이 목적어 다음에 또 하나의 명사구나 형용사구가 나타난다.

(22) a. She won't describe/characterize her friends as (being) Asian or black or white.
　　　b. They consider a war (to be) criminal.

이때 형용사(*Asian, black, white*)나 명사(*being Asian or black or white*)가 목적어 명사구(her friend)를 묘사하거나 구분해주는 역할을 하기 때문에, 묘사 동사 유형이라 한다.

다른 하나는 명칭 동사(naming verbs)가 있다. ***Appoint, baptize, christen, crown, elect, name*** 같은 동사 유형이 이에 속한다. 이 동사 유형도 (23)처럼 두 개의 명사구과 연속적으로 결합한다. 이때 두 번째 명사구가 앞서있는 명사의 명칭이나 지위를 명시해주는 역할을 한다. 예문 (23b)처럼 *to be*가 추가될 수도 있다.

(23) a. The United States is ready to **elect** a woman president of the United States.
　　　b. They would **appoint** a classroom teacher to be Secretary of Education

20.3 동명사 보충어 (Gerund Complements)

특정한 동사들은 동명사절과 함께 나타나는데, 이 동명사절도 비한정 동사(nonfinite verb) 형태이므로 주어가 명시될 수도 있고, 명시되지 않을 수도 있는데, 명시되지 않을 때는 일반적으로 주절의 주어와 동일하다.

*Avoid, delay, dislike, enjoy, favor, finish, practice, resist*와 같은 동사가 동명사와 함께 결합한다. 또한 절을 취할 수 있는 전치사 동사(prepositional verbs)와 전치사 구동사(prepositional phrasal verbs)도 동명사절과 함께 나타나는데, 그 예로 *agree on, count on, decide on, depend on, insist on* 등이 있다.

(24)　　a. I disliked **her using such an unfamiliar word**.
　　　　b. I enjoyed **watching him work**.
(25)　　a. They insisted on **buying the coffee**.
　　　　b. He had counted on **finding Cheese at Cheese Station C**.
　　　　c. We look forward to **leaving the tower**.
　　　　d. He got away with **replacing the chain**.

(26)처럼, 이 전치사와 동사 사이에 목적어 명사구가 삽입되는 경우가 있다.

(26)　　a. Alaska Deering had **accused** her father of cheating at cards two years ago.
　　　　b. After lunch, Zhang thanked **the guests** for coming.

동명사의 경우, 주어가 명시될 수도 있고, 명시되지 않을 수도 있는데, 명시될 경우 먼저 (27)처럼 소유격 형태의 명사가 실현될 수 있다. 그런데 많은 영어 화자들은 소유격 대신에 (28)처럼 목적격 형태를 사용하기도 한다.

(27)　　a. We will all discuss **my** doing a fund raiser there for you.
　　　　b. I couldn't risk **your** telling her.
(28)　　a. We discussed **the firm** doing business with the district.
　　　　b. She couldn't risk **her mother** seeing the black box through the white bag.

영어 동사 가운데 *catch, find, hear, keep, leave* 같은 동사들은 (29)처럼 동명사절의 주어로 소유격 형태가 나타날 수 없다.

(29) a. We caught **that rabbit** eating at the plants again.
      b. *We caught **that rabbit's** eating at the plants again.

마지막으로 *advise, advocate, encourage, recommend, suggest* 같은 동사들은 주어가 명시될 수도 있고 되지 않을 수도 있지만, 명시되지 않을 때는, 주어가 주절의 주어가 되지 않고 문맥에 의해 결정된다.

(30) I highly recommend **reading the first three documents**.

20.4 동명사 및 부정사 보충어 취하는 동사

Begin, continue, hate, like, love, prefer, remember, start, try 같은 동사 유형은 동명사와 부정사 모두와 함께 나타날 수 있다. 이때 어느 것과 결합하느냐에 따라, 의미 변화를 가져오는 경우와 의미 변화를 가져오지 않는 두 가지 유형이 있다.
먼저 의미 변화를 가져오지 않는 예로, 감정을 나타내는 상태동사 ***bear, detest, dislike, hate, like, love, stand*** 같은 동사들이 동명사와 부정사와 결합하는데, 이 둘의 의미 차이는 없다.

(31) a. She hates wearing shoes and long pants at age 42.
      b. He hates to wear shoes and long pants at age 42.
(32) a. At ten o'clock, when Ray wasn't back, Constance couldn't stand waiting anymore.
      b. At ten o'clock, when Ray wasn't back, Constance couldn't stand to wait anymore.

동작의 시작이나 진행을 기술하는 동사들(예, *begin, start, continue* 등)은 두 가지 사이에 의미 차이가 (34a)-(34b)처럼 미묘하게 있을 수도 있고, (33), (34a)와 (34b)처럼 의미 차이가 없을 수도 있다. (34c)는 그 남자가 분명히 말을 했다는 의미이고,

반면 (34d)는 이 의미일 수도 있고, 또는 실제로 말하기 전에 마음을 바꿨다는 의미를 가질 수 있다.

(33)   a. She continued cooking for 1 hour or until beans are tender.
        b. She continued to cook for 1 hour or until beans are tender.

(34)   a. We don't want people to start running out of buildings.
        b. We don't want people to start to run out of buildings.
        c. He started talking about eating healthy food.
        d. He started to talk about eating healthy food.

다음은 동명사나 부정사와 결합할 때, 의미 변화를 가져오는 경우를 살펴보자. 일반적으로 동명사는 어떤 사건에 대한 실재성(actuality)의 의미를 부여하는 반면, 부정사는 보다 가상적이거나 미래의 의미가 부여되는 경향이 있다.

먼저 *Remember*의 경우를 살펴보면, (35a)처럼 부정사와 함께 나타나면, 어떤 행동을 해야 할 필요성이 생각난 의미인 반면, (35b)의 동명사는 그 행동이 기억 이전에 발생했다는 것을 알 수 있다.

(35)   a. Claudia remembered meeting Kate for the first time in a coffee shop.
          (=Claudia did the task and then remembered doing it)
        b. Claudia remembered to meet Kate for the first time in a coffee ship.
          (=Claudia remembered she had the task and then did it)

다음 *Forget*을 보면, (36b)처럼 동명사와 결합하면, 그 동작이 발생한 것이다. 반면 (36a)에서 부정사의 행동을 하지 않은 것을 나타낸다.

(36)   a. Cindy forgot to remove the pool ladder on June 16th, 2008.
          (=I didn't remove the pool ladder on June 16th, 2008)
        b. Buendia never forgot watching her father lose his land.

*Try*의 경우, 부정사와 결합할 때, 시사하는 의미는 보충어의 동작이 시도되었지

만 실행되지 않았을 가능성이 있다는 것이다. 동명사의 경우는 그 동작이 수행되었다는 것을 시사한다.

(37) Julia was furious at Fred's treatment of her. When he came back into the room her rage boiled over into action. _____, but he dodged the blow and laughed at her.
a. She tried to slap his face. b. #She tried slapping his face.

(38) Harry suddenly began to choke. Alarmed, Fred asked what the matter was. Harry continued to make choking noises as he pointed to the fish on his plate. Fred realized that Harry must have a bone lodged in his throat. Some kind of first aid was needed! _____, but to no avail. Harry's eyes were beginning to bug out of his ace. This was getting serious.
a. #Fred tried to pound him on the back.
b. Fred tried pounding him on the back.

마지막으로 *Stop*동사를 보면, 동명사는 하고 있던 동작을 멈춘다는 의미인 반면, 부정사는 보충어의 동작을 하기 위하여 뭔가를 멈추었다는 의미를 시사한다.

(39) a. He stopped attending his church almost three years ago.
(=He did not attend his church again)
b. People stopped to greet t him. (=People stopped in order to greet him)

20.5 동명사와 원형 부정사 보충어절을 취하는 동사

Feel, hear, listen to, notice, observe, overhear, see, watch같은 인지 동사(perception verbs)들은 원형 부정사 및 동명사와 함께 나타난다. 이 경우 모국어 화자들은 (40a)처럼, 동명사는 진행 중("in progress" action)에 있는 동작을 묘사하는 반면, 원형 부정사는 (40b)처럼 단순히 발생했던 행동을 보도하는 것으로 해석이 된다.

(40)   a. I saw people **throwing pies in people's faces**.
        b. I saw people **throw pies in people's faces**.

이런 의미 차이 외에도, 이 인지 동사류는 보충어절의 동사 유형에 따라 많은 다양한 의미를 나타내는 특징이 있다.

다음은 한번의 행동을 나타내느냐 또는 반복되는 행동을 나타내느냐의 의미 차이가 있다. 만일 동명사나 원형 부정사가 순간적 동작의 달성 동사(**achievement verbs**)일 경우, 즉 *bat, blink, hit, kick, shoot, slap, snap, strike* 등과 같이 동작을 시작하자마자 끝마치는 동사들의 경우, (41b)같은 동명사는 반복적으로 발생하고 있다는 의미를 시사하는 반면, (41a)같은 원형 부정사는 동작이 한번 발생한다는 의미를 명시한다.

(41)   a. I saw Mr. Hanks **snapping** his fingers agitatedly just
           before he turned and walked into the dining room.   행동의 반복
        b. I saw Mr. Hanks **snap** his fingers agitatedly just before
           he turned and walked into the dining room.   한 번의 행동

만일 동명사나 원형 부정사가 완성 동사(**accomplishment verbs**)일 경우, 동명사의 동작은 진행 중에 있는 것인 반면, 원형 부정사의 동작은 완성되었다는 의미를 나타낸다. (42a)처럼 원형 부정사는 그 행동이 이미 완료되어있다는 의미를 시사하기 때문에, 문장의 시작으로서는 적합하지 않다. 반면 (42b)처럼 동명사는 물에 빠지는 행동이 아직 진행 중이어서 구축하려는 시도가 정당화되어 성공할 수도 있다는 것을 시사하기 때문에 적합한 문장이 된다.

(42)   a. #I saw the boy **drown** in the pool, so I reached out, pulled him in, and saved his life.
        b. I saw the boy **drowning** in the pool, so I reached out, pulled him in, and saved his life.

이와는 다른 문맥에서 동명사와 원형 부정사가 의미 차이를 약간 가져오는데, 익사하는 동작(drowning)과는 달리, 다이빙(diving) 동작은 완성의 의미를 가지고 있다. 따라서 (43a)는 사건의 단순한 보도로 볼 수 있는 반면, (43b)는 진행 중인 동작을 시사한다.

(43) a. I looked up and saw this young kid **dive off** a cliff that was 175 feet above the sea.
   b. I looked up and saw this young kid **diving off** a cliff that was 175 feet above the sea.

마지막으로 어떤 상태에 있는 것과 위치를 가정하는 것에서 오는 의미적 차이점을 이 두 종류의 동명사 및 원형 부정사에서 볼 수 있다. 동명사에서 물리적인 자세(예, *lean, lie, sit, stand*)의 동작을 표현하는 동사는 상태를 기술하는 반면, 원형 부정사에서는 어떤 자세를 하는 척하는 가상의 행동을 기술한다. (44a)에서 농구 선수는 라커에 기대어 있는 자세의 상태에 있는 반면, (44b)는 농구 선수가 라커에 기대는 자세를 취하는 척한다.

(44) a. I saw the tired basketball player **leaning** against the locker.
   b. I saw the tired basketball player **lean** against the locker.

■ 연습문제 20.1

다음 〈A〉와 〈B〉를 읽고 물음에 답하시오.[6]

〈A〉 언어 표현은 종종 하나 이상의 의미를 나타낸다. 동음이의어가 이 중의성에 하나의 원인이 된다. 동음이의어란 다른 의미를 가지고 있지만 동일하게 발음되는 단어들을 말한다. 물론 동일하게 발음될 수도 있고 그렇지 않을 수도 있다. 또 다른 원인은 구조이다. 때로 동음이의어는 다른 구조로 결합되면 더 많은 중의성을 만들어낸다.

(1) John admires intelligent professors and students.
(2) They are pitchers from America.
(3) Mary observed the man at the bank.

(1)의 중의적 의미는 다른 구조로 인해 만들어진다. (2)의 중의성의 원인은 동음이의어인 반면, (3)은 다른 구조와 동음이의어 때문이다.

〈B〉 Mary saw John's nose ring.

〈B〉에 있는 문장의 중의성 원인을 말하시오. 그리고 이 문장이 왜 중의적인지 설명하고 두 개의 의미를 쓰시오.

---

[6] 2015 학년도 임용고시 기출문제

■ 연습문제 20.2

다음 문장이 동일한 구조를 가지고 있는지를 확인하시오. 만일 그렇지 않다면 그렇게 판단하는 근거를 설명하시오.

1. a. He's also refused to answer questions about why he invests in funds.
   b. He vowed to continue the mission.
2. a. John promised voters to support the Balanced Budget Amendment.
   b. President Bush also ordered troops to assist with border security.
3. a. He told investors to buy up GM shares in January 2000, at $72.
   b. I expected students to follow the many rules.
4. a. He ordered Mary to pass the exam.
   b. He wanted Mary to pass the exam.
5. a. They considered him to be intelligent.
   b. They needed him to be intelligent.

■ 연습문제 20.3

다음 문장이 문법적인지 말하시오. 만일 비문법적이라면 이유를 설명하시오.

a. Mama believed children gifts from God.
b. She believed him highly intelligent.
c. The boys had expected her to go with them.
d. He had promised him to pay the payments.
e. She had recently appointed him to be the colonel of the Irish Guards.
f. They caught her break into her apartment.
g. They risked to be late for dinner.
h. He didn't wholly approve of her taking over her parents' trade.
i. He had warned students against taking particular courses.
j. Ryan delayed to call 911 to buy time to cover up his crime.

■ 연습문제 20.4[7]

다음 〈A〉와 〈B〉를 읽고 질문에 답하시오.

〈A〉 주절 동사가 부정사 보충어를 취하는 경우, 이 주절 동사류는 미래 행동에 대한 일종의 약속과 관련되는 것(involving some kind of commitment to future action)이라고 말할 수 있다. 구조적인 관점에서, 약속은 자기 중심적(SELF-DIRECTED (e.g., decide))이거나 타인 중심적(OTHER-DIRECTED (e.g., order))이게 된다. 즉, 너 자신(self-directed)이 가기로 결정할 수 있거나(Structure I: V to-V), 또는 다른 어떤 사람(other-directed)이 네가 가라고 명령할 수 있다(Structure II: V NP to-V). 약속이 자기 중심적일 경우는 (1)처럼 목적어 명사구가 필요 없다. 이 약속이 타인 중심적일 경우, 그 구조는 (2)처럼 목적어 명사구가 포함될 것이다. 타인 중심적인 동사는 (3)처럼 부정사 보충어 앞에 'for 명사구'가 나타날 수 있다(Structure III: V for NP to-V).

(1) I decided (*me) to go.   (2) He ordered us to get out.
(3) She prayed for him to return.

〈B〉 다음 괄호 표현을 동사 + 부정사 절 형태로 변형시킬 때, 위에 기술한 문장구조 가운데 어떤 유형에 속하는지를 말하시오..

a. Can you allow (we come in)?   b. She longed (he would visit her).
c. I threatened (I would leave).   d. We arranged (he would leave at once).
e. They expect (we will come early).

---

[7] 2013년도 임용고시 영어전공 문제

제21장 부사절 Adverbial Subordinate Clauses

부사절은 부사적 기능을 하는 종속절(subordinate clauses)로 ***how, when, why***와 같은 의문문에 대답하는 문장들이 이에 해당한다. 부사절은 종속접속사(subordinators)에 의해 도입된다.

21.1 종속접속사가 있는 부사절

종속접속사는 ***when, since, while, because, as soon as***, ... 등이 있는데, 이들은 종속절이 기술하는 사건과 주절이 기술하는 사건 사이의 존재하는 다양한 관련성을 묘사해준다.

1. 형태

일반적으로 부사절은 (1)처럼 주어와 시제가 있는 동사로 이루어진다. 대부분의 부사절은 주절 앞이나 뒤에 나타난다.

(1)   a. Marina cared for him **after he seriously injured his knee several years ago**.
         b. **After he seriously injured his knee several years ago**, Marina cared for him.

이 외에, 주어가 실현되지 않은 부정사형(infinitive), 과거 및 현재 분사형태(past

or present participle)의 부사절도 있다.

(2)   a. Most schools are extremely unwilling to cut down on staff **in order to cut costs**.
        b. **Although written more than two decades ago**, Frank provides a timely and cogent observation.
        c. **When evaluating studies in a systematic review**, reviewers must extract sufficient information from each study.

2. 의미

부사절은 종속접속사가 표현해주는 관련성에 따라 여러 가지로 분류될 수 있다. 주요 유형은 시간(time), 방식(manner), 원인(cause: purpose, reason), 결과(result), 양보(concession), 조건(condition)을 들 수 있다. 몇몇 부사절은 전치사구와 상당히 유사한 점이 있는데, 다수의 종속접속사(예, *after, before, until*)는 전치사구와 동일한 의미를 나타낸다.

1) 시간의 부사절(Clauses of Time)

이 유형의 종속접속사로는 ***after, as, as soon as, before, once, since, until, when, whenever, while***이 있다. 이 종속접속사는 주절과 종속절 사건 간에 존재하는 시간 순서에 있어서의 관련성(time sequence relationship)을 정해준다. 부사절의 종속접속사로 *after*가 나타나면, 부사절이 주절의 사건보다도 이전에 발생할 것이라는 것을 명시해 준다.

(3)   **After** we explained the purpose of the 3E Plan meeting, we discussed possible time frames.

다음은 *as*가 이끄는 부사절은 주절의 사건이 발생하는 시간에 진행 중이던 동작을 기술한다.

(4) a. The play started **as I got there**.
　　 b. **As people stopped learning**, they stopped growing and got bored.

As soon as로 시작되는 부사절은 주절의 동작이 발생하기 바로 전에 발생하는 동작을 명시한다.

(5) a. As soon as politicians win election, they begin raising money to run again.
　　 b. As soon as dishes are finished, they are served.

종속접속사 ***once***는 주절 행동 이전에 발생한 행동을 명시한다. 이것은 기본적으로 ***as soon as***와 교체 가능하다. 이 ***once***의 경우, 부사절에 ***be***동사와 전치사구가 있으면, (6b)처럼, 주어와 동사는 생략 가능하다.

(6) a. The decision had taken about 10 seconds as soon as/ once he'd read a market research study.
　　 b. Once ~~he was~~ in power, Gorbachev took it upon himself to push through a reform program.
　　 c. Once in power, Gorbachev took it upon himself to push through a reform program.

Before로 시작되는 부사절의 동작은 주절 동작 다음에 발생한다. 또한 *before*는 전치사(예, *before five p.m./noon*)이기도 하다.

(7) a. The modified CSAI-2[1] was completed **before athletes started warming-up**.
　　 b. **Before that line starts ringing**, he picks up another phone.

Since는 주절 동작이 발생하는 동안의 한 시점의 시작을 표시한다. (8a)에서 이 소녀들이 선생님이 된 시점 이후부터 행복해지고 부유해졌다. 이 *since*는 또한 전치사이기도 하다(예, *I've been here since 2007*).

---

[1] The Competitive State Anxiety Inventory2: 경쟁상태 불안검사지2

(8) a. They became happy and wealthy **since these girls became teachers**.
      b. **Since becoming president**, he never met one-on-one with Lay.

Until은 주절에 발생한 동작의 마지막 시점(end point)을 가리킨다. (9a)에서 해가 다 진 지점이 우리의 달리기가 멈추었을 때이고, (9b)에서 내 아들이 태어났을 때 사랑이 무엇인지 진정으로 알게 된다. 이 *until* 역시 전치사이기도 하다(예, *They danced until midnight*).

(9) a. He ran us **until** the sun went down.
      b. I never really knew what love was **until** my son was born.

When/while은 주절의 동작이 발생한 한 시점을 명시하는 절을 도입할 수 있다. (10a)에서 광고판을 가로질러 달려가는 행동은 신문을 읽는 보다 큰 시간 안에서 발생한다. 부사절의 행동이 아주 짧은 기간이라면, (10b)처럼 *when*은 '바로 이후 동시적으로'란 의미를 가진다. 그 지속 기간을 나타내는 *while*은 (10c)처럼 그런 의미로는 사용될 수 없다.

(10) a. **While/when** both men were talking, the man behind the bar had taken a bottle of whiskey from a hidden self.
      b. **When** I have to write my report, I'll start to think about it.
      c. *****While** I have to write my report, I'll start to think about it.

종속접속사 ***whenever***가 '시간에 상관없이(*regardless of/irrespective of the time, no matter what time*)'를 의미한다. (11a)는 (11b)의 의미를 나타낸다.

(11) a. He married Miss Vancouver in 1963, **whenever it was scheduled to occur**.
      b. He married Miss Vancouver in 1963, **no matter/regardless of what time it was scheduled to occur**.

이 ***whenever***는 비제한 자유 관계절에서 관계 부사로도 사용될 수 있다. 이 경우는 *whenever*는 *on any occasion, every time*을 의미하게 되어 (12a)는 (12b)의 의미를 가지게 된다.

(12)   a. It will automatically update **whenever** new guidance is published.
        b. It will automatically update **on any occasion/every time that** new guidance is published.

2) 종속접속사와 분사

(13)과 (14)처럼, ***when, while***에 의해 도입되고 '*be* + 현재 또는 과거 분사' 형태로 된 시간의 부사절은 '주어 + *be*동사'가 생략되는 구문도 가능하다.

(13)   a. While he was waiting to use a pay phone, he looked at the guy on the phone.   현재 분사형
        b. While waiting to use a pay phone, he looked at the guy on the phone.
(14)   a. Earnhardt laughed when he was asked if he'd invite Kingston to a race.   과거 분사형
        b. When asked if he'd invite Kingston to a race, Earnhardt laughed.

종속접속사 ***after, before, since***도 동일한 형태를 구성한다. 그런데 이들은 위 (13)과 (14)의 예와는 약간 다른 속성을 보인다.

(15)   a. **After studying more than a dozen temple**, Martinez headed west of Alexandria along the coastal road.
        b. **Before leaving the States for this trip**, she signed the papers.
        c. **Since leaving government service**, Jericho had published half a dozen books on international politics.

이들은 다른 말로 바꿔 쓰기를 해보면, 종속접속사가 이끄는 구문이 아니라, (16)처럼 전치사구처럼 보이는 구문을 형성한다는 것을 알 수 있다. (16e)의 경우 *since* *she was leaving the firm*의 의미가 아니라 *since she left the firm*의 의미를 가지고 있고, 또한 이 현재 분사형 대신에 (16f)처럼 명사구를 대체할 수 있는 점을 볼 때, 전치사구에 더 가까운 구문이라 할 수 있겠다.

(16)   a. **After studying for 13 hours**, Martinez headed west of Alexandria along the coastal road.
           b. **After the exam**, Martinez headed west of Alexandria along the coastal road.
           c. **Before leaving for lunch**, she signed the papers.
           d. **Before lunch**, she signed the papers.
           e. **Since leaving the firm**, Jericho had published half a dozen books on international politics.
           f. **Since last year**, Jericho had published half a dozen books on international politics.

이와 달리, *as soon as, when, while*같은 종속접속사가 이끄는 부사절은 이 종속접속사 바로 다음에 (16)의명사구로 대체하는 것은 불가능하다. 이런 면을 볼 때, (15)에 있는 *after, before, since*는 전치사이므로, (17)에 있는 절은 (13)과 (14)에 있는 축약된 부사절과는 다르다고 할 수 있다.

(17)   a. **While waiting for the bus**, he read the articles.
           b. *****While the wait**, he read the articles.

다음으로, 전치사 ***on/upon***은 *when*이 이끄는 절과 동일한 의미를 가지는 시간절(time clauses)을 형성할 수 있다. (18a)는 (18b)와 동일한 의미를 가진다. ***On***은 (18a)처럼 현재 분사가 있고 주어가 명시되어 있지 않은 절만 형성할 수 있다. (18c)와 같은 구문은 비문법적인 문장을 만들어낸다.

(18)   a. **On hearing of his death of his main protector**, Esterhazy panicked.
           b. **When she heard of his death of his main protector**, Esterhazy panicked.
           c.***On she heard of his death of his main protector**, Esterhazy panicked.

21.2 태도의 절 (Clauses of Manner)

태도의 부사절은 *as if, as though, like*로 형성되고, *how*에 대한 대답이 되는 구문을 만들어낸다. 예를 들면 (19b)는 *How were they treated?*라는 질문에 대한 대답의 문장을 제공한다.

(19) a. His firm wanted clients to feel **as if/as though they had a pension even if they did not**.
b. They were treated **as if/as though they were invisible and ridiculed for a variety of reasons**.
c. They were treated **like they were visiting royalty**.

주절 주어에 해당하는 대명사와 ***would***를 *as*와 *if* 사이에 삽입하게 되면, (20)과 같이 이런 종속접속사와 동일한 태도의 의미를 만들어 낸다.

(20) a. Colleagues are not obliged to acknowledge what they have borrowed as **they would be** if they borrowed from articles published more formally.
b. The judicial system treated them as **they would be** if the same crime had been inflected by a black again a white.

21.3 원인절 (Clauses of Cause)

원인절은 *why*로 시작하는 질문에 대해 답하는 문장이다. (21a)는 주절 주어의 의도나 계획을 시사하고 있는 반면, (21b)는 주절 주어의 의도나 계획을 함축하지는 않는다.

(21) a. I had family in Atlanta, **so I would come on vacation here**.   목적
b. I came here **because you asked me to do**.   이유

21.4 목적절 (Clauses of Purpose)

목적절을 도입하는 종속접속사는 **so, in order**가 있다. *In order*의 경우는 (22a)처럼 '*to*-부정사'와 함께 쓰이거나 (22c)처럼 '*that*-절'과 결합할 수 있다.

(22)   a. I went home **in order to change my clothes**.
        b. I went home **so I would change my clothes**.
        c. He checked all hi figures again **in order that the report might be as accurate as possible**.

종속접속사 **so**도 (23a)처럼 '*that*-절'이 나타나거나, (23b)처럼 *as* +'*to*-부정사'와 결합하기도 한다.

(23)   a. He got up very late, **so (that) he missed the bus and was late for work**.
        b. He sat at the front **so as to be able to hear**.

21.5 회피의 목적절 (Purpose Clauses of Avoidance)

이 유형의 목적절은 부사절로, 주절 동작이 원치 않은 결과를 회피할 목적을 가지고 있다는 것을 표현하려는 유형의 절이다. 종속접속사 *before*가 회피할 필요성을 암시하는 명령조로 사용될 수 있다.

(24)   Put that away **before it gets broken**.

(25)처럼 *lest*로 도입되는 절도 회피(avoidance)의 생각을 나타낸다. 여기에서는 원형 부정사 형태의 동사(bare infinitive verbs)와 함께 나타난다.

(25)   He fled the country **lest** he **be** captured and imprisoned.

숙어적으로 쓰이는 ***for fear*** 표현도 회피를 암시하는 절에 사용된다. ***for fear*** 표현은 '***that*** …+ 조동사' 구조와 함께 쓰이거나, '***of*** + 현재 분사' 구문과 함께 사용되기도 한다.

(26)   a. She would not go swimming **for fear that** she would catch a cold.
           b. She would not go swimming **for fear of** catching a cold.

21.6 이유의 절 (Clauses of Reason)

이유를 표현하는 종속접속사로는 *because, for, inasmuch as, seeing as/that, since* 가 있다.

(27)   a. I can't go **because** I am ill.
           b. It must be late, **for** I have been here for a long time.
           c. It's not quite urban, **inasmuch as** there are no high-rise buildings.
           d. **Seeing as/that** he was in jail, this semester I didn't see too much of him.
           e. **Since** I put on weight easily, I'm forever on a diet.

21.7 결과절 (Clauses of Result)

결과절은 (28)처럼 접속사 ***so***나 숙어적 표현 ***with the result***로 형성되는 절이다. *so*는 *that*을 동반할 수도 있고 하지 않을 수도 있지만, ***with the result***는 반드시 ***that***을 동반해야 한다. 여기서 주의할 점은 ***so that***은 목적을 나타낼 수도 있고 결과를 나타낼 수도 있는데, 이 둘의 구분은 문장 내에서 나타나는 위치로 구분이 가능하다. 목적의 의미를 나타낼 경우에는 (29d)처럼 문두에도 나타날 수 있지만, (29b)처럼 결과의 의미일 때는 문두에 나타날 수 없다.

(28)　a. The young couple moved to Belmont, **so (that)** Mr. Romney could attend graduate school at Harvard.
　　　b. Many people have gone to Wall Street for very high salaries, **with the result that** the number of engineers who produce goods has gone down quickly.
(29)　a. We did dig a well, so (that) we were able to use utility water around there.
　　　　　　　　　　　　　　　　　　　　　　　　　　　　　　　결과
　　　b. *So (that) we were able to use utility water around there, We did dig a well.
　　　c. My generation fought in Vietnam **so that our children could be free**.
　　　　　　　　　　　　　　　　　　　　　　　　　　　　　　　목적
　　　d. **So that our children could be free**, my generation fought in Vietnam.

여기에서 *in order to*가 목적의 의미를 나타낼 때만 *so that*과 의미 변화 없이 바꿔 쓰기를 할 수 있다는 점에 주의해야 한다.

21.8 양보의 절(Clauses of Result)

양보절은 주절과 대조적인 의미를 표현한다. 양보절을 표현하는 종속접속사에는 *although, even (though), whereas, while*이 있다. 다음 (30)의 예문에서 *although*가 도입하고 있는 종속절의 내용에 비춰볼 때, 주절의 내용은 예상치 못한 것이 된다. 양보절 의미의 주요 특징은 양보절 내용이 사실이라는 것에 근거해, 주절의 내용은 사실이 아니기를 기대하게 만든다는 점이다.

(30)　**Although I was only six**, I can remember seeing it on TV.

종속접속사 *while*과 *whereas*는 위의 *although*가 이끄는 절과는 다른데, 이들은 단지 대조(contrast)적인 의미를 표현한다. 또한 이 종속접속사는 '주어 + *be*동사'가 생략되는 구문을 형성할 수 있다.

(31) a. **While/whereas a Rolls Royce is a very nice car**, it is extremely expensive to run.
b. **While/whereas I understand that you are busy**, I really think you ought to see these notes.

(32) a. **Although/Though/While they are brothers**, they don't look like each other at all.
b. **Although/Though/While being brothers**, they don't look like each other at all.

양보 부사절의 의미는 (33)처럼 전치사 *despite* 또는 *in spite of* 로도 표현된다.

(33) a. **In spite of the fact that the flowers were white**, Matisse painted them as pink.
b. **Despite the fact that her doctor had told her to rest**, she travelled to Spain alone.
c. **In spite of/despite having not enough money to live on himself**, he gives a lot of money to the poor.

21.9 자유 부가어 (Free Adjuncts)

자유 부가어는 (34)처럼 종속접속사가 없다는 점에서 주절의 형태와 유사하게 보이는 부사 종속절이다. 주절과의 관련성을 명확하게 나타내주는 종속접속사가 없기 때문에, 주절과의 관련성의 정도가 다소 낮다.

(34) **Waiting for the food**, she barely spoke.

1. 형태

형태면에서 자유 부가어가 가지는 특징을 살펴보면, 먼저 자유 부가어는 종속접속사가 나타나있지 않다. 두 번째로 동사는 현재 분사형태(present participle)로 나타난다. 세 번째로 기본적으로 주어가 명시되지 않는데, 이 명시되지 않은 주어는 대부분 주절 주어와 동일하다. 마지막으로 이 자유 부가어는 문장 내에서 주절 앞이나 뒤에 올 수 있다.

(35)   a. **Backing into the cabin door**, she found it open.
        b. I ran straight across the plates, **throwing caution to the wind**.

2. 의미

자유 부가어와 주절과의 관련성은 기본적으로 부사적인 속성이다. 다른 부사종속절과 마찬가지로, 부가어들은 주절에 대한 *how, when why* 질문에 답하는 내용이 된다. 자유 부가어가 주절에 대한 의미 관련성을 명시하는데 있어서 종속접속사를 사용하지 않기 때문에, 때론 하나이상의 종속접속사로 바꿔쓰기 하는 것이 가능하다. 자유 부가어가 주절과 갖게 되는 부사적 연관성으로 시간과 그 외의 다른 하나로 구분하는 것이 타당하다.

자유 부가어가 주절과 갖게 되는 관련성은 종종 두 절에 있는 동사의 어휘적인 특성(lexical aspects)에 상당한 영향을 받는다. 또한 자유 부가어의 위치도 이들의 의미를 이해하는데 다소의 역할을 한다.

1) 시간 관련성

대부분 주절의 동작이 자유 부가어에 있는 사건과 비례한 한 시점에 발생한다. 시간상에서 두 가지 시간상의 관련성은 동시 발생적 행동과 순차적 행동이 있다.

먼저 동시 발생적 행동(concurrent action)을 살펴보면, 두 절 사이의 동시 발생적 행동의 의미는 '부가어에 있는 행동이 발생하고 있는 동안 주절 행동이 진행되고 있을 때'에 발생한다.

(36)   a. **Driving through the town**, they passed a general store, a post office, and two freestanding gas pumps.
       b. **While/As (they were) driving through the town**, they passed a general store, a post office, and two freestanding gas pumps.

위 (36) 문장에서, 두 절의 동사 *drive, gaze*는 모두 활동 동사(activity verbs)이므로, 기본적으로 무한하게 계속되는 지속 기간의 의미를 가지고 있다. 따라서 주절의 풀을 뜯는 동작이 종속절의 운전하는 동작과 동시적으로 진행될 수 있다.

만일 부가어에 상태 동사(stative verb)가 있어도 동시 발생적 행동이 표현될 수 있다. 왜냐면 상태 동사도 어휘적인 의미로 지속 기간을 표현할 수 있기 때문이다.

(37) a. **Laying next to Jay**, Kristi felt safe, but she couldn't help thinking about the person who had tried to attack her.
   b. **While/As she lay next to Jay**, Kristi felt safe, but she couldn't help thinking about the person who had tried to attack her.

결과적으로, 자유 부가어(free adjunct)가 상태 동사(stative verbs)이거나 동작동사(activity verbs)이고, 주절이 동작 동사(activity verbs)이면, 자유 부가어는 주절의 동작이 동시 발생적이라는 것을 말하게 된다.

다음으로, 순차적인 동작을 살펴보면, 순차적인 동작의 관련성은 주절 동작이 자유 부가어에 있는 동작과 긴밀하게 이어질 때 발생한다. 이 순차적 동작 관련성이 있는 문장에서는, 전형적으로 자유 부가어와 주절이 달성 동사(achievement verbs)나 완성 동사(accomplishment verbs)가 있다. 달성 동사와 완성 동사가 종료점(end point)이 있는 행동을 함의하고 있기 때문에, (38)과 (39)처럼 주절에 동작이 연속해서 발생하는 두 개의 동작 가운데 두 번째 행동으로 보이게 된다.

(38) a. **Taking a deep breath**, she finally broke the silence.
   b. She took a deep breath, **and (then)** broke the silence.
(39) a. **Opening the door**, Babs surprised a little girl.
   b. Babs opened the door **and (then)** surprised a little girl

예문 (40)에서 자유 부가어에 있는 동사는 순간적 동작을 가리키는 달성 동사가 아니라, 상태변화를 나타내는 달성 동사여서, 다소 지속시간이 필요한 동작이다. 이 종속접속사는 종료점 이전에 다소 지속 시간이 필요로 한 달성 동사에 적합하기 때문에 (40a)는 (40b)와 같이 종속접속사가 있는 문장으로 바꿔 쓰기가 가능하다.

(40)　　a. **Reaching the stable door**, he tugged it open and stepped into the dark interior.
　　　　b. **As soon as** he reached/ **When** he reached/ **Upon** reaching the stable door, he tugged it open and stepped into the dark interior.

　　예문 (41)처럼 자유 부가어가 '*having* + 과거 분사'로 시작하는 절(clause)도 순차적인 행동의 의미를 가진다. 동사가 완료형이므로, 자유 부가어는 주절 동작 이전에 발생한 행동을 나타낸다. 이 형태는 일단 순서가 정해지기 때문에, 각 절에 있는 동사가 달성 동사이든 활동 동사이든 완성 동사이든 동사 속성에 대한 제약이 없어진다.

(41)　　a. Having lost a husband, I have no wish for my son to become a soldier.
　　　　b. After/As soon as/ I had lost a husband, I have no wish for my son to become a soldier.

2) 기타 관련성

　　시간 관련성 이외에, 자유 부가어는 이유(reason), 도구(instrumental), 조건(conditional)의 관련성을 나타낸다. 먼저 이유 관련성을 살펴보면, (42a)는 빈 항아리를 집으로 가져가지 않으려는 바람이 버리는 행동의 이유였다. (43a)에서 생명이 위태롭다고 생각하는 것이 말을 하기 시작하는 이유가 되었다. 이런 해석은 자유 부가어가 인지의 상태 동사들(예. *believe, desire, dislike, doubt, feel, guess, know, prefer, see, suppose, think, understand*)이거나 바람의 상태 동사(예.*desire, want, wish*)일 때 가능하다.

(42)　　a. **Not wanting** to carry the empty jars home, they discarded them here.
　　　　b. **Because/Since** they didn't want to carry the empty jars home, they discarded them here.
(43)　　a. **Believing** that his life was in peril, Picquart started to talk.
　　　　b. **Because/Since** he believed that his life was in peril, Picquart started to talk.

도구의 관련성을 살펴보면, 이는 자유 부가어가 주절의 행동에 대한 수단(means)을 표현하기 때문에 이런 도구의 관련성이 발생한다. (44a)에서 *twisting my neck*이 내가 창문에 기대는 수단이고, (45a)에서 *using this approach*는 자료가 관찰되는 수단이 된다. 자유 부가어는 주절에 기술된 결과를 만들어내기 위한 행동을 묘사한다. 이런 의미는 종속접속사 ***by***로 바꿔 쓰기가 가능하다.

(44)   a. **Twisting my neck**, I leaned out the back car window and looked at the buildings.
         b. **By twisting my neck**, I leaned out the back car window and looked at the buildings.

(45)   a. **Using this approach**, data were examined across cases for similarities, patterns, and common concepts.
         b. **By this approach**, data were examined across cases for similarities, patterns, and common concepts.

다음은 조건의 관련성이 있는데, 이 유형은 ***assume, grant, consider, suppose*** 등과 같은 동사가 자유 부가어 절을 이끈다. 주절 내용은 자유 부가어에서 기술하고 있는 조건하에서 실현된다는 의미를 표현한다. (46)에서 우리 모두가 할 일은 그녀에게 그 문제를 설명하는 것이라는 추론은 그녀가 들을 준비가 되어 있다는 것에 근거한다는 것이다. 이 (46a) 문장은 (46b)와 같이 바꿔 쓸 수 있다.

(46)   a. **Assuming that she's prepared to listen**, all we have to do is to explain the problem to her.
         b. **If on/we assume(s) that she's prepared to listen**, all we have to do is to explain the problem to her.

3. 용법

자유 부가어는 거의 문어체에서만 쓰인다. 이 자유 부가어를 사용해서 얻게 되는 효과는 주로 문장 내에서 부가어의 위치에 달려있다.

먼저, 문두 위치에 있는 자유 부가어는 주제(topic)를 도입하는 문장에서 장면을 생생하게 기술해서 독자를 이끄는 효과를 얻게 된다.

(47)　　**Rising out of the creek below the house and its small stand of willows**, last remnant of a larger wood, the sun was gathering itself, waiting to unfurl the full weight of summer across the sparse flanks of countryside

반면에 주절 다음 위치에 있는 자유 부가어는 주절 앞에 나온 부가어처럼 부가적인 관련성을 나타낸다. 즉, 주절에 대해 정보를 조금 더 추가(addition)하거나 보완(elaboration)하는 기능을 수행한다. (48)에서 부가어 위치에 있는 자유 부가어는 이 문장내에서 '어떻게'에 해당하는 태도(manner)의 의미를 전달한다.

(48)　　Trixie stood in front of him, **smiling, and winking and flipping her hair while he swayed on the crutches**.

또한 문장 마지막에 자유 부가어로 나타난 동작이 주절 동작의 결과로 나온 행동이라는 것을 보여주는 기능을 수행하기도 한다. 즉, 두 절간에 존재하는 원인-결과의 관련성을 나타낸다. 따라서 (50a)는 (50b)로 바꿔 쓰기가 가능하다.

(49)　　The man lowered himself into a chair, **sinking behind the monitor and out of view**.
(50)　　a. Your fishing boat has overturned nearly a mile from land, **throwing you and all your gear into the 60-degree water**.
　　　　b. Your fishing boat has overturned nearly a mile from land, **with the result that you and all your gear into the 60-degree water**.

■ 연습문제 21.1

다음 문장에 있는 종속절의 종류를 말하시오.

1. a. Encourage the young person to empty the bladder before going to sleep.
   b. A healthy weight should be achieved before a woman becomes pregnant.
2. a. I will not bother to repeat all that analysis here since you have already seen these two memoranda.
   b. It has been a while since you have done interviews.
3. a. The technology also makes that collaboration visible, so students can see their own contribution to the group.
   b. They rushed back into the room so they could warm up.
4. a. While the numbers of such developments are relatively small, the potential market is large.
   b. Never apply water to a burn from an electric shock while the casualty is still in contact with the electric current.

■ 연습문제 21.2

다음 문장을 종속접속사가 있는 자유 부가어 절로 바꿔보시오 (하나 이상의 답이 있을 수 있다).

a. Backing out of the press lot, John heard the refracted echo of field drums.
b. Having delivered David Jr. by cesarean, she wasn't able to exercise at first.
c. Driving through the dark countryside, our car knocked and bumped over a deserted dirt road.
d. Arriving at the majestic front gates, you will confront the dramatic vista of the Boulevard.
e. Inserting her fork in the pink-white meat of the back, she loosens entire chunks free of bones.
f. Knowing that Deoul waited for an answer, she moved her gaze back to him.
g. Assuming that its wages remain low, China will then be poised to make more inroads into rich-country apparel markets.

제22장 비교 구문 Comparisons

우리 주변에 있는 특정 대상물(individuals)의 특징을 묘사하는 방식 중의 하나로, 어떤 기준이나 표준이 될 수 있는 대상을 하나 정해서 그것과 동일하거나 얼마만큼 다른지를 제시함으로써 구체적으로 특징을 기술하는 방식이 있다. 이것이 비교 구문이다.

22.1 비교 구문의 유형

영어에서 두 개체를 비교하는데 사용되는 방식은 여러 가지가 있다. 비교되는 대상이 비교 규모 면에서 유사한 것으로 보이느냐 또는 다른 것으로 보여지느냐에 따라 구분될 수 있다. 비교문 유형은 동등 비교와 비동등 비교로 나눌 수 있다.

1. 비동등 비교 (Inequality Comparisons)

비동등 비교는 비교되는 대상이 다른 것보다 우월하거나 또는 우월하지 못한 속성을 나타내는 것이다. (1)에서 Gemma와 어머니가 키의 크기(height) 면에서 비교되고 있는데, 키의 크기의 수치상에서 Gemma가 어머니보다 우월하다고 말하고 있다.

(1)   Gemma is taller than her mother is.

이 문장의 형태상의 구성 성분을 분석해 보면, 먼저 두 개의 절로 구성되어 있다. 첫 번째 절은 Gemma가 정도 x 수치만큼 크다고 기술하고 있고, 두 번째 절에서 그녀의 어머니가 정도 y 수치만큼 크다고 기술하고 있으며, 이때 x 크기의 정도가 y 크기의 정도를 능가한다는 상황을 기술하고 있다. 두 번째 절이 종속절에 해당하며, 앞에 있는 첫 번째 절에 있는 동일 요소는 삭제된 축소된 형태를 하고 있다.

(2) a. Gemma is taller than her mother is tall.
     b. Gemma is taller than her mother is.
     c. Gemma is taller than her mother.

(3) a. I should exercise more than my mother exercises.
     b. I should exercise more than my mother does.
     c. I should exercise more than my mother.

(2a)와 (3a)의 축소형은 (2b)와 (3b)가, 이들의 축소형은 각각 (2c)와 (3c)이 될 수 있다. "X가 Y보다 더 우월하다"는 의미를 표현하는 비동등 비교는 우월의 **관계**가 있다는 것만을 의미한다. 또한 "X가 Y보다 덜 하다"라는 문장도 열등의 관련성만을 보여주는 것이다. 여기서 주의할 점은 '우월(superiority)'하거나 '열등(inferiority)'하다는 용어가 더 낫다거나 더 못하다는 것을 의미하는 것이 아니라, 관련성을 명시하는 것이다.

먼저, 우월에 대한 관련성(superiority relationships)은 특정한 형용사나 부사에 *more* 또는 *-er*로 표현되고, 두 번째 절은 *than* 표현이 이끈다. 두 대상물의 서로 비교되는 요소는 (4)처럼 형용사, 부사, 명사, 동사로 표현된다.

(4) a. You are a lot <u>smarter than</u> Alice.   형용사
     b. George is <u>more considerate than</u> Alan is.   형용사
     c. She tries <u>harder than</u> Susan does.   부사
     d. She speaks <u>more fluently than</u> Harry does.   부사
     e. The Volkswagen Touareg has <u>more problems than</u>
        Hyundai does.   명사
     f. He <u>talks</u> a lot <u>more than</u> she does.   동사

이 외에, (5)의 *surpass, prefer (x to y), favor (x over y)* 같은 특정한 동사들이나, *be preferable/superior to*와 같은 '*be* + 형용사 + *to*' 구문으로도 표현될 수 있다.

(5) a. Parents prefer male children to female ones.
 b. A guy on a horse was superior to foot troops.
 c. A stable, independent, and economically strong Afghan state is preferable to a weak and troubled one.

다음으로, 열등의 관련성은 *less, fewer*로 표현되는데, 두 번째 종속절 역시 '*than*'으로 도입된다.

(6) a. Renewable fuels were less expensive than crude oil. 형용사
 b. He drives less cautiously than I do. 부사
 c. I spend much less money than I earn. 불가산명사
 d. Joe has fewer friends than his father does. 가산명사
 e. I care less about what happens to the company than the director does. 동사

2. 동등 비교 (Equality Comparisons)

동등 비교는 두 개의 대상물이 동일하다는 것을 표현하는데 사용한다. 이런 의미는 '*as...as*'를 통해서 표현되는데, 이 사이에 형용사, 부사, 명사, 동사가 위치한다.

(7) a. Frozen food is often as expensive as fresh organic produce. 형용사
 b. Sassa guards his capital as thoroughly as we do ours. 부사
 c. New York has spent as much/little money as Chicago has. 불가산명사
 d. I have as many/few friends as other people my age. 가산명사
 e. He contributed as much/little to the discussion as Susan did. 동사

이 외에 '*the same* + 명사 + *as*'와 *similar to, equal/identical to, (just) like* 등과 같은 표현으로도 동등 비교가 표현될 수 있다.

(8) a. Her light brown hair is **the same color as** her father's.
b. The results of these reviews are **similar to** the results of a hierarchical review approach.
c. Ape genomes are 98% **identical to** human genomes.
d. The house is **just like** our old palace.

(7)의 형태로 표현된 동등 비교는 비교되고 있는 두 대상물이 수치상에서 동일한 선상에 있다는 것을 의미하는 반면, (8)에 있는 형태는 단지 두 대상물이 동등하다는 것만을 기술하고 있는 차이점이 있다.

22.2 형용사와 부사의 비교

영어의 비교 구문에 사용되는 접사 -er이나 more를 사용하는 규칙을 살펴보자. 먼저, 단음절(single-syllable) 형용사의 경우에는 more 사용이 제한된다. 그러나 몇몇 형용사는 -er이나 more을 혼용해서 사용하기도 한다. 예를 들면, quick (quicker/ more quick), fierce (fiercer/ more fierce)가 있다.

두 번째로, 이음절(two-syllable) 형용사의 경우에는 몇몇 형용사는 more를 사용하는 반면, 다른 것들은 -er을 사용한다. 즉, -er은 첫음절 강세 형용사와 -y(angrier), -ly(costlier, friendlier), -le(gentler, simpler), -ow(narrower, shallower)로 끝나는 형용사의 경우에는 '-er' 형태가 선호된다. 반면, more 형태는 첫음절에 강세가 있으면서, -ful(more careful), -ish(more foolish), -al(more central), -ic(more chronic), -ous(more anxious)로 끝나는 대부분의 형용사의 경우에 선호된다.

다음으로, 이음절 이상(more than two syllables)의 형용사의 경우에 more가 사용될 텐데, 예외도 아주 드물게나마 존재한다. 접사 un-이 이음절 형용사에 첨가되었을 경우는 -er형태가 사용된 예로 unhappy-unhappier가 있다.

마지막으로 영어의 구어체에서 가끔 볼 수 있는 이중 비교급(double comparatives) 형태가 있다. (9)처럼 -er형태에 more형태를 추가해서, 이 두 가지를 동시에 사용하는 경우이다.

(9)   a. This baby should be more easier to see.
         b. It was more warmer in this house.
         c. The furniture was a bit more nicer than she'd ever owned.

22.3 비교급 문장의 형태

일반적으로 비교급은 두 개의 절로 구성되는데, 종속절에 해당하는 두 번째 절의 경우, 첫번째 절과 동일한 문장 요소들은 생략해서 단축형을 만들게 되는데, 이 단축형에는 여러 가지 유형이 실현된다. 이들에 대해 살펴보자.

1. 비동등 비교문(Inequality Comparisons)

예문 (10)은 두 개의 절 사이에 주어가 다르지만, 동사구는 동일한 예문들이다. (10b)에서 두번째 절의 반복되는 동사구가 생략되었다.

(10)   a. Nine guys would be making more than she ~~would be making~~.
         b. Nine guys would be making more than she does.

다음 (11) 문장들은 두 개의 절에서 주어만 다르고 동사구는 동일한 예문을 나열한 것이다. 이들 중 조동사와 *be*동사는 *do*로 전환되지 못한다.

(11)   a. RockMelt worked faster than most of its rivals ~~worked fast~~.
         b. RockMelt worked faster than most of its rivals (did).
         c. They just want to make more money than the job offers ~~make money~~.
         d. They just want to make more money than the job offers (do).
         e. The chimpanzee's thumbs are longer than ours ~~are long~~.
         f. The chimpanzee's thumbs are longer than ours (are).

g. The national recovery might happen more quickly than California's recovery ~~might happen~~.

h. The national recovery might happen more quickly than California's recovery (might).

(12)에서 두 번째 절의 동사구가 대조되는 구성 성분을 가지고 있는데, 동사구 다음에 다른 전치사구가 각각 나타나 있다. 따라서 이 전치사구는 생략되는 구성 성분에 해당되지 않고 그대로 유지된다.

(12)   a. They <u>spend more time</u> in Europe than we ~~spend time~~ in New York.
b. They spend more time in Europe than we **do** in New York.
c. He <u>can get through more work</u> in an hour than I ~~can get through work~~ in a day.
d. He can get through more work in an hour than I **can** in a day.

(13)에서도 두 절 사이에 주어가 동일하고, 동사구도 동일하므로 삭제되고, 남아 있는 요소는 (13b)에서는 전치사구, (13d)에서는 형용사, (13e)에서는 명사이다.

(13)   a. Pearl Jam, the band, spent more time in court than ~~it spent~~ in concert this year.   전치사구
b. Pearl Jam, the band, spent more time in court than in concert this year.
c. You looked better dead than ~~you looked~~ alive.   형용사구
d. You looked better dead than alive.
e. Diagnosing mental illness has always been more art than ~~it has been~~ science.   명사구
f. Diagnosing mental illness has always been more art than science.

(14)에서는 두 절 사이에 다른 요소는 직접 목적어와 간접 목적어이다. 반면 (15)에서는 두 번째 절에서 내포절 전체가 생략되고 있다.

(14) a. He sent more postcards to his friends than ~~he sent~~ letters to his mother.
　　　b. He sent more postcards to his friends than letters to his mother.
(15) a. The incident was more serious than we had first thought ~~that it would be (serious)~~.
　　　b. The incident was more serious than we had first thought.

마지막 형태로, 두 번째 절의 주어가 대명사 주어이고 동사가 생략되었을 경우, 그 대명사의 형태는 (16)처럼 된다. (a)의 *be*동사가 생략되었을 때, (b)처럼 목적격 대명사로 실현되는 경우와 (c)처럼 주격으로 유지되는 경우가 있다.

(16) a. You are smarter than he is.
　　　b. You are smarter than him.
　　　c. You are smarter than he.

2. 동등 비교문 (Equality Comparisons)

동일한 삭제 규칙이 동등 비교 구문에서도 동일하게 발생한다.

(17) a. This service usually costs about twice as much as an office visit ~~costs~~.
　　　b. This service usually costs about twice as much as an office visit (does).
　　　c. Already he has spoken twice as many words as you ~~have spoken many words~~.
　　　d. Already he has spoken twice as many words as you (have).
　　　e. This recession has inflicted as much pain here as ~~this recession has inflicted~~ in other parts of the country.
　　　f. This recession inflicted as much pain here as (it did) in other parts of the country.
　　　g. She has loved someone as much as ~~she has loved~~ him.
　　　h. She loved someone as much as (she did) him.
　　　i. Virginia's state-run Highway 76 has not grown as quickly as it had been anticipated ~~that it would grow~~.
　　　j. Virginia's state-run Highway 76 has not grown as quickly as (had been) anticipated.

주의할 점은 (18)처럼 동일한 대상에 대해 관련된 다른 특징을 비교할 때는 두 번째 절에 '대명사 주어와 *be*동사'를 생략할 수 없다는 점이다.

(18) a. The football field is as wide as it is deep.
b.*The football field is as wide as deep.

22.4 최상급 형태 (Superlative Forms)

최상급 문장은 하나를 다른 것과 비교한다기 보다는 다수에서 특정한 하나를 가려내는 것이다. 치수상에서 최고나 또는 최저의 것을 의미한다. 이런 의미가 명시되는 방법은 (19)의 세가지 유형이 있다. 먼저 '*the* + 최상급 표현(*-est/most*) + 전치사구 *of all*' 형태를 형성한다. 이때 이 전치사구는 전체 멤버를 나타내고, 이 전체에 있는 대상물에 적용되는 수치상의 끝점인 최고나 최저상에 있는 대상을 표시하게 된다.

(19) a. Microsoft is the easiest software of all to use.
b. That is the most important lesson of all.
c. That is the least dangerous stage of all.

최상급에 사용되는 *most*는 최상급 표현 이외의 여러 곳에서도 발견되는데, 첫 번째로 (20)처럼 양화사로 쓰인 것을 볼 수 있다. 이때의 의미는 '많은 수나 양(the vast majority of)'을 명시한다.

(20) a. **Most** kids don't like spicy stuff.
b. They all suffered spinal cord injuries[1]. **Most** will never walk again.

두 번째로, (21a)-(21b)처럼 *most*는 정도 부사(degree adverbs)로도 사용되어, 형

---

[1] spinal cord injuries 척수손상

용사 앞에 위치하게 된다. (21b)-(21c) 사이의 차이점은 *most* 앞에는 부정관사(*a*)가 사용되는 반면, 최상급에서는 반드시 정관사(*the*)가 사용되는 점을 지적할 수 있다.

(21)   a. Your safety is most important to us.
         (=Your safety is very important)   정도 부사
        b. This is a most difficult question to answer.   정도 부사
        c. They are the most basic and broadly usable tools in the
           problem-solving toolbox.   최상급

22.5 More와 More of 비교

이 부분에서 *more*의 용법을 생각해본다. 문장 내에서 이 단어는 명사구의 자리에 나타나서 주어나 목적어의 기능을 수행한다. 예문 (22a)는 주어 역할을, (22b)는 전치사의 목적어 역할, (22c)는 동사의 목적어 역할을 하고 있다. 이때는 *more*는 양(amount)을 나타낸다.

(22)   a. **More** can sit outside on a terraced deck, relaxing with a beer.
        b. Tonight, his daughter's engagement party had reminded him of **more** than
           he wanted to remember.
        c. In 35 percent of two-income households in the U.S., wives now make **more**
           than their husbands.

두 번째는 부사의 역할을 수행하고 있으며, 의미는 상당한 정도나 규모(to a great extent or degree)를 명시한다.

(23)   a. I remember the White House **more** than I remember my grandfather.
        b. I love the White House **more** than any house in the world.

명사와 부사의 위치에서 명시하는 의미차이로 인해, 예문 (24)는 중의적 의미를 담고 있게 된다. 즉, 양(amount)과 정도(degree or extent)의 중의적인 의미해석을

만들어 내는 문장이 된다. 예문 (24a)는 Lizzie가 실제 먹는 양에 비교해볼 때 더 많은 양을 먹어야만 한다는 의미인 반면, (24b)는 Jessica가 먹는 정도와 운동하는 정도를 비교하고 있다.

(24)   a. Lizzie, you've got to eat more than that.
            b. Jessica eats more than she exercises.

세 번째로 *more*는 부분사(partitive)의 기능을 수행한다. 이 기능을 수행하는 문맥으로 "more of + 명사" 구조가 형성된다. 이때 명사는 구체적인 대상(definite noun phrase)이어야 한다. 만일 명사가 구체적인 대상이 아닌 경우는 다른 구문을 생성하게 된다. 예문 (25a)에서 부분사 내부의 명사가 비구체적인 대상을 나타내는 *a doctor*인 경우는 인물의 정도(degree of quality)를 나타내게 되어, 대단히 "훌륭한 의사"를 지시하게 된다. (25b)처럼 구체적 대상을 나타내는 부분사일 경우에만 "의사들의 상당수"를 지칭하게 된다. 반면, 예문 (25c)는 "한명의 그 의사에 대한 더 많은 면모"를 봤다는 의미와 "한 명의 그 의사를 여러 번 더 봤다"는 의미가 된다.

(25)   a. I'm <u>more of a doctor</u> than you are.
            b. I saw <u>more of the doctors</u> than you did.
            c. I saw <u>more of the doctor</u> than you did.

예문 (26)은 부분사로 사용된 *more of* 표현이 비교 구문에서 사용되는 사례들을 보여준다. (26a)는 Harvey가 만난 언어학자 숫자가 Dana가 만난 생물학자 숫자를 능가하는 상황을 표현한 것이며, (26b)는 Harvey가 만난 언어학자 숫자가 Dana가 만난 언어학자 숫자를 능가하는 문맥이다. 마지막으로 (26c)는 Harvey가 만난 언어학자의 규모가 Dana가 만난 생물학자의 규모를 능가하는 상황을 묘사한 것이다.

(26)   a. Harvey met more linguists than Dana met biologists.
            b. Harvey met more linguists than Dana met.
            c. Harvey met more of the linguists than Dana met of the biologists.

22.6 양적 비교 (Much and More)

일반적으로 기존에 있던 양에 추가적으로 양이나 수를 더 보태는 경우 *much*와 *more*를 사용한다.

먼저, *more*는 불가산명사(noncountable noun)와 가산명사(countable noun)의 추가적인 양을 표현하는데 모두 사용한다. 예문 (27a)-(27b)는 불가산명사의 양을, (27c)-(27d)는 가산명사의 수를 추가적으로 보태는데 사용되었다.

(27) a. He poured more wine for her.
　　　b. I always think that more knowledge is power
　　　c. More people voted for Al Gore.
　　　d. Ms. Wiggins offered to watch them while I went to the store for more bananas.

이 추가된 양의 규모나 정도가 상당하다(greater amount)는 표현을 하고자 할 때, *more* 표현 앞에 *much*와 *many*를 사용한다. 불가산명사 앞에서는 *much more*를 사용하는 반면, 가산명사 앞에서는 *many more*를 이용한다.

(28) a. Now there was so **much more** information available to the patient.
　　　b. We need **much more** evidence before drawing extensive policy conclusions.
　　　c. In this way, **many more** students can at least know the joy of musical experience.
　　　d. the NBA expansion to twenty-nine teams has created **many more** jobs for players.

예문 (29)는 허용 불가할 정도의 과다한 양(excessive amount)을 표현할 때 사용하는 ***too much***와 ***too many***를 관찰할 수 있다. ***Too much***는 불가산명사와 함께 사용되며, ***too many***는 가산명사와 사용된다. 이때 **too**와 동일한 역할을 할 수 있는 표현으로 **far, rather, a little, a bit, a lot**가 있다.

(29) a. They assigned **too much** importance to state law.
    b. Don't push down with **too much** force.
    c. There are **too many** guns on the streets.
    d. I've seen him **too many** times in three years.

■ 연습문제 22.1

다음 문장이 열등비교, 동등 비교, 또는 차이점만을 기술하고 있는지를 판단하시오.

a. Radar is not as precise as GPS is.
b. Arkansas is less healthy than all but three other states is.
c. He is definitely more of a risk taker than I am.
d. Students that did not surpass the most basic performance level on PISA were not a random group.
e. The economy is not really making it possible for them to do that autonomously.
f. Devin ran down the stairs as fast as his feet could carry him.

■ 연습문제 22.2

다음 문장을 더 짧은 비교문장으로 만드시오. (하나 이상의 답이 있을 수 있다.)

a. Parents can really do a lot more than they think they can really do.
b. She checked it more often than most people check their watches.
c. Private student loans are often more expensive than federal loans are expensive.
d. Reactivations are more profitable than new accounts are profitable.
e. He'll come home as fit as he went home.
f. I like writing music more than I like music

g. This firm loaned more money to real estate developers in the 1980s than any other bank company loaned money to real estate developers in the region.
h. A department manager at a store can create his future just as much as an executive can create his future.
i. The women also had considerably more papers and reports (62% each) than the men (47% and 49%) had considerably papers and reports.
j. The educated, two-income families spend more time with their children than they used to spend time with their children.

제23장 등위 구문 Coordination

등위 구문(Coordination)은 등위접속사(coordinators)를 이용해서 동일한 유형의 구성 성분을 연결하는 구문이다.

23.1 단일어 등위접속사 (Single-word Coordinators)

한 단어로 구성되는 등위접속사로 **and, or, but, nor, yet**등이 있다. 영어의 거의 모든 구성 성분이 동일한 유형의 품사로 실현되면, 이 등위접속사에 연결될 수 있다.

(1)   a. **His brother** and **my sister** bought the same computer software.명사구
       b. Professors now have access to computers **at home** and **at work**.전치사구
       c. This is a **flexible** and **user-friendly** system.형용사구
       d. Bradley folded his arms, one hand **casually** yet **purposefully**.부사구
       e. Maria finally **turned around** and **confronted the man**.동사구
       f. **John went to the party**, but **Felicia stayed home**.절

1. *And*

일반적으로 등위접속사는 두 개의 요소가 연결되었을 때는, 두 요소 사이에 위치한다. 연결되는 요소가 세 개 이상일 경우에는 마지막 요소 앞에 위치한다.

문장의 시작에 (2)처럼 등위접속사가 나타난 문장은 전통적으로 좋지 않은 문체의 문장으로 취급했다. 이유 중의 하나로 대화에서 한 문장을 사용해서 화자의 머

리 속에서 금방 떠오르는 생각을 표현하기를 청자는 바라는데, 만일 접속사로 시작한다면, 앞에서 언급된 문장과 연결된 정보라는 느낌이므로 피하게 될 수 있다.

(2)   Commuter airlines fly to out-of-the-way places. **And** business travelers are the ones who go to those locations.

등위접속사는 연결된 요소들의 관련성(relationship)을 표현해 주면서, 동시에 등위접속사 자체도 이 전체 표현의 의미에 기여를 하게 된다.

먼저, *and*를 살펴보면, 이 등위접속사는 구어체와 문어체를 통틀어 가장 많이 사용된다. 두 절 사이의 다양한 의미적 관계성을 제시하는데, '부가(addition), 시간상의 순서(temporal succession), 원인과 결과(cause and effect), 조건(condition), 양보(concession)가 있다.

(3a)의 *and*는 뒤에 오는 절을 앞부분에 있는 절의 내용에 추가하거나, 보충하는 '추가(addition)'의 의미를 제시한다. (3b)는 시간상 아주 가까운 순서로 발생하는 두 개의 사건이 연결되어 있을 때 *and*는 앞에 나온 사건이 먼저 발생한 것이라고 해석된다. 마찬가지로 (3c)도 *and* 이전에 나타난 사건이 동작의 원인이 되고 다음에 이어진 사건의 결과를 만들어 낸 것으로 판단될 때, 원인과 결과(cause and effect) 해석이 가능해진다.

(3)   a. As Downing claims, **and** as we noted above, reading is best established when the child has an intimate knowledge of the language.
       b. I waved goodbye **and then** went down the stone harbor steps.
       c. Give the boy a chance, **and** I might surprise you.
       d. Say one more word **and** I'll scream.
       e. A little more capital, **and** they would have been successful.

조건문(conditional)의 의미 해석은 첫 번째 절이 조건의 의미일 때 나타나는데, 이 조건이 만족되면, 두 번째 절에 표현되는 동작이 결과가 된다. (3d)는 *If you say one more word, then I will scream*으로 바꿔 쓰기가 가능하다.

마지막 의미 해석으로 양보(concession)가 있다. 먼저 나온 절이 두 번째 나온 내용을 두드러지게 만들려는 의도로 두 개의 절을 서로 대조시킨다. (3e)에서 앞에 나온 절이 만족되면, *and* 다음에 나온 절의 내용이 놀라운 일이 된다. 조금의 자본만 더 있었으면, 성공했었을 것이라는 의미 해석이 된다.

2. OR

등위접속사 *or*는 선택을 표현할 때 사용된다. (4a)에서 *or*는 만약 하나의 교통편을 선택하게 되면, 다른 것은 더 이상 선택할 수 없다는 것이다. 또한 *or*는 조건문의 해석을 가질 수 있는데, 첫 번째 사건이 실현되지 않은 내용이고, 두 번째 절은 결과 또는 댓가를 표현되게 된다. (4b)는 조건문으로 바꿔 쓰기가 가능하다. 가끔 조건적인 해석을 가져오는 *or*가 (4c)처럼 경고를 표현하는데 사용되기도 한다.

(4)   a. I'll go by train, or I'll go by bus.
        b. She had to have the operation, or she would die.
           (= If she doesn't have the operation, she would die.)
        c. Start coming on time, or you're going to find yourself out of a job.
           (= If you don't start coming on time, you're going to find yourself out of a job.)

3. NOR

*Nor*는 먼저 나온 부정 의미의 절에 추가로 정보를 제공하는 절을 도입한다. Nor 다음의 절도 부정문의 의미를 가지지만, *nor* 자체가 부정어이기 때문에 별도로*not* 을 추가하지 않는다. 단 주의 할 점은 (5)처럼 *nor* 다음에 주어-조동사 도치가 나타난다.

(5)   He **doesn't** want to live in the country when he grows up, **nor** does he want to live in the city.

4. *But*과 *Yet*

먼저 **but**은 (6)처럼, 이전의 절과 대조를 이루는 의미를 표현하는데 사용된다. 다음 *yet*도 대조의 의미를 표현하는데 사용되는데, 가끔은 (7)처럼 ***and***와 함께 사용되기도 한다.

(6)   Alan enjoyed the opera, **but** his parents didn't like it at all.
(7)   a. We have a national crisis, (**and**) **yet**, we continue to ignore it.
        b. I don't eat much, (**and**) **yet** I am a size 16.

23.2 다어 등위접속사 (Multiword Coordinators)

상관 등위접속사가 여기에 속하는데, *both…and, neither…nor, either…or, not only…but* 등이 있다. 이들 상관접속사가 표현하는 상호관련성은 추가(addition), 대안(alternatives), 대조(contrast), 양보(concession)로 구분할 수 있다.

1. 부가 (Addition)

추가의 의미를 표현하는 상관접속사(correlative coordinator)로 긍정문에 *both…and*, 부정문에 *neither…nor*가 있다. *Both…and*는 동일한 문법 구성 성분들을 연결하는데, 단 절은 연결하지 못한다. (8a)-(8b)는 명사구와 부정사구가 각각 연결되어 있다. 단, (8c)처럼 절의 성분은 연결이 불가능하다.

(8)   a. **Both** the teacher **and** the school administration must be prepared to adjust their normal procedures to accommodate those controls.
        b. Put **both** vegetables into a bowl **and** crush with a potato masher.
        c. *****Both** I cooked lunch, **and** I made a cake.

*Neither…nor*는 두 개의 부정적인 요소 사이에 존재하는 관계성을 추가적으로

표현하는데 사용된다. 이 상관접속사도 (9c)처럼 절의 성분을 연결하지는 못한다. ***Both... and***와는 달리, ***neither... nor***는 부정적인 의미와 더불어 추가하는 의미도 표현하게 되어 (9)에 있는 문법적인 문장들은 (10)처럼 *not*과 *and*가 있는 문장으로 바꿔 쓰기가 가능하다.

(9)   a. **Neither** the patient **nor** the staff is blamed, and finding problem solutions is the major goal.
       b. Energy can **neither** be created **nor** destroyed.
       c. ***Neither** the signature door is opened **nor** closed.

(10)   a. The patient **isn't** blamed, **and** the staff **isn't** blamed.
       b. Energy **cannot** be created, **and** it **cannot** be destroyed.

이 두 가지 표현 외에 부가적인 의미를 표현하는 방법으로 (11)처럼 *and*에 *too*나 *so*를 사용하여 나타낼 수 있는데, 이때 이 두 표현이 포함된 절은 축약형태의 절이 된다. 이 가운데 *so*는 주어-조동사 도치현상이 나타난다. 또한 (12)처럼 *as well as*, *just as... so* 등도 있다.

(11)   a. You shocked the world, and you inspired it, **too**.
       b. The poet will be born again, **and so** will the young woman that he adores.

(12)   a. These searches generate excitement **as well as** provide terrific teaching opportunities.
       b. Head Start does affect the parent **as well as** the child.
       c. **Just as** large companies are having to cut back, so small businesses are being forced to close.

2. 대안 (Alternatives)

상관접속사 ***either... or***는 양자택일을 표현한다. (13a)는 두 개의 선택 사항 가운데 그 어떤 것도 받아들일 수 있다는 것을 표현한다. (13)처럼, 이 상관접속사는 모든 구성 성분들을 연결할 수 있다. 심지어는 (13c)의 절 성분도 연결할 수 있다.

(13) a. Most street people **either** have mental problems, **or** are alcohol or drug addicts.
 b. Such a woman can **either** make you forget your age entirely **or** create a true crisis.
 c. **Either** we go now **or** we remain here forever.

이 *either…or*는 경고를 표현할 수도 있다. (14)에서 두 번째 절은 첫 번째 사건의 동작이 실현되지 않으면 발생 가능한 결과에 대해 경고하고 있다. 이는 조건문과 유사한 의미를 갖게 된다.

(14) Either you give me the money, or I'll shoot you.
 (=If you don't give me the money, I will shoot you.)

3. 대조 (Contrast)

대조를 나타내는 상관접속사로 *not…but*이 있다.

(15) In a democratic political system, decisions about war and peace should be made **not** by soldiers **but** by voters through their elected leaders.

4. 양보 (Concession)

상관접속사 *not only… but (also)*는 양보와 더불어 추가한다는 의미를 표현한다. 첫 번째 절에는 예상치 못한 내용을 그리고 두 번째 절에는 보다 더 예기치 못한 일을 연결하여 전달하고자 할 때 특히 이 상관접속사를 사용한다.

(16) There is a real danger that next year the Democrats will lose **not only** the presidency **but also** the House and the Senate.

23.3 등위접속사 관련 구문

등위접속사가 있는 문장들은 반복되는 문장 요소들을 제거할 수 있다는 점에서 상당히 효율적인 문장으로 간주된다. 이렇게 구성되는 구문들을 차례로 살펴보자.

1. 등위구조문 축소 (Conjunction Reduction)

(17)-(19) 예문은 축소 절이 있는 구문인데, *and, or, neither...nor, but not*의 접속사로 연결되어, 하나의 구성 성분만 제외하고 모두 동일한 절이 결합되어, 결과적으로 다른 구성 성분의 요소들이 등위접속사로 연결되어 있는 구문인데, 이를 등위구조문 축소(Conjunction Reduction)라고 한다. 이때 등위구조문 축소문에서 동사만 다를 때 가능하다.

(17)   a. In southern New Mexico, a 56 square-mile fire has damaged more than 200 homes **or** a 56 square-mile fire destroyed more than 200 homes.
       b. In southern New Mexico, a 56 square-mile fire has damaged **or** destroyed more than 200 homes.

(18)   a. The logic of Whittaker's system was broadly evolutionary **but** it was not phylogenetic.
       b. The logic of Whittaker's system was broadly evolutionary **but** not phylogenetic.

(19)   a. Most of the crops with pesticides are not detected, **and** most of the crops with pesticides are not destroyed.
       b. Most of the crops with pesticides are **neither** detected **nor** destroyed.

2. 동사구 생략 (Verb Phrase Ellipsis)

다음 축소 유형은 동사구 생략에서 나타나는데, 동사구가 동일한 요소여서 두 번째 절에서는 생략되어 나타난 구문이다. 서법 조동사와 하나이상의 조동사가 나타나면, 두 번째 절의 의미가 복귀될 수 있을 정도까지만 생략될 수 있다.

(20) a. Businesses and federal agencies can use EPEAT, **and** customers **can use** EPEAT, too.　　　　　서법 조동사
b. Businesses and federal agencies use EPEAT, and customers **can**, too.
(21) a. I was crying, and my boyfriend **was crying**, too.　　　조동사
b. I was crying, and my boyfriend **was**, too
(22) a. His wife had left and returned, but he **had not returned**.　조동사
b. His wife had left and returned, but he **had not**.

다음 (23a)에서 동사구 생략이 발생하면, (23b)는 가능하지만, (23c)는 불가능하다. 왜냐면, (23c)만큼 생략하면, 생략요소를 복구할 때, 가능한 문장은 *John may have gone home for the summer, and Alicia may go home for the summer, too* 의 의미가 되기 때문이다.

(23) a. John may have gone to college in New York City, and Alicia **may have gone to college in New York City, too**.
b. John may have gone to college in New York City, and Alicia **may have, too**.
c. *John may have gone to college in New York City, and Alicia **may, too**.

만일 조동사가 없는 문장의 경우, ***do***동사를 사용해 생략된 절에 나타나게 해서 (24)-(26)처럼 동사구 생략 구문을 만들어낸다.

(24) a. Vladimir Kulpin has worked for the Combinat, and his father has worked for the Combinat.
b. Vladimir Kulpin has worked for the Combinat, and **so did** his father.
(25) a. First John quit the job, and Peter quit the job, too.
b. First John quit the job, and Peter **did, too**.
(26) a. John likes the food in the cafeteria, but Fred doesn't like the food in the cafeteria.
b. John likes the food in the cafeteria, but Fred **doesn't**.

3. 우분지 상승 구문

동사는 다르고, 다음에 이어 나오는 요소들이 동일한 절이 연결된 문장을 '유예된 우성분 등위 구문(delayed right constituent coordination)' 또는 '우분지 상승 구문(right node raising)'이라 한다. (27)-(28)처럼, 이 구문에서 첫 번째 절에 있는 동일한 요소가 생략된다.

(27)   a. He hugged **his wife** and kissed **his wife**.   목적어 명사구
        b. He hugged and kissed.
(28)   a. I don't really know **that she'll help**, but my guess is **that she'll help**.   *that* 보충어절
        b. I don't really know, but my guess is **that she'll help**.

4. 공소 현상(Gapping)

등위 구문에서 연결된 절에 동일한 동사가 있다면, 이 동사와 동사 앞뒤에 나타난 다른 동일한 구성 성분들은 (29b)처럼 두 번째 절에서 생략될 수 있다. 이를 공소 현상(Gapping) 또는 공소화된 등위 구문(Gapped coordination)이라 한다. 이 생략된 요소는 전형적으로 (30)-(33)처럼 동사(verbs)이다.

(29)   a. Their daughter **studied** law, and their son **studied** medicine.
        b. Their daughter **studied** law, and their son medicine.
(30)   a. I **gave** $10 to Kim, and Bill **gave** $5 to Pat.
        b. I gave $10 to Kim, and Bill $5 to Pat.
(31)   a. Kim **expects to get** a credit, and Pat **expects to get** only a pass.
        b. Kim expects to get a credit, and Pat only a pass.
(32)   a. I **went** by car and Alan **went** by bus.
        b. I went by car and Alan by bus.
(33)   a. Jill **came to Fiji** in 1967, and her parents **came to Fiji** the following year.
        b. Jill came to Fiji in 1967, and her parents the following year.

또한 생략된 요소가 동사만이 아니라, 하나 이상으로 어휘로 구성된 동사구(동사

와 전치사구 결합 등)일 수 있다. (34)-(35)는 생략된 요소가 주어까지도 포함하고 있다.

(34) a. Ed had **given me** earrings for Christmas, and Bob **gave me** a necklace for my birthday.
b. Ed had given me earrings for Christmas, and Bob a necklace for my birthday.
(35) a. In February **he went** to Beijing, and in March **he went** to Tokyo.
b. In February **he went** to Beijing, and in March, to Tokyo.

생략된 공소가 (36)처럼 하나 이상의 등위절일 수도 있다. 이때 공소 요소는 처음에 나온 절 이후의 것들이 모두 해당된다.

(36) a. Bill **is** an engineer, Pat **is** a barrister, and Alex **is** a doctor.
b. Bill **is** an engineer, Pat a barrister, and Alex a doctor.

생략된 공소는 (37)-(38)처럼 부정사나 동명사 보충어에서는 적용되지 못한다.

(37) a. John **asked** Bill to leave, and Sam **asked** Sue to apologize.
b. *John **asked** Bill to leave, and Sam Sue to apologize.
(38) a. Ed **kept on** eating, and Marcia **kept on** arguing.
b. *Ed **kept on** eating, and Marcia arguing.

23.4 추가 구문들

등위 구문과 관련된 몇 가지 논쟁거리를 살펴보자. 등위접속사 *and*로 연결된 등위 구문에서만 나타나는 어휘가 하나 있는데, 부사 ***respectively***이다. (39a)에서 *Joe*는 *Betty*와 *Bob*은 *Alice*와 쌍을 이룬다. 의미 해석을 보면, 괄호 속에 나타난 문장이 된다. ***Respectively***는 명사 이외의 구성 성분과도 쌍을 이룰 수 있다. (39b)는 명사와 동사, (39c)는 명사와 전치사구가 쌍을 이루고 있다.

(39)   a. Joe and Bob escorted **Betty and Alice**, respectively.
      (=Joe escorted Betty and Bob escorted Alice.)
   b. Red and blue patches have **heated and cooled**, respectively, in response to acoustic vibrations of the interior.
      (= Red and blue patches have heated, and red and blue patches have cooled.)
   c. Procedure CI and NH listeners were tested individually **at home and at school**, respectively.
      (=Procedure CI and NH listeners were tested individually at home and Procedure CI and NH listeners were tested at school, respectively.)

또한 ***Respectively***를 통해서 (40)처럼 연속적으로 나타나는 두 개의 전치사구가 앞서 나온 명사구 하나와 쌍을 이룰 수 있다. Russell은 1904와, Fewkes는 1906과 쌍을 이룬다는 해석을 얻게 된다.

(40)   **Both Russell and Fewkes** published their reports with the Bureau of American Ethnology **in 1904 and in 1906**, respectively.

다음은 등위 구문에서 주어 동사 일치현상을 살펴보자. 전통적으로 상관접속사로 연결된 구성 성분이 주어 위치에 나타났을 때, 주어 동사 일치는 동사에 가까운 구성 성분에 맞춘다고 말한다. 그러나 모든 모국어 화자들이 이 규칙을 준수하는 것은 아니다. (41)처럼 주어 동사 일치를 회피하는 경향도 보인다.

(41)   a. **Neither** exceptional accuracy **nor** exceptional attainability of insight **has** been demonstrated by realists for the assumption of system and actor.
   b. **Neither** the Democrats **nor** the Republicans **are** in touch with the common experience of ordinary Americans.
   c. **Neither** the president **nor** Congress **is** in the mood to fund similar programs elsewhere.
   d. **Neither** children **nor** adults **get** enough vitamin E, calcium, magnesium, potassium or fiber.

마지막으로 접합 등위 구문(Joint coordination)이 있는데, 이는 등위접속사로 연결된 두 개의 요소가 하나의 단위로 기능을 하는 경우를 지칭한다. 이 등위 구문은 *Alex and Chris*가 하나의 단위이기 때문에, (42b)처럼 절로 인식될 수 있는 의미 해석을 가지지는 않는다.

(42) a. Alex and Chris are a happy couple.
   b. *Alex is a happy couple, and Chris is a happy couple.

■ 연습문제 23.1

어떤 규칙을 통해 다음 문장이 형성되었는지를 말하시오.

a. They're interested in, and John found out, what other users are saying.
b. Later I was given an umbrella to work under, and my sister chisel in hand.
c. Traders used to all buy and sell stocks in the same crowded room.
d. They could have said that, and their brothers could have, too.
e. John went to China, and Mary to Alaska.
f. He often rents a cottage at the Cape and sometimes a cottage at Alaska.
g. Mary is going to visit her grandmother, and her brother is, too.

■ 연습문제 23.2[1]

유형 I에서 '*so*'는 (1)처럼 절 앞(clause-initial)에 나온다. 이때 '*so*'는 '*indeed*'나 '*in fact*'로 표현될 수 있는 강조의 기능을 수행한다. 반면에 유형 II에서 '*so*'도 (2)처럼 절 앞에 나온다. 이 유형에서 '*so*'는 '*too*'나 '*also*'와 동일한 추가 부사(addictive adverbs)의 역할을 한다.

---

[1] 2013년도 임용고시 영어전공 문제

(1) You asked me to leave, and **so I did**.

(2) You asked him to leave, and **so did I**.

다음 문장을 위에서 구분한 방식으로 구분해 보시오.

1. a. A: It's starting to snow.　　　　　B: **So** it is.
   b. A: I saw the movie last week.　　　B: **So** did I.
   c. A: You've spilled coffee on your dress.　B: Oh dear, **so** I have.
   d. A: The corn is ripening.　　　　　　B: **So** are the apples.

■ 연습문제 23.3 [2]

다음 문장 가운데 비문인 문장을 고르고 그 이유를 설명하시오.

(a) It is very interesting and of great help.

(b) The flower moved of itself and with elegance.

(c) She likes the book of poems and from The MIT Press.

(d) I read the book of poems with a red cover and with a blue spine.

---

[2] 2008년도 임용고시 영어전공 문제

제24장 초점 구문 Focus Structures

한 문장의 특정 요소를 강조하거나 초점을 두고자 할 때, 우리는 기본적인 문장을 다양한 방식으로 변화시킬 수 있다. 예컨대 강세변화를 이용한 음운론적 방법, 특정 어휘를 추가하는 방식, 문장의 어순을 변경하거나 특정 구문을 만드는 방법이 있다. 먼저 특정 어휘를 추가하는 사례로는 *do*, 재귀대명사, *own*, 강조 형용사나 부사, 연결사 등이 있으며 다음 예문에서 확인할 수 있다.

a. What did happen?
b. The sheriff himself was on a boat up and down the river all day.
c. We wanted to be more of the captain of our own ship.
d. Her smile was so special, a flash of pure delight.
e. This ecstasy, furthermore, is hardly inexplicable.

다음으로 문장의 어순변경이나 특정 구문형성 방법을 보면, 영어의 전형적인 어순은 SVO (주어+동사+목적어) 형태를 취하는데, 이 중 어느 특정 요소의 중요성을 부각시키기 위해서 어순의 순서가 바뀔 수 있다. 이렇게 해서 형성된 구문을 초점 구문이라 하며, 대표적인 예로 분열 문장(Cleft Sentences)과 도치 문장(Inversions)이 있다.

24.1 분열 문장(Cleft Sentences)

평서문에서 특정한 하나의 구성 성분을 눈에 띄게 하기 위해 위치를 변화시키는 대표적인 예가 분열 문장이다. (1a)의 평서문은 (1b)와 (1c) 형태의 문장으로 변형시킬 수 있다. 전자를 '*it*-cleft', 후자를 '*what*-cleft'라고 한다. 이 변형된 두 문장에서 초점화된 요소는 *a book*이다.

(1) a. You're never going to finish **a book** in your lifetime.
 b. It was **a book** that you're never going to finish in your lifetime. *It*-cleft
 c. What you're never going to finish in your lifetime was **a book**. *Wh*-cleft

먼저, *it*-분열(It-cleft) 구문을 살펴보면, '*it* + *be*동사'가 문두에 나타나고 이어서 초점을 두고자 하는 문장 요소를 배치하고, *that*과 나머지 문장 요소들을 이어서 배치하여 문장을 형성하게 된다. 이때 *that* 대신에 초점 요소가 사람일 때와 시간일 때, 각각 *who*와 *when*이 사용된다.

(2) a. Ethan came to see me near midnight.
 b. It was me **that/who** Ethan came to see near midnight.
 c. It was near midnight **that/when** Ethan came to see me.

다음 예문들을 통해, 초점화될 수 있는 문장 요소를 확인해 볼 수 있다.

(3) a. **Ethan** came to see me near midnight. <u>주어 명사구</u>
 b. It's **Ethan** who came to see me near midnight.
(4) a. I lost my keys **in the afternoon**. <u>시간 부사</u>
 b. It was **in the afternoon** that I lost my keys.
(5) a. They gave us the Directive **to accomplish this**. <u>목적 부가어</u>
 b. It is **to accomplish this** that they gave us the Directive.
(6) a. Roosevelt heard about the December 7th attack on Pearl Harbor **in this room**. <u>전치사구</u>

(7) b. It was **in this room** that Roosevelt heard about the December 7ᵗʰ attack on Pearl Harbor.

(7) a. Her favorite color is **flaming red**.　　　　　　　　　형용사구
　　 b. It's **flaming red** that is her favorite color.

(8) a. **How you encounter God in these moments** is important.　주어 의문절
　　 b. It is **how you encounter God in these moments** that is important.

(9) a. We want to share it with others **because we find such happiness in our religion**.　　　　　　　　　　　　　　　　　부사 종속절
　　 b. It is **because we find such happiness in our religion** that we want to share it with others.

두 번째 유형의 분열구문은 *wh*-분열구문이 있다. 이 구문을 형성할 수 있는 문장 구성 성분을 확인해 보자.

(10) a. People wanted **reassurance**.　　　　　　　　　　　　목적어 명사구
　　　b. What people wanted was **reassurance**.

(11) a. She learned mostly **to buy duct tape in bulk and to stock up on sheets of black plastic**.
　　　b. What she learned mostly was **to buy duct tape in bulk and to stock up on sheets of black plastic**.　　　　　　　부정사 보충어

(12) a. She knew **that Therese had never been to Los Angeles before**.
　　　　　　　　　　　　　　　　　　　　　　　　　　　　That 보충어
　　　b. What she did know was **that Therese had never been to Los Angeles before**.

(13) a. They really don't understand **why that isn't a crime**.　의문 보충어
　　　b. What they really don't understand is **why that isn't a crime**.

(14) a. She remembered **watching her mammy roll out biscuit dough**.
　　　　　　　　　　　　　　　　　　　　　　　　　　　　동명사 보충어
　　　b. What she remembered was **watching her mammy roll out biscuit dough**.

(15) a. **Paying to send stuff back** really annoys me.　　주어 동명사 절
　　　b. What really annoys me is **paying to send stuff back**.

(16) a. **The Senate** will not take up a budget.　　　　　주어 명사구
　　　b. Who will not take up a budget is **the Senate**.

(17) a. We will **give them the ability**. 동사구
 b. What we **will do** is **give them the ability**.
(18) a. The sky is **blue**. 형용사구
 b. What the sky is is **blue**.
(19) a. He wanted to visit his mother **in the afternoon**. 전치사구
 b. What he wanted to visit his mother was **in the afternoon**.

어떤 wh-분열구문은 (20)-(21)과 같이 바꿔 쓸 수 있는 평서문의 문장이 없는 경우도 있다.

(20) a. What I like about it is **its smooth lines**.
 b. *I like about it is its smooth lines.
(21) a. What I object to is **that the judge won't consider a mistrial**.
 b. *I object to that the judge won't consider a mistrial.

또한 몇몇 경우에 문두에 있는 wh-절이 (22c)처럼 문장의 마지막 위치로 옮겨가는 것이 가능한 경우도 있다.

(22) a. I really need **a vacation**.
 b. What I really need is **a vacation**.   *Wh*-cleft
 c. **A vacation** is what I really need.   Reversed *wh*-cleft

24.2 분열 문장의 용법

분열 문장의 기본적인 기능은 특정 요소들을 더욱 두드러지게 하는 것이다.

1. *It* – 분열구문

초점 요소가 구정보(old information)냐 신정보(new information)냐에 따라 ***it***-분열구문은 다른 목적으로 사용된다. ***It***-분열구문은 어떤 것을 반박하는 데 사용된다.

(23)에서 화자 B의 반응은 화자 A의 정보를 반박하고 있다. 여기서 초점 요소는 신정보인 반면, *that*으로 시작되는 절은 이전 문장에서 언급된 구정보이다.

(23)   A: Mr. Cohen, you see the kind of fear that Mr. Cooper reflects, and it is not an isolated fear. There are an awful lot of people, really, on both sides who are afraid of the violence that can erupt by this.
       B: **But it is the government that** does hold the cards in an election.

두 번째로, *it*-분열구문은 특정한 주장을 입증하는 사용된다. (24)에서 화자는 약 천 여개의 회사에 매년 이 삼백만 달러의 자금을 조달하고 있다는 주장을 하고자 한다. 이를 위해, 먼저 누가 벤처투자자에게 가겠느냐는 질문을 하고, 그 다음 *it*-분열구문을 이용해 새로운 문장으로 대답을 한다. 이때 초점 요소(정부)가 구정보이고, 신정보(의미 있는 투입자본이 필요로 하다)가 *that* 다음에 이어진다.

(24)   By simple division, again we provide a couple of million dollars a year to each of about 1000 companies. Who comes to venture capitalists? It is not the restaurant next door, it is not the local store, **it is the company that needs meaningful equity capital to finance innovation**.

마지막으로 *it*-분열구문은 화제를 설정하는데 사용된다. 이 경우 문장에 있는 모든 정보가 새로운 신정보이다. (25)에서 *that* 다음에 오는 정보와 초점 장소 부사가 주제를 구축하게 된다.

(25)   **It was the house where my ma and I lodged with my father's sister, Kate, and her husband, Kevin**. We had lived there since the time my dad left on his boat when I was ten years old and never came back.

2. *Wh*- 분열구문

일반적으로 '*wh*-분열구문'에서 *what*으로 시작하는 절이 구정보이고 초점 요소가 신정보이다. 이 구문은 대화체에서 주로 사용된다¹. 이 구문은 먼저, 토론되고 있었던 주제를 다시 불러오는데 사용된다. (26)에서 화자 B가 음료수 주제에서 그릇으로 주제를 바꾸게 하는 질문을 한다. 새로운 정보가 계속 진행되다가, 화자 A가 원래의 주제인 음료 이야기로 다시 돌아가기 위해 'wh-분열구문'을 사용한다. 이때 새로운 정보(알코올의 속성)가 초점 요소 속에 있다.

(26) A: Well, they served us some kind of white beverage in these interesting-looking bowls.
B: What kind of bowls?
A: Well, they were all covered with beautiful colors and designs.
B: They were painted on?
A: No. They were more like carved on… I can't think of the word.
B: "Inlaid"?
A: Yeah. "Inlaid." Well, **what I didn't realize at the time was that the beverage was alcoholic.**

또한 이 'wh-분열구문'은 앞에 나온 대화의 골자를 제시하는데 사용된다. (27)에서 화자 A가 부모님에게 평생 직장을 얻지 못하고 있는 변명을 하고 있는 상황이 된다고 기술하고 있고, 화자 B는 'wh-분열구문'을 이용해 화자 A가 하고자 하는 이야기의 요점이라고 생각하고 있는 것을 기술하고 있다.

(27) A: Well, you know, if I go there, my mom will be asking me what I'm doing with myself. And then both my mom and my dad will start to ask me why I don't have a steady job yet. And then when I tell them that I'm trying, but I just haven't had any luck yet, they will give me that kind of look, you know. Kinda skeptical and all.
B: So, **what you're saying is that they will never get off your case.**
A: Right. I can't stand a whole day of that.

---

¹ Wh-분열구문을 형성하는 주요 동사로는 *do, happen, mean, say, ask, realize, want, feel, think, enjoy, know, object to* 등이 있다.

다음은, 진술된 것을 반박해서 대안을 제시하는데 'wh-분열구문'을 사용한다. 화자 A가 이전에 언급한 내용이 정확하지 않다고 화자 B가 믿고 있다. 그래서 화자 B가 자신이 동의하지 않는다는 것을 알리기 위해 이 'wh-분열구문'을 사용한다.

(28) A: When people reach retirement age, they usually slow down and become less interested in things like physical appearance and a lifestyle that includes things like dating and fast cars.
B: Actually, **what often happens is that older people become more interested in regaining some of their youthful appearance and lifestyle**. They have more money, so they often spend it on changing their appearance, buying sports cars, and, not infrequently, getting back into the dating game.

다음은, 화자가 말한 내용이 오해가 된 것 같아 보일 때, 반박하는 것이 아니라 명료하게 하기 위해 'wh-분열구문'을 사용한다. (29) 대화에서 화자 B가 'wh-분열구문'을 사용해 화자 A의 오해를 수정하는데 사용하고 있다.

(29) A: Well, he can't make me do it.
B: I understand. So when can I expect you?
A: His Lordship wants me to drive down with him so I can give him the whole briefing on the town. And I'm so not looking forward to that.
B: You know, sweetie, we're not all that bad.
A: Momma, that's not what I meant… **What I meant was** that Lord Woolham is going to look down on all of us.
B: Oh. Well, I was thinking I could watch that one you like so much.

또한 'wh-분열구문'은 대화상에서 이전에 언급된 것에 대한 화자의 태도 또는 의견을 표현하는데 사용된다.

(30) A: It just kind of happened, you know? And his point there is that it could happen to anybody.

B: And so what Michael wants now is the justice that he didn't get nearly twenty-five years ago.
A: What surprises you about him?
B: **What surprises me is that he is so incredibly eloquent.**

마지막으로, 지시사를 이용한 *wh*-분열구문이 있으며, 이는 이전 담화를 언급함으로써 초점을 주려는 목적으로 지시사를 사용하여 생성하는 문장이다.

A: He didn't need anyone's advice on how to live simply. **That** is who he is.

24.3 전치(Fronting) 구문

전치 현상(Fronting)은 특정한 한 요소를 문두 위치로 이동시켜서 상당히 두드러지게 만드는 언어 현상이다. 이때 문두 위치로 이동하는 문장 요소에 어떤 구성소들이 가능한지 살펴볼 필요가 있다. 먼저 가장 전형적인 전치되는 구성 성분으로, 다음의 예들이 있다.

(31) a. She had written herself **most of it**.   대명사 목적어
 b. **Most of it** She had written herself.
(32) a. I can give you **a bran muffin**.   목적어 명사구
 b. **A bran muffin** I can give you.
(33) a. There is always something to do **in New York**.   전치사구
 b. **In New York** there is always something to do.
(34) a. They are **causal and affordable**.   형용사구
 b. **Causal and affordable** they are.
(35) a. We interviewed the students **to determine what they learned**.   목적 부가어
 b. **To determine what they learned** we interviewed the students.

(36) a. These odors may give clues to **why animals eat some plants and not others**. 의문 보충어
 b. **Why animals eat some plants and not others** these odors may give clues to.
(37) a. She didn't doubt **that he'd left England**. That 보충어
 b. **That he'd left English** she didn't doubt.
(38) a. The company, **which is based in Tokyo**, is 90% owned by NEC, Hitachi and Mitsubishi Electric. 축약 관계절
 b. **Based in Tokyo,** the computer is 90% owned by NEC, Hitachi and Mitsubishi Electric.

전치 현상은 주로 세 가지 이유로 사용된다. 화자가 전치요소를 강조하고, 이전에 언급된 정보를 잘 유지하면서, 두 요소들의 대조 사항을 강조하거나 새로운 주제나 화제 전환을 유인하고자 할 때이다.

먼저 특정 요소를 강조하기 위해 전형적인 어순을 위배하면서 이 특정 요소를 문두로 이동시킴으로써 형성된다. (39)에서 전치된 지시대명사는 이전 문장에서 이미 언급된 어떤 것을 강조하는 역할을 하고 있다. 이와 동시에 이런 전치 현상은 구정보를 신정보 앞에 놓이게 해서 보다 긴밀하게 문장을 연결하고 있다.

(39) I work outside in the fresh air, which I really enjoy, and I don't have anyone telling me what to do every minute. **That** I also like.

(40a)에서 보충어 역할을 하는 의문절을 전치시키는 것이 (40b)처럼 정상적인 어순일 때보다도 내용을 더욱 강조하는 효과를 갖게 된다.

(40) a. **Why Americans remember the past** Japanese in the future will understand.
 b. Japanese in the future will understand **why Americans remember the past**.

두 번째로, 대조를 강조하는 기능을 들 수 있다. 화자가 두 개의 요소 사이에 존재하는 대조 사항을 강조하고, 또한 그 요소들을 강조하기 위해 전치 현상을 사용한다. (41)에서 화자는 대조되는 두 개의 명사구를 전치 이동시켜서 이 대조 내용을 강조하고 있다. (42)는 대조되는 두 요소가 형용사구이다.

(41)　　**Some things** you misremember, and **other things** shimmer and divide up.
(42)　　**Pretty** they aren't, but **affordable** they are.

세 번째로 주제를 도입하거나 주제를 전환하기 위해 사용한다. (43)에서 전치된 요소는 축약 관계절 형태인데, 이는 신문 사설의 주제(topics)를 도입하는 효과를 가져온다. 여기에서 저자는 전치된 축약 관계절을 사용해서 심각한 문제를 눈에 띄게 만드는 효과를 얻게 된다.

(43)　　**Racked by drug scandals, rider departures, team withdrawals, and fighting among the leaders of the sport**, the 94th Tour de France ended Sunday as one of the most tumultuous races in the event's history.

24.4　도치현상 (Inversions)

도치현상은 전치 현상(Fronting)처럼, 특정한 요소를 문두의 눈에 띄는 자리로 이동시키고, 이와 동시에 주어가 동사 다음으로 이동하게 된다. (44)처럼 특정 요소 *driven out of office*를 문두 위치로 이동시키고, 이와 더불어 주어인 *Senator Johnson*이 동사 *is*뒤로 이동하게 된다.

(44)　　a. Senator Johnson is **driven out of office**.
　　　　b. **Driven out of office** is Senator Johnson.

이때 얻게 되는 효과는 문장의 마지막에 위치하고 있는 도치된 주어가 문두로 이동된 구성 성분과 더불어 함께 강조되는 것처럼 보인다. (44b)에서 주어는 새로운 정보이다.

1. 어휘적 도치현상(Lexical Inversions)

이 도치현상은 세 가지 유형으로 세분되는데, 이는 어휘적(lexical), 문체적(stylistic), 정보 패키징(information packaging) 도치이다. 먼저 어휘적인 도치를 살펴보면, 이는 하나의 특정한 단어가 만들어내는 도치현상이다. (45)처럼 상당히 적은 수의 장소 부사들(*here, there, yonder* 등)이 만들어낸다.

(45)   a. **Here** come the bus!
       b. **There** goes my last dollar!

(45)는 *the bus are coming, my last dollar is passing by*의 의미를 각각 표현하고 있다. 이런 의미는 *The bus come here! My last dollar goes there*라는 문장에서 나오지 않는다. 또한 이런 유형의 도치를 만드는 동사도 수에서 극히 제한된다. *go, come, be, lie*와 같은 동사만이 가능하다.

(46)   a. *Around come the cops!
       b. *There speeds another SUV.

두 번째는 ***never, seldom, rarely, not often, only***와 같은 부정적 의미를 가지는 부사가 도치현상을 만들어낸다. 이런 부사로 시작하는 문장은 주어-동사 도치현상이 형성된다.

(47)   a. **Never** have I been so humiliated.
       b. **Seldom** have I come across such abusive reviews.
       c. **Only with** difficulty was she able to hold back the tears.

세 번째는 ***not only, neither, nor, so, as*** 와 같은 어휘적인 요소가 주어-도치현상

을 만들어 낸다.

(48) a. **Not only** had it removed Russia from the war, but its call for international revolution combined with an increase in working-class militancy at home.
b. A: I don't want to die, baby.
   B: **Neither** do I.
c. These men moved the world, and **so can** we all.
d. You clearly have your own ideals, **as do** I/ **as** I do.

2. 스타일상 도치 (Stylistic Inversions)

어휘적 도치현상에서 특정한 단어를 문두 위치로 옮김으로써 주어 동사의 도치현상이 반드시 일어나게 된다. 반면 문장 패턴의 스타일상 도치현상을 만들어내는 것으로는 가정법의 조건문장에 *if*를 생략하는 패턴이 있다.

(49) a. **Had** Mr. Bhuiyan been shot with one, he would have died instantly.
b. **Were** I to fall in love, indeed, it would be a different thing!
c. **Should** I ever choose to run for public office I would not support any law which allows abortion under any circumstance.

3. 정보 패키징 도치현상 (Information Packing Inversions)

이 도치유형의 주 목적은 어떤 내용을 효과적으로 전달하는데 적합한 방식으로 문장의 정보를 꾸리거나 배분하는 것이다. 특히 (50)과 같은 구어체에서, 이 유형의 도치현상을 발견할 수 있다. (50)은 스포츠 중계 아나운서가 진행되고 있는 게임을 묘사하고 있는데, 도치현상을 이용해서, 동사를 먼저 앞부분에 두게 되면 뛰고 있는 선수를 정확하게 확인하기 위해 필요한 시간을 더 벌 수 있는 효과를 거두게 된다.

(50) a. **Down with the ball** comes Jennings.
b. **Into the game for New Trier West** is Donncha Lyan.
c. **Trying to save it** was Shelly Hansen.

문어체에서의 이 도치현상은 신문기사에서 흔히 발견되는데, 이 도치현상이 신정보를 구정보와 연결시키는 정교한 수단이 되기 때문이다. 만일 주어가 복잡하고 긴 표현이 나타나게 되면, 앞에 있는 문장과 문맥이 이어지는 것이 부자연스러울 수 있는데, 이때 주어와 동사의 위치를 바꾸게 되면 이런 부자연스러움을 회피할 수 있게 된다.

(51) a. Investigators were at the scene of the crash by ten o'clock. **Dead were the pilot, Ralph Halsott, 29, Kankakee, Ill.; and two passengers, Susan Galston, 43, Milwaukee, Wis.; and William Johnson, 52, Chicago, Ill.**

   b. The committee members argued about the bill late into the evening hours. **At issue was section 405, which appeared to be an attempt to weaken the Controlled Substances Act.**

   c. Investigators were at the scene of the crash by ten o'clock. **The pilot, Ralph Halsott, 29, Kankakee, Ill.; and two passengers, Susan Galston, 43, Milwaukee, Wis.; and William Johnson, 52, Chicago, Ill.,were dead.**

이렇게 도치현상이 일어나면, 무거운 신정보를 문장 마지막에 둠으로써, 이전 문장과의 연결을 부드럽게 유지시킬 수 있다. 이 효과는 (51a)와 (51c)를 비교해보면 보다 명확해질 수 있다.

세 번째 효과는, 이 도치현상이 앞서 기술된 것과 관련된 요점을 강조하는 기능을 한다는 것이다. (52)는 형용사구가 도치되어 있다. 형용사 도치를 통해서 *far more serious* 다음에 오게 되는 신정보의 중요성을 보다 강조하는 효과를 갖게 된다. 이 도치현상은 한 단락 내에서 주제 변경(topic shift)을 의미하게 된다.

(52) Reports show that many passengers sustain trauma to the body and broken limbs in this type of roll-over accident. **Far more serious** are the severe head injuries that cause bruising of the brain.

네 번째는, 새로운 주제를 도입할 목적으로 현재 분사나 과거 분사로 시작하는 문장 형식을 만드는 도치현상을 사용한다.

(53) **Complicating the White House calculus is soaring hostility on Capitol Hill, which some officials call "off the charts."** Congress has largely deferred to the president's foreign policy priorities, but China is one area where legislators are demanding a change of course, particularly on trade.

마지막으로 도치현상은 독자들에게 눈앞에 펼쳐진 행동을 직접 목격하고 있는 효과를 제공하기 위해서도 사용되었다.

(54) Ludo is conscientious. He bends closely to his work. He unscrews the plate and removes it from the door. Behind the plate is a chiseled cavity. Inside the cavity is a polythene bag. **Inside the bag are several smaller bags. Inside each of them is a...**

24.5 강화사 전치 (Intensifier Fronting)

위에서 기술한 전치 유형들 이외에 명사구 내부에서 발생하는 강화사 전치가 있다. 영어의 강화사 표현 *much, somewhat, enough, less* 등이 명사를 수식할 때, (56)의 명사구 내부에 있던 강화사가 명사구 밖으로 이동하여 (55)처럼 명사구 앞에 위치됨으로써 형성되는 구문이다. 이 전치 현상에서 얻어지는 효과는 (56)의 명사표현을 보다 강화하는 의미를 얻는 것이다. (55)에서 명사구는 각각 명사구표현의 전형적 의미를 나타내고, 전치된 강화사의 수식을 받은 전체 명사구는 그 전형적인 명사들보다 훨씬 좋거나 훌륭한 또는 엉망인 속성을 가진 대상을 지시하는 효과를 가진다.

(55) a. This is too much of a headache to bother with.
b. He's more of a fool than I thought.

    c. Mary is still very much of a child.
    d. I need more of an expert for that job.
(56) a. This is a too much headache to bother with.
    b. He's a more fool than I thought.
    c. Mary is still a very much child.
    d. I need an more expert for that job.

■ 연습문제 24.1

다음 문장에서 이탤릭으로 된 구성 성분을 분열 문장으로 변경시키시오.

a. You find this thing *in the rock*.
b. Gorbachev accepted defeat *with characteristic grace*.
c. She loved *making Middle Eastern food*.
d. More than a decade ago, we predicted *that genetically modified crops would cause environmental problems*.
e. I still don't understand *how you're here*.

■ 연습문제 24.2

다음 문장을 각 상황에 맞게 도치된 문장으로 변형하시오.

a. Can you do me a favor? A new book that has not been sent today is in my room.
b. Our dinner comes out.
c. Theresa Olson, an ardent, if eccentric, public defender who believed in the boys innocence was representing Sebastian.
d. You will seldom find consistent catches at depths below 20 feet.

참고문헌(References)

Akmajian, A. 1977. 'The complement structure of perception verbs in an autonomous syntax framework', in Culicover, Wasow, & Akmajian, 427-460.

Allan, K. 1980. 'Nouns and countability', *Language 56*, 541-567.

Allan, K. 1986. 'Interpreting English comparatives', *Journals of Semantics 5*, 1-50.

Aarts, B. 1989. 'Verb-Preposition Constructions and Small Clauses in English', *Journal of Linguistics*, 25.2, 277-90.

_____. 2012. *Small Clauses in English: The Nonverbal Types* (Vol. 8).

_____. 1995. 'Secondary Predicates in English', in: Aarts, B. and Meyer, C. F., *The Verb in Contemporary English: Theory and Description,* Cambridge University Press, 75-101.

Baker, C. 1995. *English Syntax*, 2nd edition, Cambridge, MA: MITPress.

Bellert, I. 1977. 'On semantic and distributional properties of sentential adverbs', *Linguistics Inquiry 8*, 337-351.

Binnick, R. 1991. *Time and the Verb*, Oxford University Press.

Birner, B. & G. Ward. 1998. *Information Status and Noncanonical Word Order in English,* Amsterdam: John Benjamins.

Bolinger, D. 1971. *The Phrasal Verb in English*, Cambridge, MA: Harvard University Press.

_____. 1972. *Degree Words*, The Hague: Mouton.

Bresnan, J. 1973. 'Syntax of the comparative clause construction in English', *Linguistic Inquiry 4*, 275-343.

Coates, J. 1983. *The Semantics of the Modal Auxiliaries*, London: Croom Helm.

Collins, P. 1991. *Cleft and Pseudo-cleft Constructions in English*, London: Routledge.

Comrie, B. 1976. *Aspect,* Cambridge University Press.

_____. 1985. *Tense,* Cambridge University Press.

Declerck, R. 1991. *Tense in English: Its Structure and Use in Discourse*, London: Routledge.

Delin, J. 1995. 'Presupposition and shared knowledge in it-clefts', *Language and Cognitive processes 10*, 97-120.

Dixon, R. 1991. *A New Approach to English Grammar, on Semantic Principles*, Oxford: Clarendon Press.

Dowty, D. 1991. "Thematic proto-roles and argument selection', *Language 67*, 547-619.

Duffley, P & Peter J. Enns. 1996. 'Wh-words and the infinitive in English', *Lingua 98*, 221-242.

Erdmann, P. 1976. *'There' Sentences in English,* Munich: Tudov.

Ernst, T. 2001. *The Syntax of Adjuncts*, Cambridge University Press.

Gazdar, G. 1981. 'Unbounded dependencies and coordinate structure', *Linguistic Inquiry 12*, 155-184.

Gazdar, G., Ewan K., Geoffrey K. Pullum & Ivan A. Sag. 1985. *Generalized Phrase Structure Grammar,* Oxford: Basil Blackwell; and Cambridge, MA: Harvard University Press.

Goldberg, A. 1991. 'It can't go up the chimney down: paths and the English resultative', *Proceedings of Annual Conference of Berkeley Linguistics Society 17:* 368-78.

_____. 1992. 'The inherent semantics of argument structure: the case of the English ditransitive construction', *Cognitive Linguistics* 3(1): 37-74.

_____. 1995. *Constructions: A Construction Grammar Approach to Argument Structure*. Chicago, IL: University of Chicago Press.

_____. 1998. 'Semantic principles of predication', in J-P. Koenig. (ed.), *Discourse and Cognition: Bridging the Gap.* CSLI Publications, Stanford, CA: Stanford University, 41-54.

_____. 2001. 'Patient arguments of causative verbs can be omitted: the role of information structure in argument distribution', *Language Sciences 23*, 503-24.

_____. 2005. 'Constructions, lexical Semantics and the correspondence principle: accounting for generalizations and subregularities in the realization of arguments', in N. Erteschik-Shir and T. Rapoport (eds.), *The Syntax of Aspect.* Oxford: Oxford

University Press.

_____. 2006. *Constructions at Work: The Nature of Generalization in Language.* Oxford: Oxford University Press.

Goldberg, A and R. Jackendoff. 2004. 'The resultative as a family of constructions', *Language 80*(3), 532-68.

Grosu, A. 2006. An amalgam and its puzzles. *Between, 40.*

John Hawkins. 1991. 'On (in)definite articles', *Journal of Linguistics 27*, 405-442.

Hawkins, R. 1981. 'Towards an account of the possessive constructions: NP's N and the N of NP', *Journal of Linguistics 17,* 247-269.

Heim, I. 1982. *The Semantics of Definite and Indefinite Noun Phrases.* PhD dissertation. Amherst, MA: University of Massachusetts.

Higgins, R. 1973. *The Pseudo-Cleft Construction in English.* PhD dissertation, MIT.

Hill, L. A. 1968. *Prepositions and Adverbial Particles: An Interim Classification, Semantics, Structural and Graded*, Oxford University Press.

Hirschbuhler, P. 1985. *The Syntax and Semantic of Wh-constructions,* New York: Garland

Huddleston, R. 1984. *An Introduction to the Grammar of English*, Cambridge: Cambridge University Press.

Huddleston, R. 1994. 'The contrast between interrogatives and questions', *Journal of Linguistics 30,* 411-439.

Jackendoff, R. 1972. *Semantic Interpretation in Generative Grammar.* Cambridge, MA: MIT Press.

_____. 1975. 'Morphological and semantic regularities in the lexicon', *Language 51*: 639-671.

_____. 1983. *Semantics and Cognition.* Cambridge, MA: MIT Press.

_____. 1985. 'Multiple subcategorization and the theta-criterion: the case of Climb', *Natural Language and Linguistic Theory 3*, 271-95.

_____. 1990. *Semantic Structures.* Cambridge, MA: MIT Press.

_____. 1995. 'The boundaries of the lexicon', in M. Everaert, E.J. Van der Linden, A. Schenk, and R. Schreuder (eds.), *Idioms: Structural and Psychological Perspectives.* New Jersey: Lawrence Erlbaum, 133-65.

_____. 1996. 'The proper treatment of measuring out, telicity, and perhaps even quantification in English', *Natural Language and Linguistic Theory 14*, 305-54.

Kamp, H. 1979. 'Events, instants, and temporal reference', in R. Ba¨uerle, U. Egli, and A. von Stechow (eds.), *Semantics from Different Points of View*. Berlin: Springer Verlag, 376-417.

Kim, J. and P. Sells. 2004. *English Syntax: An Introduction*. Stanford: CSLI Publications.

Klima, E. 1964. 'Negation in English', in Jerry A. Fodor & Jerrold J. Katz (eds.), *The Structure of Language: Readings in the philosophy of Language*, 246-323, Englewood Cliffs, NJ: Prentice-Hall

Kratzer, A. 1981. 'The notional category of modality', in H Eikmeyer et al. (eds.) *Words, Worlds and Contexts – New Approaches to Word Semantics*. Berlin: Walter de Gruyter, 38-74.

_____. 1991. 'Modality', in A. van Stechow and D. Wunderlich (eds.). *Semantics: An International Handbook of Contemporary Research*. Berlin: Walter de Gruyter, 639-50.

_____. 1996. 'Severing the external argument from its verb', in J. Rooryck and L. Zaring (eds.), *Phrase Structure and the Lexicon*. Dordrecht: Kluwer.

_____. 1998. 'More structural analogies between pronouns and tenses', in D. Strolovich and A. Lawson (eds.), *Proceedings of SALT VIII*. Ithaca, NY: CLC Publications, Cornell University.

_____. 2004. 'Telicity and the meaning of objective case', in J. Gu´eron and J. Lecarme (eds.), *The Syntax of Time*. Cambridge, MA: MIT Press, 389-423.

Ladusaw, W. 1980. *Polarity Sensitivity as Inherent Scope Relations*, New York: Garland

Lakoff, G. 1974. Syntactic amalgams. UC Berkeley.

Lambrecht, K. 1988. There was a farmer had a dog: Syntactic amalgams revisited. In *Annual Meeting of the Berkeley Linguistics Society* (Vol. 14, pp. 319-339).

_____. 1994. *Information Structure and Language Form*, Cambridge University Press.

Leech, G. 1987. *Meaning and the English Verb*, London: Longman.

Levin, B. 1993. *English Verb Classes and Alternations: A Preliminary Investigation*. Chicago, IL: University of Chicago Press.

_____. 2000. 'Aspect, lexical semantic representation, and argument expression', *Proceedings of the 26th Annual Meeting of the Berkeley Linguistics Society*, 413-29.

Levin, B. and Malka R. H. 1991. 'Wiping the slate clean: a lexical semantic exploration', *Cognition 41*, 123-51.

_____. 1992. 'The lexical semantics of verbs of motion: the perspective from unaccusativity', in I. M. Roca (ed.), *Thematic Structure: Its Role in Grammar*. Berlin: Foris, 247-69.

_____. 1995. *Unaccusativity: At the Syntax Lexical Semantics Interface*. Cambridge MA: MIT Press.

_____. 1999. 'Two structures for compositionally derived events', *SALT 9*, 199-223.

_____. 2005. *Argument Realization*. New York: Cambridge University Press.

Lyons, C. 1999. *Definiteness,* Cambridge University Press.

Mair, C. 1990. *Infinitival Complement Clauses in English: A Study of Syntax in Discourse*, Cambridge University Press.

McCawley, J. D. 1981. 'The syntax and semantics of English relative clauses', *Lingua 53*, 99-149.

Michaelis, L. A., &Lambrecht, K. 1996. Toward a construction-based theory of language function: The case of nominal extraposition. *Language*, 215-247.

Palmer, F. R. 1987. *The English Verbs*, 2nd edition, London: Longman.

Palmer, F. R. 1994. *Grammatical Roles and Relations*, Cambridge University Press.

Parsons, T. 1990. *Events in the Semantics of English, Cambridge*, MA: MIT Press.

Postal, P. M. 1974. *On Raising*, Cambridge, MA: MIT Press.

Prince, E. F. 1978. '*A comparison of wh-clefts and it-clefts in discourse'*, Language 54, 883-906.

Perlmutter, D. 1978. 'Impersonal passives and the unaccusative hypothesis', in *Proceedings of the Fourth Annual Meeting of the Berkeley Linguistic Society.* Berkeley, University of California, 157-89.

Pustejovsky, J. 1991a. 'The syntax of event structure', *Cognition 41*, 47-81.

_____. 1991b. 'The generative lexicon'*, Computational Linguistics* 17(4), 409-41.

_____. 1995. *The Generative Lexicon*. MIT Press.

Quirk, R., S. Greenbaum, G. Leech and J. Svartvik. 1985. *A Comprehensive Grammar of the English Language*, London: Longman.

Rappaport H. M. 2008. 'Lexicalized meaning and the internal temporal structure of events', in S. Rothstein (ed.), *Crosslinguistic and Theoretical Approaches to the Semantics of Aspect*. Amsterdam: John Benjamins, 13-42.

Rappaport H., Malka and B. Levin. 1998. 'Building verb meanings', in M. Butt and W. Geuder (eds.), The *Projection of Arguments: Lexical and Compositional Factors*. Stanford: CSLI Publications, 97-134.

_____. 1999. 'Two types of compositionally derived events', unpublished Ms. Bar Ilan University and Northwestern University, Ramat Gan, Israel and Evanston, IL.

_____. 2005. 'Change of state verbs: implications for theories of argument projection', in N. Erteschik-Shir and T. Rapoport (eds.), *The Syntax of Aspect*. Oxford, Oxford University Press, 274-86.

_____. 2007. 'Reflections on the complementarity of manner and result', handout, Zentrum fu"r Allgemeine Sprachwissenschaft. Berlin: Humboldt University.

Sag, I. 1997. 'English relative clause constructions', *Journal of Linguistics 33*, 431-483

Sag, I. & C. Pollard. 1991. 'An integrated theory of complement control', *Language 67*, 63-113.

Schachter, P. 1977. 'Constraints on coordination', *Language 53,* 86-103.

Talmy, L. 1975. 'Semantics and syntax of motion', in J. P. Kimball, (ed.), *Syntax and Semantics* 4. New York: NY Academic Press, 181-238.

_____. 1985. 'Lexicalization patterns: semantic structure in lexical forms', in T. Shopen (ed.), *Language Typology and Syntactic Description* vol. 3: Grammatical Categories and the Lexicon. Cambridge: Cambridge University Press, 57-149.

_____. 1991. 'Path to realization—via aspect and result'*, BLS 17*, 480–519.

_____. 2000. *Towards a Cognitive Semantics II: Typology and Process in Concept Structuring*. Cambridge, MA: MIT Press.

Wechsler, S. 2005. 'Resultatives under the event-argument homomorphism model of telicity', in N. Erteschik-Shir and T. Rapoport (eds.), *The Syntax of Aspect— Deriving Thematic and Aspectual Interpretation*. Oxford: Oxford University Press,

255-73.

Wilkins, W., ed. 1988. *Syntax and Semantics 21: Thematic Relations*, New York: Academic Press.

Dictionaries

Cambridge International Dictionary of English (1995), ed, in-chief Paul Procter, Cambridge University Press.

Collins COBUILD English Grammar (1990), London: Collins.

Collins COBUILD English Language Dictionary (1995), ed, John Sinclair, New York: Harper-Collins.

Merriam-Webster's Dictionary of Contemporary English Usage (1994), Springfield, MA: Merriam-Webster.

Data Resources:

Global Web-Based English (GloWbE)

Corpus of Contemporary American English (COCA)

Corpus of Historical American English (COHA)

TIME Magazine Corpus

Corpus of American Soap Operas

British National Corpus (BYU-BNC)

|추천해답|

제1장

- 연습문제 1.1

  1. a. suddenly: adjunct / to the gate: complement
     b. if he'll be safe: complement
     c. the dog: complement: complement / whatever you say: adjunct
     d. the cat / out: complements
     e. for you: complement.
     f. in the sea: complement / even though it was raining: adjunct

  2. 다음 예문에서 주어를 찾고 그것이 주어라고 판단하는 근거를 제시하시오.
     a. Pat: 첫 번째 위치한 명사　　b. today: 3인칭 단수 주어
     c. the crazy dog: 달리는 주체가 됨　d. it: 3인칭 단수 주어
     e. Dan: 수동태의 주어

  3. a. that summer: 타동사 enjoy의 목적어
     b. that summer: 자동사 work의 부가어
     c. a very long time: 자동사 fast의 부가어
     d. a very long time: 타동사 waste의 목적어
     e. an amazingly bad film-make: 술어적 보어
     f. an amazingly bad film: 타동사 screen의 목적어

제2장

- 연습문제 2.1

a. accomplishment	b. stative	c. accomplishment
d. achievement	e. achievement	f. achievement

g. accomplishment   h. achievement

제3장

- 연습문제 3.1   clause

- 연습문제 3.2
    a. Tim
    b. Ryan or Emily
    c. George Bush
    d. Celia or my grandmother
    e. the woman

- 연습문제 3.3
  1번과 5번은 동일의미.
  2. (a) Mary told Alice all about someone else.
     (b) Mary told Alice about Alice or about Mary.
  3. (a) John and Fenske both felt that they were to blame.
     (b) John blamed Fenske and Fenske blamed John.
  4. (a) John sent Fred a picture of either John or Fred.
     (b) John sent Fred a picture of someone else.

- 연습문제 3.5
  *추천 해답: ①, ②

제4장

- 연습문제 4.1
    a. ungrammatical: the tenth student   b. grammatical
    c. ungrammatical: one more piece of   d. ungrammatical: half the size
    e. ungrammatical: two pieces of furniture

- 연습문제 4.2
    a. this guy: new information
    b. this summer indicates now.
    c. this wonderful: the book이 화자에게 high relevance가 있다는 것을 의미
    d. that theoretical fatalism은 개념을 정의하는데 사용.

- 연습문제 4.3
    a. They said that we must all do what we can to that effect.
    b. My colleagues both say that we hardly ever see female pedophiles.
    c. The girls each carried a large willow basket down through the green meadow, into the brush.
    d. They are trying to find them all.
    d. He had only one day to visit his relatives in Montreal, but he managed to visit them all.
    e. The candidate has each been claiming that the other candidate has been running a negative campaign.

제5장

- 연습문제 5.1
    a. 현장에 대상이 존재   b-d. 대용어적 용법   e. 관계절 사용
    f. 문맥상 관련어   g. 기수   h. that-절

- 연습문제 5.2
    a. 직업상의 직급 다음에 오는 이름은 관사를 취하지 않으므로 the Docotor Billy는 오류
    b. 오류 없음. 미국 영어에서 기관의 의미를 가진다면 무관사 university라고 해야 함.
    c. 무가산 명사는 관사를 취하지 않으므로 information이어야 함.
    d. 오류 없음.
    e. 오류 없음. 미국 영어에서 기관의 의미를 가진다면 무관사 hospital이어야 함.

f. 여기에서 class는 기관의 의미를 가지기 때문에 무관사
　　g. 오류 없음.
　　h. 오류 없음. 교통수단을 나타낼 경우 무관사이므로 by electronic mail 이어야 함.
　　i. 무가산 명사이므로 homework여야 함.

제6장

- 연습문제 6.1
(i)의 'rarely'는 frequency adverb type(빈도 부사), (ii)의 'slowly'는 manner adverb type(태도부사)이다.

- 연습문제 6.2
　　a. enormously = degree adverb　　b. additionally = connective adverb
　　c. kind of = hedge　　　　　　　　d. rarely = frequency adverb
　　e. wisely = stance adverb　　　　　f. typically = stance adverb
　　g. slowly = manner adverb　　　　　h. deliberately = act-related adverb
　　i. now = time adverb　　　　　　　 j. only = restrictive adverb

- 연습문제 6.3
　　a. 문법적　b. 비문법적 (asleep은 술어적으로만 사용)
　　c. 문법적　d. 비문법적 (ill은 술어 위치에만 나타날 수 있는 건강관련 용어)
　　e. 문법적

제7장

- 연습문제 7.1
1. a. 명사구　b. 절　c. 동명사구　d. 명사구　e. 명사구
2. a. My friend and I cannot agree on for whom we think Azhar Mahmood is playing at the moment.
　　b. With what am I supposed to cut this thing?
　　c. He's the man to whom I showed the photo.

d. The place to what we're going is so informal they don't have table cloths.

e. It was the only proposal with which every department member agreed.

3. a. What circumstances has Bill Clinton lied in the past under?

   b. What year did you first come to live in the US in?

   c. He came to the bed which Goldilocks had been sleeping in.

   d. I think he is a good, decent person whom I disagree with.

   e. We've got to create a situation which al Qaeda is not coming back in.

- 연습문제 7.2

    a. with = instrumental   b. at = goal
    c. off = source, onto = goal   d. in = fixed static location
    e. by = static location   f. to=goal, through=intermediate location
    g. with = comitative   h. with = instrumental

- 연습문제 7.3

    a. **A brick** smashed the window. : instrument
    b. They expected **the ship** to sink.: theme
    c. David opened **the door** slowly.: theme
    d. Bob cut the tree with **a saw**.: instrument

제8장

- 연습문제 8.1

    a. could = possibility   b. must = minimal requirement
    c. should = inferred probability   d. should = inferred probability
    e. should = advice   f. mustn't = necessity/obligation
    g. should = inferred probability   h. should have = reproach/reprimand
    i. must = necessity/obligation

- 연습문제 8.2

    a. gotta = inferred probability   b. oughta = advice

c. has to = inferred probability   d. 'd better = advice
e. 've gotta = necessity/obligation   f. need = necessity
g. have to = necessity/obligation   h. dare = advice
i. ought to = inferred probability   j. supposed to = obligation
k. 'd best = advice   l. will = volition
m. (potential) ability   n. can't = admonition
o. couldn't have = possibility   p. may not = permission
q. can't = disbelief   r. might = suggestion
s. could = ability   t. can = possibility
u. might have = criticism   v. could = possibility

- 연습문제 8.3
    a. i) 그가 그녀에게 말했을 리가 없다 (It isn't necessarily the case that he told her).
        ii) 그가 그녀에게 말해야 할 필요는 없었다 (He didn't have to tell her).
    b. i) 그가 그녀를 죽였을 것이다 (It might be that he killed her).
        ii) 그가 그녀를 죽였음에 틀림없다 (His killing her was a possible but unactualized consequence of what he did).

- 연습문제 8.4
    a. would = regular action in the past   b. shall = volition
    c. would = regular action in the past   d. would = hypothetical result
    e. 'd = inferred probability   f. shall = suggestion
    g. 'm going to = planned action, 'll = prediction
    h. would = future from the perspective of the past.

제9장

- 연습문제 9.1
    1) 비문법적 (습관적 행동에는 진행형을 사용하지 않는다)
    2) 비문법적 (반복의 의미가 도출되지 않는 성취 동사의 진행형은 허용되지 않는다)

3) 문법적
4) 비문법적 (과거 진행형은 동작의 시작점을 나타내는 부사구와 함께하지 않는다)
5) 비문법적 (현재 진행형은 단순 현재형으로 수정해야 함)
6) 문법적
7) 비문법적 (현재 시제는 확정적인 미래 사건을 기술하는데 사용되지 않는다)
8) 현재완료시제, 문법적
9) 현재완료시제, 문법적
10) 현재완료시제, 비문법적 (last Tuesday와 같은 시간의 부사구와 현재완료는 함께 나타나지 않음)
11) 단순 과거 시제, 비문법적 (주절의 행동이 종속절의 행동 이전에 발생한 것이기 때문에 과거 완료가 사용되어야 함)
12) 단순 과거 시제, 비문법적 (과거완료가 사용되어야 함)
13) 단순 과거 시제, 문법적
14) 미래 완료 시제, 문법적
15) 미래 시제, 문법적
16) 비문법적 (접속사 as soon as로 연결되었을 때, 완성 동사가 실현되어 있는 종속절의 행동이 먼저 이루어진 이후에야 주절의 행동이 가능하므로, 종속절이 단순과거가 아니라 과거 완료형 (had discussed)이 되어야 한다.
17) 문법적 (접속사 as soon as로 연결되었을 때, 성취 동사가 실현되어 있는 종속절의 행동과 주절의 행동이 동시에 일어나는 것이 가능하므로, 종속절이 단순 과거여도 좋다.
18) 비문법적 (첫 번째 절의 동사시제가 과거완료 진행형으로 변경되어야 두 번째 절의 과거에 진행되고 있는 행동의 종료점을 나타낼 수 있게 된다). 예를 들면, She had been studying for over four hours…
19)-21) 모두 문법적
22) 비문법적 (첫 번째 절의 동사시제는 미래완료 진행형으로 변경되어야 for about 18 hours라는 지속 기간을 표현하는 전치사구와 일치하게 된다). 예를 들면, He will have been traveling for about 18 hours…

- 연습문제 9.2
  1. (a)는 금방 발생할 행동을 표현하는 반면, (b)는 미래에 계획된 행동을 표현

2. (a)는 진행되고 있거나 미래에 계획된 행동을 표현하는 반면, (b)는 미래에 발생할 행동을 표현
3. (a)는 과거에 발생한 행동을 표현하는 반면, (b)는 과거에 반복적으로 발생한 행동을 강조
4. (a)는 일상적인 행동을 표현하는 반면, (b)는 평소와는 다른 변화된 행동을 표현
5. (a)는 미래 행동과 지속 기간을 표현하는 반면, (b)는 적어도 3년 동안 반복적으로 지속될 행동을 표현
6. 문장 (a)는 늦은 사람이 도착해서 사과할 때 하게 되는 표현이면, 반면 (b)는 늦었던 사람이 어떤 사람이 도착하기 이전까지 얼마나 오랫동안 기다렸는지를 알고 싶어할 때 (다소 늦은 시점에서) 언급되는 문장이다.
7. 문장 (a)는 의문문 속에서 표현되지 않은 과거의 다른 동작과 관련되어 있는 과거에 진행되고 있는 동작을 기술하는 반면, (b)는 언급되고 있는 사람이 아직 런던에 살고 있다는 것을 의미한다.
8. 문장 (a)는 (b)에서 나타나 있지 않은 진행되고 있는 동작의 의미를 강조한다.
9. 문장 (a)는 최근에 완료된 동작을 기술하는 반면, (b)는 아직 완료되지 않은 동작의 진행되고 있는 특징을 강조한다.

제10장

- 연습문제 10.1
    a. dry up = ergative
    b. came upon = inseparable transitive
    c. made up = separable transitive
    d. hand out = separable transitive
    e. got away = pure intransitive
    f. break up = paired ergative
    g. stringing along = permanently separated transitive
    h. getting together = pure intransitive
    i. figured out = phrasal verb
    j. comment on = prepositional verb
    k. getting over = phrasal verb

l. catching on = phrasal verb

m. getting down = phrasal verb

n. be aware of = a construction that looks like a prepositional verb

o. listened to = a prepositional verb

p. scrub the pot clean = a construction that looks like a prepositional verb

q. do away with = a phrasal prepositional verb

r. broke out = intransitive phrasal verb

s. looks down on = a phrasal prepositional verb

제11장

- 연습문제 11.1

    [1] 여격이동규칙 적용: a, c, g

    [2] 여격이동규칙 미적용: b, d, e, f

제12장

- 연습문제 12.1

    1. (a) active with a predicate adjective structure, (b) passive
    2. (a) ambiguous, (b) possibly ambiguous but most likely a passive
    3. (a) predicate adjective structure, (b) passive
    4. (a) ambiguous, (b) passive

- 연습문제 12.2

    (a) type: a, c, d

    (b) type: b, e, f

제13장

- 연습문제 13.4

    a. 비문법적 (*much*는 부정극어, He doesn't visit his daughters much)

    b. 문법적

c. 비문법적 (*yet*은 부정극어, I haven't read the magazine yet)

d. 문법적

e. 비문법적 (*some*은 긍정극어, There aren't any strawberries in the bowl)

- 연습문제 13.5

1. a. He had not told both the boss and her secretary.

   b. We don't have anywhere to hide.

   c. They were not impressed by any of the candidates.

   d. I didn't see anyone on the road

   e. We're not taking any of them with us.

2. a. *Not*은 *to call* 앞에 나타나야 하지만, 많은 원어민들은 *to not call*도 선호한다. 따라서 이 문장은 두 가지 모두 가능하다고도 할 수 있다.

   b. 문법적

   c. 문법적

   d. 문법적 (의미는 You must take the exam)

   e. 비문법적 (not이 thinking 앞에 위치해야 한다)

3.1 문장 (a)는 그녀가 일부러 경찰에게 정보를 숨기지 않았다는 의미인 반면, (b)는 경찰에게 정보를 일부러 숨긴 것은 아니라는 의미이다. 즉, (a)는 숨기지 않았고, (b)는 숨겼다는 의미이다.

3.2 문장 (a)는 그녀가 이메일 메시지 모두를 삭제했다. 그렇지만 그것을 일부러 하지는 않았다는 의미이다. 반면 문장 (b)는 그녀가 이메일 메시지 모두를 일부러 삭제하지 않았다는 의미이다.

4.1 이 문장은 (a)와 (b)가 동일한 의미를 가진다. 물론 영어화자는 negative raising을 겪은 (b)를 선호하는 경향이 있긴 하다.

4.2 이 두 문장은 의미가 다르다. 주절 동사 understand가 negative raising을 허용하지 않기 때문이다. (a)는 그녀가 어떤 것을 이해했다는 의미인 반면, (b)는 그녀가 이해하지 못한 것이 그가 실제로 오기를 원했는가라는 것이다.

4.3 이 문장은 의미가 동일하다.

제15장

- 연습문제 15.1
  - a. negative yes/no question
  - b. elliptical yes/no question
  - c. declarative yes/no question
  - d. same polarity tag question
  - e. wh-question
  - f. alternative question
  - g. eco question
  - h. display question

제16장

- 연습문제 16.1
  - a. 문법적
  - b. 비문법적 (동사 is가 characters와 수에서 일치하지 않는다)
  - c. 비문법적 (동사 is가 ways와 수에서 일치하지 않는다)
  - d와 e는 문법적

- 연습문제 16.2
  - (가) 통사적 측면: tag-question의 경우 반드시 문장의 주어+ 조동사가 '조동사+주어'의 순서로 tag-question의 문미에 올 수가 있다. 따라서 (4a)의 경우는 there가 주어 자리에 올 수 있는 유도 부사(non-referential there)로 subject position 에 위치하므로 문미에 ---, won't there?로 tag-question에 사용 가능하므로 정문이다. 반면에, (4b)의 경우 here는 주어 자리에 올 수 있는 유도 부사가 아니고 문장의 주어도 아니다. 따라서 tag-question을 만들 때 절대로 here가 tag-question문미에 '조동사-주어' 자리에 올 수가 없다. 따라서 (4b)는 비문이다.
  - (나) 의미론적 측면: (3,4)에 사용되는 there는 의미론적으로 semantic meaning (lexical meaning)을 갖는 않는 허사(expletive; non-referential)로 만 사용되지만, (3,4)에 나오는 here 는 lexical meaning을 갖는 어휘로서 부사류(adverbial)에 속한다.

제17장

- 연습문제 17.1
    a. OP relative clause
    b. POS relative clause
    c. O relative clause
    d. S relative clause
    e. OP relative clause
    f. OC relative clause
    g. IO relative clause
    h. POS relative clause
    i. POS relative clause
    j. adverbial relative clause
    k. definite free relative clause
    l. definite free relative clause
    m. indefinite free relative clause

- 연습문제 17.2

    a와 c는 yes

    b. no (외치현상은 관계절 who must have been three feet tall을 a giant 다음으로 이동할 수 있고, 이것이 문장의 의미를 변화시킬 것이다.)

    d. no (외치현상은 관계절 who was pregnant를 her sister 다음으로 이동시킬 수 있고, 이것이 문장의 의미를 변화시킬 것이다)

    e와 f는 yes

- 연습문제 17.3

    a. The government has to find new land on which to build.
    b. We are perceived as a good bank to put your money in.
    c. This should have been a happier place to which to come back.
    d. Goldberg will find a place to stay.
    e. He's creating another lake to put all the other islands and lakes and islands in.

- 연습문제 17.4

    a. 문법적
    b. 비문법적 (비제한 관계절은 any + 명사를 수식할 수 없다)
    c. 비문법적 (제한적 관계절은 고유명사를 수식할 수 없다)

d. 비문법적 (비제한 관계절은 컴마가 있어야 한다)

e. 비문법적 (비제한 관계절은 누적될 수 없다)

제18장

- 연습문제 18.1

    a. future conditional
    b. inference conditional
    c. habitual conditional
    d. generic conditional
    e. inference conditional
    f. inference conditional
    g. inference conditional
    h. future conditional
    i. future conditional
    j. inference conditional
    k. hypothetical conditional
    l. hypothetical conditional
    m. hypothetical conditional
    n. counterfactual conditional
    o. counterfactual conditional
    p. hypothetical conditional
    q. hypothetical conditional
    r. hypothetical conditional

제19장

- 연습문제 19.1

    a. yes (It is a great honor to be one among a hundred.)

    b. yes (It would be outrageous for the prisoners to escape the death penalty when the others had been hanged.)

    c. no (동명사 주절은 외치되지 못한다)

    d. yes (It was unknown to us how they communicated with one another.)

    e. yes (It surprises many conservatives that the Senator's suspicions are not groundless.)

- 연습문제 19.2

    a. no (Happen은 외치 형태로만 쓰이는 동사이다)

    b. yes (To solve cat-related problems in the long term is really quite easy.)

    c. no (Appear은 외치 형태로만 쓰이는 동사이다.)

    d. yes (That assistance is coming by lots of U.N. agencies, lots of countries is obvious.)

　　e. no (seem은 외치형태로만 나타나는 동사이다.)

- 연습문제 19.3

a. subject raising	b. subject raising	c. tough movement
d. subject raising	e. subject raising	f. tough movement
g. tough movement	h. be+willingness	

- 연습문제 19.4

  1. 두 문장은 동일하다. be + willingness/ability adjective + infinitive clause
  2. 두 문장은 다르다. (a)는 subject raising, (b)는 be + willingness/ability adjective + infinitive clause
  3. 두 문장은 다르다. (a)는 tough movement, (b)는 be + willingness/ability adjective + infinitive clause
  4. 두 문장은 다르다. (a)는 be + willingness/ability adjective + infinitive clause, (b)는 subject raising
  5. 두 문장은 동일하다. be + willingness/ability adjective + infinitive clause

제20장

- 연습문제 20.1 동음 이의어와 구조 모두가 중의성의 원인이다.

  a. Mary saw a ring fixed through John's nose.
  b. Mary saw John's nose to form into a ring.

- 연습문제 20.2

  1. yes
  2. no. (a)는 type 2 (want verb) complement이고 (b)는 type 1 (persuade verb) complement
  3. no. (a)는 type 1 complement, (b)는 type 2 complement
  4. no. (a)는 type 1 complement, (b)는 type 2 complement
  5. no. (a)는 type 3 (believe verb) complement이고, (b)는 type 2 complement

- 연습문제 20.3
    a. 비문법적 (believe 다음에 있는 명사구가 to be 앞에 위치해야 한다.)
    b. 비문법적 (believe 다음에 있는 명사구가 to be 앞에 위치해야 한다.)
    c와 d는 문법적
    e. 비문법적 (임명하는 동사 appoint는 그 직무를 명명하는 명사구 앞에 위치해야 한다.)
    f. 비문법적 (동사 caught가 동명사 보충어 앞에 목적어 NP를 취한다),
    They caught her breaking into her apartment.
    g. 비문법적 (동사 risk가 동명사 보충어만을 취한다)
    They risked being late for dinner.
    h와 i는 문법적
    j. 비문법적 (동사 delay는 동명사 보충어만을 취한다)
    Ryan delayed calling 911 to buy time to cover up his crime.

제21장

- 연습문제 21.1
    1. (a) = purpose clause of avoidance   (b) = time clause
    2. (a) = reason clause   (b) = time clause
    3. (a) = result clause   (b) = purpose clause
    4. (a) = a concessive clause   (b) = time clause

- 연습문제 21.2
    a. As he was backing out of the press lot, John heard the refracted echo of field drums.
    b. As soon as/After she had delivered David Jr. by cesarean, she wasn't able to exercise at first.
    c. As she drove through the dark countryside, our car knocked and bumped over a deserted dirt road.
    d. Upon arriving at the majestic front gates, you will confront the dramatic vista of the Boulevard.

e. By inserting her fork in the pink-white meat of the back, she loosens entire chunks free of bones.

f. Because he knew that Deoul waited for an answer, she moved her gaze back to him.

g. If we assume that its wages remain low, China will then be poised to make more inroads into rich-country apparel markets.

제22장

- 연습문제 22.1

a. inequality	b. inequality	c. inequality
d. inequality	e. just a difference	f. equality

- 연습문제 22.2

   a. Parents can really do a lot more than they think.
   b. She checked it more often than most people do.
   c. Private student loans are often more expensive than federal loans.
   d. Reactivations are more profitable than new accounts
   e. He'll come home as fit as he went.
   f. I like writing music more than music
   Alan fears his father more than (he) respects him, or Alan fears more than he respects his father.
   g. This firm loaned more money to real estate developers in the 1980s than any other bank company in the region.
   h. A department manager at a store can create his future just as much as an executive can.
   i. The women also had considerably more papers and reports (62% each) than the men (47% and 49%).
   j. The educated, two-income families spend more time with their children than they used to.

제23장

- 연습문제 23.1

  a. delayed right constituent coordination
  b. gapping
  c. conjunction reduction
  d. VP ellipsis
  e. gapping
  f. gapping
  g. VP ellipsis

제24장

- 연습문제 24.1

  a. It is in the rock that you find this thing.
  b. It is with the characteristic grace that Gorbachev accepted defeat.
  c. It is making Middle Eastern food that she loved.
  d. It is that genetically modified crops would cause environmental problems that more than a decade ago, we predicted.
  e. It is how you're here that I still don't understand.

- 연습문제 24.2

  a. In my room is a new book that has not been sent today.
  b. Out comes our dinner.
  c. Representing Sebastian was Theresa Olson, an ardent, if eccentric, public defender who believed in the boys innocence.
  d. Seldom will you find consistent catches at depths below 20 feet.

|찾아보기(Index of Topics)|

ㄱ

가감 부사(additive and restrictive adverbs) 102
가상 조건문(Hypothetical Conditionals) 279
간접 목적어 관계절(Indirect Object Relative Clauses) 258~259
감탄 의문문(Exclamatory Questions) 246
감탄문의 형태를 한 부가 의문문 242
강조 기능(Emphatic Functions) 58
강조 명령문 형태 230
경험자(experiencer) 11, 38, 199
고정된 장소(fixed location) 118~119
공간 및 시간의 의미 110
공소 현상(gapping) 355
과거 완료형 162~163
과거 진행형 160
과학적 진실(scientific truth) 153
관례 명사 84
구동사(Phrasal verbs) 174~180, 182~185, 202~204, 308
구동사와 전치사 동사 구분법 178
구성소 부정(constituent negation) 213
구전치사적 동사(Phrasal Prepositional Verbs) 182
구정보(given or old information) 194, 286, 287, 291, 293, 363~364, 368, 372
극성(Polarity) 242

기능과 범주(Functions and Categories) 3

ㄴ

능격 동사(Ergative Verbs) 33~35, 37, 39, 154, 254
능격형 구동사(ergative phrasal verbs) 177~178
능력, 허락, 가능성의 서법 조동사 129

ㄷ

다어 동사 제약(multiword verbs) 202
다어 등위접속사(Multiword Coordinators) 350
다중 동사 부정문(Multiple Negation) 218, 223
단순 과거 시제 154~155, 280
단순 미래 시제 156
단순 현재 시제 153, 155~156, 158, 159, 278
단어와 통사범주(Words and Categories) 3
달성(achievement) 동사 24, 26, 27, 29, 31, 32, 152, 157, 161~164, 312, 329~330
담화상에서 간접 목적어 194, 196
담화상의 한정사 선택 86
대용 관계와 인칭 대명사 54
도구 부사(instrumental adverbs) 102
도구의 의미 역할 120~121
도치현상(Inversions) 126, 238, 244, 282,

284, 351, 369, 370~373
동등 비교(equality comparisons)   334, 336~337, 340, 345
동등 비교문(equality comparisons)   340
동명사 및 부정사 보어 취하는 동사   309
동명사와 원형 부정사 보충어절을 취하는 동사   311
동반 의미 역할(comitative)   121
동사(verbs)   4, 10, 19, 23~34, 37, 39~40, 51~52, 57~58, 61, 71, 92~93, 99~103, 108~113, 116~118, 149, 151~152, 155, 161~164, 166, 174~176, 178~180, 182~183, 187, 190~192, 198~199, 202, 205, 207~209, 218, 221, 229, 253, 258, 260, 284~285, 289~290, 299, 300, 302~304, 307~308, 317, 327, 328, 330, 335, 340, 355~357, 360, 370~372
동사 부정 유형   214
동사 부정(verbal negation)   214, 216
동사구 생략(Verb Phrase Ellipsis)   353~354
동사의 의미적 특징: 어휘적 상(Lexical aspect)   24
동사의 형태적 특징   23
동일극 부가 의문문(Same Polarity Tag Questions)   241~242
동작 관련 부사(act-related adverbs)   103
동작 동사(Dynamic verbs)   26, 29, 118~119, 329
두 가지 유형의 간접 목적어   187
두 가지 유형의 수동태   200
두 종류의 술어적 보어   19
등위구조문 축소(Conjunction Reduction)   353
등위성(Coordination)   10
등위접속사(Coordinator)   4, 8, 86, 347~350, 353, 356, 358

ㅁ

말미 무게(end weight)   195~196
메아리 의문문(Eco Questions)   246
명령문 대명사 형태   230
명령문의 의미   233
명령문의 형태   229, 234~235
명사(nouns)   4, 7~8, 58, 62, 66~68, 71, 73, 79, 82, 84~85, 87~89, 91~92, 95~97, 99, 109, 111, 243, 257, 269, 291, 293, 308, 335~336, 339, 356, 373
명칭(names)   83, 307
목적어(object)   11, 16, 18, 32~34, 37, 40, 57, 113~114, 175~176, 178, 179, 182, 184, 187, 198, 202, 258, 260, 266, 292~294, 302~304, 360
목적어 관계절(Object Relative Clauses)   258~259, 262, 265~266
목적어 상승 구문(Object-to-Subject Raising)   292
무관사(Zero Article)   60, 79, 82~86
문법기능 전치사   110, 117
문법기능 전치사의 의미   117
문법적 정관사 선택   87
문부정(sentential or verbal negation)   213~214
문장 성분(Constituents)   1
문장 유형   32, 41, 296, 305
미래 동작(future action)   153, 156
미래 시간을 표현하는 서법 조동사   141, 145
미래 완료형   163~164
미래 조건문(Future Conditionals)   276, 278
미래 진행형   160

ㅂ

반대극 부가 의문문(Opposite Polarity Tag Questions) 241
반사실적 조건문(Counterfactual Conditionals) 279, 281~282
병렬 구조(parallel structures) 86
부가 의문문(Tag Questions) 126~127, 215, 221, 230, 232, 237, 241~242, 248, 250, 284
부가어(Adjuncts) 20~21, 112~113, 327~331, 333
부분사(Partitives) 66, 73, 81
부사 관계절(Adverbial Relative Clauses) 266~267
부사(Adverbs) 4, 6~7, 91~92, 98~101, 108, 114, 156, 174, 177, 179, 208, 219, 221, 222, 243, 328, 335~337, 370
부사의 유형 105
부정 예/아니오 의문문(Negative Yes/No Questions) 238
부정관사 60, 79~86, 88, 342
부정극어와 동사부정(Negative Polarity Items and Verbal Negation) 215
부정대명사(Indefinite Pronouns) 61~62, 231
부정대명사와 일치현상 61
부정사 관계절(Infinitival Relative Clauses) 265~266, 272
부정사 보어(Infinitive Complements) 299, 302, 309
부정어 상승(Negative Raising) 217~218, 301
부정의 범위(Scope of Negation) 218, 219
분열 문장(cleft Sentences) 360, 361, 363~374
불변화사(particle) 174~177, 179~180, 182~184

비강조 기능(nonemphatic function) 56~57
비교 목적어 관계절(Object of Comparison) 262
비동등 비교(inequality comparisons) 334~335
비동등 비교문(inequality comparisons) 338
비동사 부정 표시자 'not' 221
비동사 부정(nonverbal Negation) 213, 220, 224
비유정체(inanimate) 189, 191
비제한 관계절(Nonrestricitive Relative Clauses) 257~258, 269~270
비지시 THERE 250~254
비지시 THERE 구문 특징 250
비지시형 IT 248
비표준절(noncanonical clause) 10
비한정 동사 부정 216~217
비현실 조건문(Unreal Conditionals) 279, 281
빈도(frequency) 20, 97, 276
빈도 부사(frequency adverbs) 101

ㅅ

삭제형 예/아니오 의문문(elliptical yes/no questions) 240
상(aspect) 30, 149, 152
상용 조건문(Habitual Conditionals) 276~277
상태 동사(Stative Verbs) 24~25, 29, 31, 72, 154~155, 157~159, 161, 166, 202, 264, 280, 309, 329~330
상태 동사와 현재 분사형 264
상호대명사(Reciprocal Pronous) 59
서법 조동사의 유형(Types of Modals) 127
서법 조동사의 의미(The Meanings of Modals)

128, 145~146
서법 조동사의 특징   125
서술 전용 형용사(predicative-only adjectives)   97
서술형 예/아니오 의문문(declarative yes/no questions)   240
선택 의문문(alternative questions)   245
소망(wishes)   235
소유 관계절(Possessive Relative Clauses)   260~261
소유 대명사(Possessive Pronouns)   60, 74
소유격 한정사(Possessive determiners)   74
수, 분수, 배수(numbers, fractions, multipliers)   67
수동태 유사구문   204
수동태 제약   202
수동태의 주어   18, 38, 198~200
수사 의문문(Rhetorical Questions)   246
수송 및 교통 수단(Transportation and communication)   85
수식 전용 형용사   95~96
수혜자(beneficiary)   188, 259
숙어적 정관사   89
순수 자동사형 구동사(pure intransitive phrasal verbs)   177
술어적 보어(predicative complements)   18~19, 91, 109, 113
술어적 보어의 통사적 특징   18
스타일상 도치(Stylistic Inversions)   371
습관적 행동(habitual action)   84, 153
시간 부사(time adverbs)   102, 157~158
시간의 부사절(Clauses of Time)   318, 321
시제   10, 30, 149~150, 152, 154~156, 158, 163, 165, 198, 276, 278, 280~281, 317

ㅇ

양보(concession)   20, 318, 348~350, 352
양화사(quantifiers)   8, 60, 66, 70~73, 78, 175, 221, 341
양화사 표류(Quantifier Floating)   71, 72
양화사-대명사 자리바꿈(Quantifier-Pronoun Flip)   73
양화사의 종류   70
어휘적 도치현상(Lexical Inversions)   370
어휘적 상(lexical aspect)   24, 30~31, 151~152, 160
어휘적 상의 효과   30
여격 형태(Dative pattern)   189~191, 194, 195~196, 204
연계부사(connective adverbs)   104
예/아니오 의문문(yes/no questions)   126, 237~238, 240, 244, 245, 246
예비 활동(preliminary activity)   26
완료 및 진행상   164
완성(accomplishment) 동사   24, 27~29, 31, 32, 152, 155, 161~163, 165~166, 312, 329~330
외치 관계절(Extraposed Relative Clauses)   262
외치 유형   287
요구되는(required) 속성   23
요청(Requests)   79, 130, 133, 137, 142~144, 159, 229~230, 233, 242, 301
용인(acceptance)   234
우분지 상승 구문(delayed Right Constituent Coordination)   355
유사 전치사적 동사 구문(Constructions that look like prepositional verbs)   180
유정체(animate)   189

의미 역할(thematic roles)　116~118, 120~121,
　　123~124, 177, 187~188, 199, 259
이중 부정어(Double Negatives)　222~223
인칭 대명사의 다양성(Variability of Personal
　　Pronouns)　55
일, 월, 계절(days, months, seasons)　85
입장 부사(stance adverbs)　103

ㅈ

자동사와 타동사　32, 39
자동사형 구동사(Intransitive Phrasal Verbs)
　　177
자유 관계절(Free Relative Clauses)　267~269,
　　321
작용동사(Conative Verbs)　40
장소 및 시간 전치사　111
장소 부사(location adverbs)　102, 364, 370
재귀 대명사(Reflexive Pronouns)　55~59, 63~
　　64, 230, 305
전치(Fronting) 구문　367
전치사(Prepositions)　4, 7, 40, 55~57, 85~86,
　　107~111, 113~114, 116, 118~121, 174,
　　178~180, 182, 187, 194, 258~259, 265,
　　285, 322, 327
전치사 형태　122, 187, 194
전치사구의 구조　113
전치사구의 수식어　114
전치사의 기능　107~108, 110, 118
전치사의 목적어 관계절(Object of the
　　Preposition Relative Clauses)　259
전치사의 의미(the meanings of prepositions)
　　115~118
전치사의 전치 이동(preposition fronting)　111
전치사의 전형적인 의미(prototypical meaning)

116
전치사적 동사(prepositional verbs)　178~181,
　　183
절 유형(clause type)　10
정관사(Definite article)　60, 68~80, 83, 85~
　　89, 342
정관사 선택 문맥　86
정도 및 비정도 형용사(gradable and
　　non-gradable adjectives)　93
정도 부사(degree adverbs)　101, 205, 341~
　　342
정보 패키지(Information Packaging)　11
정보 패키징 도치현상(Information Packing
　　Inversions)　371
제시형 의문문(Display Questions)　247
제한 관계절(Restrictive Relative Clauses)
　　257~258, 262~263, 265, 269~270
제한 관계절의 위치와 축약형　262
조건절 의미 명령문　235
종료지점(endpoint)　119
종속성(subordination)　10
종속접속사(Subordinator)　4, 8~10, 108, 163,
　　317~331, 333
종속접속사가 있는 부사절(Adverbial
　　Subordinate Clauses with Subordinators)
　　317
종속접속사와 분사　321
주어(subject)　10~12, 33~34, 37~38, 93, 126~
　　127, 133, 158, 182, 189, 199, 206, 229,
　　248, 251, 258, 284~286, 288, 292, 302,
　　303, 307~308, 317, 319, 328, 338~339,
　　369, 372
주어 관계 대명사의 생략(Omission of
　　Nonsubject Relative Pronouns)　263

주어 관계절(Subject Relative Clauses)　258, 263~264, 266
주어 관계절의 축약형(Reduction in Subject Relative Clauses)　264
주어 실현 명령문　235
주어 조동사 도치　237, 248, 250
주어상승 구문(Subject Raising Sentences)　289, 291, 294
주어상승 구문(Subject-to-Subject Raising)　290
주어와 조동사의 도치(subject-auxiliary inversion)　237
주어절의 이동(Movement of Subject Clauses)　287
중간 동사(Middle Verbs)　38~39
중첩현상(Stacking)　263
지속 기간(duration)　20, 25~26, 31, 101, 160~163, 165~167, 320, 329
지속 기간부사(duration adverbs)　101
지시대명사(Demonstrative Pronouns)　62, 175, 368
지시 한정사(demonstrative determiners)　66, 68, 78
지시(instructions and expository directives)　234

ㅊ

초청(invitations)　136, 234
총칭 조건문(Generic Conditionals)　276
최상급 형태(Superlative Forms)　341
추론 조건문(Inference Conditionals)　276~277
추상 명사(abstract nouns)　83
축약형 예/아니오 의문문(reduced yes/no question)　240

충고 및 경고(advice, recommendations, warnings)　233
충고(advice) 및 필요성(necessity)의 조동사　133
충고와 필요의 한계 서법 조동사와 준조동사　137

ㅌ

타동사형 구동사(Transitive Phrasal Verbs)　175~176, 179
태도(manner)　20, 112, 121, 323, 332, 366

ㅍ

표준절(canonical clause)　10

ㅎ

하나 이상의 유형에 속하는 동사　28
한 단어 등위접속사(single-word coordinators)　347
한정 동사와 비한정 동사(Finite vs. Nonfinite Forms)　23
한정사(Determinatives)　4, 8, 66~67, 70, 94, 99~100
한정사와 순서(Determiners and Their Order)　66
한정사의 종류(Types of Determiners)　67
한정적 또는 술어적 기능의 제약　95
허락(permission)　128~130, 132, 135, 234
허용되는(permitted) 속성　23
현실 조건문(Real Conditionals)　276
현재 완료형(Present Perfect)　160~162, 166, 264
현재 진행형　156~157, 159
현재의 상태(states)　153

형용사(Adjectives)　4~5, 7, 91~93, 95~97, 99
　　~100, 164, 208, 221, 257, 285, 289, 295,
　　335, 336~337
형용사구의 구조　94
형용사와 동사(adjectives and verbs)　92
형용사와 명사　92
형용사와 부사의 비교　337
호격 명령문(Vocative imperatives)　231
활동(activity) 동사　24, 26, 29, 31~32, 152,
　　155, 157, 161~162, 165~166, 329~330

B
'be' 동사의 두 가지 용법　19
'Believe' 동사 유형　305, 307

F
'For' 간접 목적어 동사(For Dative Verbs)
　　204

G
Get 수동태(Get passives)　206~207
Get 수동태의 특징　206

I
'I need you' 명령문　231
It-분열구문　361, 363~364

L
'Let's' 명령문　231~232

M
'Make' 동사 유형　306
More of　342~343

N
Nominal Extraposition　48

P
'Persuade' 동사 유형　302

S
Sluice-Stranding　48
Sound Emission Construction　48
Syntactic Amalgam　49

T
That 보충어　300
The Way Construction　47
Time Away Construction　46
transitive resultative　45

W
Want 동사 유형　304
Wh-분열구문　362, 363, 364, 365, 366
Wh-의문문(Wh-Questions)　180, 215, 237,
　　243~245
Wh-의문문의 유형　244
What 관계절　262